Wüstenrot Stiftung (Hrsg.)

LAND UND LEUTE

**Bildung, Kunst und Kultur in kleinen Gemeinden –
Schlüsselfaktoren für die zukünftige Entwicklung!**

Stefan Krämer
Dieter Kreuz
Sabine Wenng
Anja Wenninger

Wüstenrot Stiftung
Ludwigsburg

IMPRESSUM

Herausgeber
Wüstenrot Stiftung
Hohenzollernstraße 45
71630 Ludwigsburg
info@wuestenrot-stiftung.de
www.wuestenrot-stiftung.de

Gestaltung
Kreativ plus GmbH, Stuttgart
www.kreativplus.com

Druck und Bindung
Offizin Scheufele, Stuttgart

Die Abbildungen erscheinen mit freundlicher Genehmigung der Rechteinhaber.
Wo diese nicht ermittelt werden konnten, werden berechtigte Ansprüche im
Rahmen des Üblichen abgegolten.

© 2012 Wüstenrot Stiftung, Ludwigsburg
Alle Rechte vorbehalten. All rights reserved.
Printed in Germany
ISBN 978-3-933249-80-7

INHALT

Vorwort der Wüstenrot Stiftung	Seite	5
I. Die Zukunft von kleinen Gemeinden	Seite	7
II. Angebote zu Bildung, Kunst und Kultur in kleinen Gemeinden – Analyse der Ergebnisse	Seite	23
Entstehungszusammenhänge	Seite	24
Ziele	Seite	27
Prozesse	Seite	42
Ressourcen	Seite	50
Wirkungen	Seite	58
III. Zwölf Thesen zur Bedeutung von Bildung, Kunst und Kultur in kleinen Gemeinden	Seite	65
IV. Der Wettbewerb der Wüstenrot Stiftung	Seite	69
Übersicht über die Einsendungen	Seite	71
Die bundesweite Auslobung	Seite	76
Die Juryentscheidung	Seite	80
Ansprache der Juryvorsitzenden zur Preisverleihung	Seite	95
V. Projektdokumentation	Seite	103
Anhang	Seite	207
Liste der Wettbewerbsbeiträge	Seite	208
Autoren, Abbildunghinweise	Seite	241

Vorwort der Wüstenrot Stiftung

Viele kleine Gemeinden befinden sich in Deutschland in einer Phase des Umbruchs und stehen vor weitreichenden Aufgaben. Auswirkungen der auch in den ländlichen Regionen sinkenden Geburtenzahlen, der anhaltenden Abwanderung der Jüngeren sowie verschiedener Folgen des wirtschaftlichen Strukturwandels können auf der räumlichen Ebene der kleinen Gemeinden kumulieren und sich gegenseitig verstärken. Ein überdurchschnittlicher Bevölkerungsrückgang und eine dynamische Veränderung im Altersaufbau der Bevölkerung gehören zu den Folgen.

Kleine Gemeinden können jedoch trotz dieser Rahmenbedingungen ihre eigene Zukunft weiter aktiv beeinflussen und gestalten. Eigenständige, besondere Angebote in den Bereichen Bildung, Kunst und Kultur haben das Potenzial, Schlüsselfaktoren für die weitere Entwicklung zu werden. Sie leisten wichtige Beiträge zur örtlichen Lebensqualität, zur Identifikation von Bürgerinnen und Bürgern mit ihrem Wohnort und zur Erhaltung eines regionalen Selbstbewusstseins. Durch sie können Dorfzentren stabilisiert oder revitalisiert werden, kleine Gemeinden als Wohnorte für zuziehende Bürgerinnen und Bürger attraktiv bleiben oder alte, kulturhistorisch wertvolle und identitätsstiftende Bausubstanz durch neue, wirtschaftlich beherrschbare Nutzungen erhalten werden. Mit Hilfe moderner Informations- und Kommunikationstechnologien können Bildungsangebote auch in kleinen Gemeinden aufgebaut werden. Neue Vereins- und Begegnungsstrukturen für alle Generationen ermöglichen es jüngeren Menschen oder neu Zugezogenen, eine individuelle Form der Beteiligung zu wählen. Kulturelle Identität und traditionelle Gemeinschaft können sich dann so weiter entwickeln, dass sie zu den heutigen Lebensentwürfen passen, die sich auch in kleinen Gemeinden gewandelt haben.

Die Wüstenrot Stiftung suchte deshalb mit Hilfe eines bundesweiten Wettbewerbes nach besonderen Konzepten und Angeboten zu Bildung, Kunst und Kultur in kleinen Gemeinden. Sie möchte damit das breite Spektrum von Angeboten und Konzepten in den Bereichen Bildung, Kunst und Kultur öffentlich machen und auf die vielfältigen Chancen hinweisen, die daraus für die zukünftige Entwicklung von kleinen Gemeinden entstehen.

Mit 295 Einsendungen, die aus ganz Deutschland stammen, ist aus dem Wettbewerb ein aktueller, umfassender Überblick entstanden. In seiner Durchführung wurde die Wüstenrot Stiftung von einem fachübergreifenden, unabhängigen Preisgericht unter dem Vorsitz von Elisabeth Herzog-von der Heide unterstützt. Die Organisation des Wettbewerbes und die Vorprüfung der Einsendungen hatte die Arbeitsgruppe für Sozialplanung und Altersforschung (AfA, München) übernommen.

Die Wüstenrot Stiftung dankt allen Mitgliedern des Preisgerichtes und der Vorprüfung sehr herzlich für ihre engagierte und kompetente Arbeit. Nicht minder herzlich dankt sie allen Teilnehmern am Wettbewerb für ihre Einsendungen und für die Bereitschaft, die eigenen Erfahrungen, Erfolge und Konzepte offen zu legen. Es ist sehr beeindruckend, welche Vielfalt es bundesweit an unterschiedlichen Initiativen und Projekten gibt und mit welchem Engagement sich so viele Menschen um die Entwicklung in ihren Gemeinden und um die mit diesen Angeboten für ihre Mitbürger verbundene Lebensqualität verdient machen.

Aus Sicht des Preisgerichts ragen unter dem besonderen Blickwinkel der Kriterien dieses Wettbewerbs die prämierten Projekte sowie die Einsendungen der Engeren Wahl heraus. Sie wurden alle zwischen einer ersten Sitzung des Preisgerichtes vor Ort besucht, um weitere Informationen zu erhalten und um im Gespräch mit den Initiatoren und Verantwortlichen einen direkten Eindruck zu gewinnen. Einmal mehr hat sich dabei bestätigt, dass es in erster Linie die Menschen sind, die mit ihrem Engagement und mit ihrer Bereitschaft zur Übernahme von Verantwortung einen wesentlichen, nicht ersetzbaren Anteil an der Gestaltung der Zukunft haben.

Die prämierten Einsendungen und die Projekte aus der Engeren Wahl des Preisgerichtes werden in dieser Dokumentation und in einer Wanderausstellung der interessierten Öffentlichkeit vorgestellt. Die Wüstenrot Stiftung will damit einen Beitrag leisten, die Information über die Bedeutung von solchen Angeboten für die Gestaltung der Zukunft von kleinen Gemeinden und für die Lebensqualität der Menschen weiter zu verbreiten.

I. DIE ZUKUNFT VON KLEINEN GEMEINDEN

II. DIE ANGEBOTE

III. ZWÖLF THESEN

IV. DER WETTBEWERB

V. PROJEKTDOKUMENTATION

ANHANG

Die Zukunft von kleinen Gemeinden

Kleine Gemeinden stehen nur selten im Fokus der Aufmerksamkeit, wenn es um Fragen der zukünftigen Entwicklung unserer Lebens- und Siedlungsformen geht. Fast wirkt es so, als ob sie mehr und mehr zu einer marginalen Siedlungsform werden, die nicht nur an quantitativer Bedeutung verliert, sondern die mit einer Lebensweise verbunden ist, die in den modernen Gesellschaften nicht mehr zeitgemäß erscheint.

Für diese geringe Aufmerksamkeit und den Eindruck eines wachsenden Bedeutungsverlustes kleiner Gemeinden als Wohnort gibt es mehrere Gründe. Einer davon ist, dass die immer noch zunehmende Verstädterung als dominanter Prozess in der Siedlungsentwicklung wahrgenommen wird. Dies gilt nicht nur für Deutschland, sondern in nahezu allen Ländern der Erde wächst der Anteil der Menschen, die in Städten leben, kontinuierlich an. Im Jahr 2007 erreichte diese Entwicklung eine wichtige Zäsur, denn seither leben weltweit erstmals mehr Menschen in Städten als auf dem Land. Bis zum Jahr 2050 wird dieser Anteil weiter wachsen und sich nach Schätzungen der Vereinten Nationen auf knapp 70 Prozent erhöhen (UNITED NATIONS 2009).

In den ökonomisch entwickelten Staaten ist die Verstädterung heute bereits deutlich höher. Bis zum Jahr 2050 wird der Anteil der Menschen, die in Städten leben, von aktuell 75 Prozent auf 86 Prozent anwachsen. Dieses Ausmaß wird in Deutschland heute bereits übertroffen[1] und selbst auf diesem hohen Niveau wird hierzulande wie auch in den anderen ökonomisch entwickelten Staaten noch eine weitere Steigerung erwartet. In den ökonomisch sich entwickelnden Staaten ist der Grad der Verstädterung heute zwar noch deutlich niedriger, aber nach den absoluten Zahlen leben in diesen Ländern bereits mehr Menschen in Städten als in den ökonomisch entwickelten Staaten. Aufgrund des Bevölkerungswachstums und des Zuzugs aus ländlichen Gebieten weisen außerdem die absolute und die relative Zunahme der Verstädterung in den sich entwickelten Staaten weiterhin eine höhere Dynamik auf.

Worauf blicken wir also, wenn wir uns in Deutschland mit der aktuellen Situation in kleinen Gemeinden und mit ihrer zukünftigen Entwicklung beschäftigen?

In der öffentlichen Wahrnehmung vor allem auf Szenarien des Rückzugs: Auf den anstehenden Abbau von Infrastruktur, auf im Vergleich mit den Städten zunehmend schlechtere Bildungs- und

---

[1] *Der auch unter ökonomisch entwickelten Staaten hohe Grad der Verstädterung in Deutschland ist teilweise definitionsbedingt, da die Bewohner aller Kommunen ab 2 000 Einwohnern zur städtischen Bevölkerung gezählt werden.*

Erwerbschancen, auf schwindende Möglichkeiten für eine Teilhabe am öffentlichen und gesellschaftlichen Leben – nicht zuletzt infolge eines sich ausdünnenden öffentlichen Personennahverkehrs –, auf ein geringeres Angebot an Dienstleistungen jeglicher Art und auf einen zumindest verzögerten, oft genug jedoch dauerhaft leistungsschwächeren Anschluss an neue Medien und Kommunikationsangebote. Diese Punkte können in der allgemeinen Einschätzung als scheinbar dominante Nachteile die Zukunftschancen von kleinen Gemeinden erheblich einschränken.

Selten diskutieren wir beim Blick auf kleinere Gemeinden dagegen über neue Chancen und neue Gestaltungspotenziale, über gewachsene Freiräume zur Verwirklichung individueller Lebensentwürfe, über die Fortschreibung von traditionellen Qualitäten und über weitere besondere Standortvorteile, die auch kleine Gemeinden selbstverständlich aufweisen.

Für eine solche Betrachtungsweise, die eher die möglichen Defizite und den drohenden Verlust bisher vorhandener Angebote in den Vordergrund stellt und dagegen die Chancen und Optionen vernachlässigt, gibt es ebenfalls Gründe. Einer besteht darin, dass die zukünftige Entwicklung kleiner Gemeinden vor allem im ländlichen Raum häufig mit den Auswirkungen des demografischen Wandels in Deutschland verbunden wird. Sobald man die statistischen Kennzahlen zur demografischen Entwicklung mit in die Betrachtung einbezieht, wird erkennbar, dass die Verstädterung nur ein wichtiger Megatrend in der Bevölkerungsentwicklung ist und die rasch fortschreitenden, umfassenden Veränderungen im Altersaufbau der Bevölkerung einen weiteren Megatrend bilden. Von den Folgen des demografischen Wandels sind zwar alle Siedlungsstrukturen betroffen, doch die kleinen Gemeinden stehen dabei häufig vor besonders weit reichenden Veränderungen. Obwohl deshalb die Bedeutung von kleinen Gemeinden als räumliche Bezugs- und Realisierungsebene des demografischen Wandels in nahezu allen Regionen signifikant wächst, erhalten sie auch unter diesem Gesichtspunkt wenig Aufmerksamkeit. Falls doch, dann geschieht dies häufig mit Blick auf die Entwicklung in den besonders dünn besiedelten ländlichen Regionen im Norden oder Osten von Deutschland. Dabei steht dann in aller Regel erneut eine Agenda im Vordergrund, die sich aus Themen wie Abbau, Rückzug oder Verlust an Infrastruktur und Lebensqualität zusammensetzt.

Ohne Zweifel können sinkende Geburtenzahlen, die Abwanderung der Jüngeren und die Folgen des Strukturwandels in der Landwirtschaft in kleinen Gemeinden zu einem dynamischen und überdurchschnittlichen Bevölkerungsrückgang führen, der an leer stehenden Gebäuden und an einer Verödung der Ortskerne ablesbar wird. Der demografische Wandel nimmt hier früher als in den Städten konkrete Formen an und sein Einfluss auf die Zukunftsperspektiven der örtlichen Gemeinschaften ist häufig stärker und irreversibler als im städtischen Kontext. In vorerst noch abgeschwächter Form gilt das auch für das Umland vieler Städte und für zahlreiche Verdichtungsräume; hier können kleine Gemeinden ebenfalls vor großen Aufgaben stehen, die sich durch sogenannte Alterskoborteneffekte als Ergebnis der Suburbanisierung in den 1970er und 1980er Jahre noch verschärfen können.

Die gleichzeitigen Unterschiede in den Auswirkungen des demografischen Wandels, was Richtung, Ausmaß und Dynamik der damit verbundenen Veränderungen betrifft, führen dazu, dass es in Deutschland je nach Region, Siedlungsform und Wirtschaftskraft parallel zum insgesamt wachsenden Anteil der Menschen, die in Städten leben, zugleich auch immer mehr Gemeinden und Städte

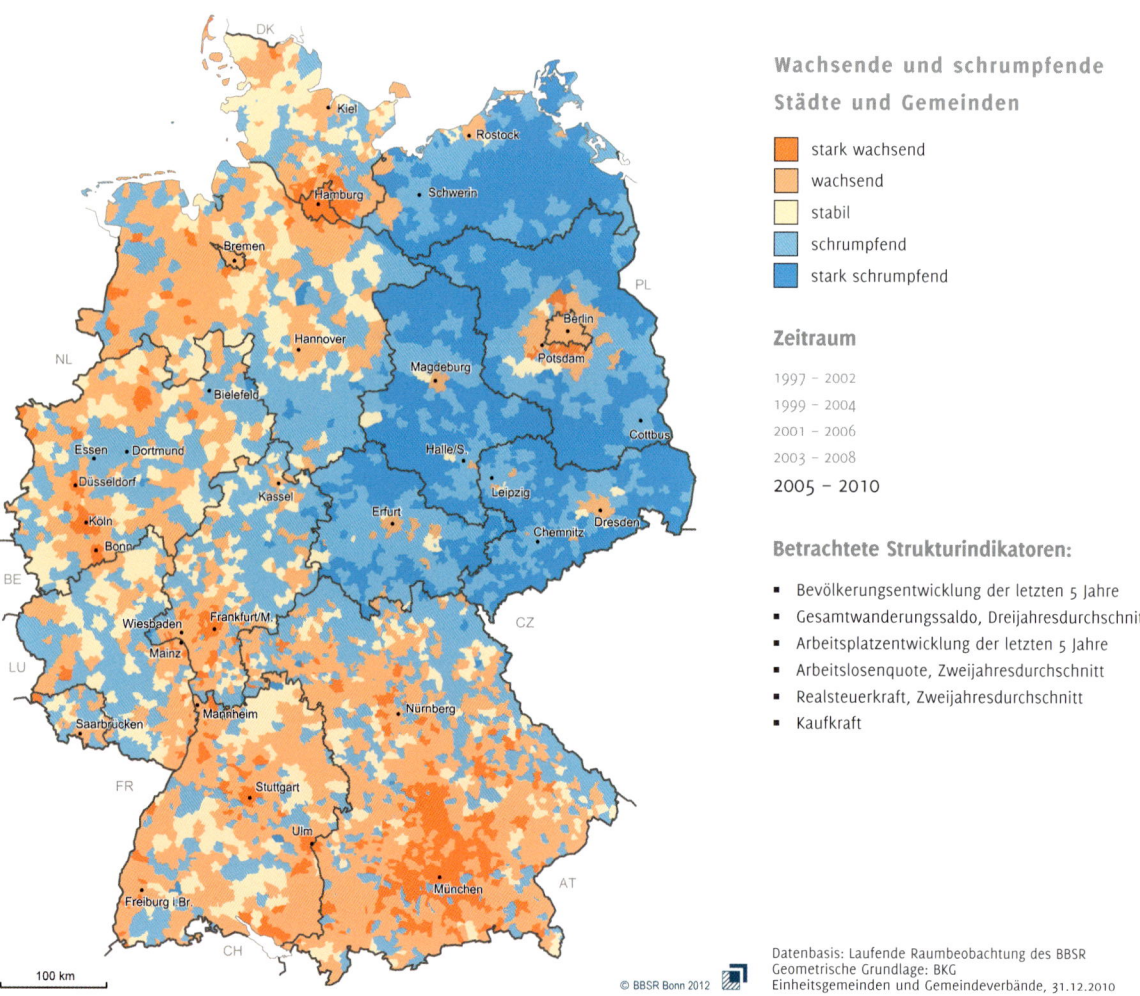

gibt, deren Bevölkerungsentwicklung (stark) rückläufig ist. Davon betroffen sind vor allem kleine Gemeinden und Städte, weshalb diese Entwicklung einen weiteren Beitrag zur Dynamisierung der Verstädterung leistet. Einen wichtigen Anteil daran hat die inter- und intraregionale Unausgewogenheit der innerdeutschen Wanderungen, wie aus der Abbildung zur aktuellen Verteilung von Wachstum und Schrumpfung in Deutschland ersichtlich wird (Karte S. 10).

Deutlich erkennbar ist die Konzentration der schrumpfenden oder stark schrumpfenden Gemeinden auf die ländlichen Räume in Ostdeutschland. Allerdings gibt es auch in Nord-, West- und Süddeutschland immer mehr Gemeinden, die im dargestellten Zeitraum von 2005 bis 2010 an Bevölkerung verloren haben. Deren räumliche Verteilung ist gegenüber den neuen Bundesländern jedoch deutlich differenzierter und weniger flächendeckend.

Dennoch – trotz dieser beschriebenen Entwicklungen wird eine eingeschränkte, weil auf die negativen Szenarien der zukünftigen Entwicklung ausgerichtete Betrachtungsweise weder der Bedeutung noch dem Potenzial des Lebens und Wohnens in kleinen Gemeinden gerecht. Kleine Gemeinden haben sehr wohl eine Zukunft als Siedlungsform und als Standorte mit hoher Lebensqualität. In vielen Fällen bieten sie neue Möglichkeiten für eine individuelle Anpassung an geänderte, moderne Lebensentwürfe. Nicht selten ist es gerade die besser überschaubare Lebenssituation in kleinen Gemeinden, die es ihren Bewohnern in einer von globalen wirtschaftlichen und kulturellen Prozessen stark beeinflussten Gesellschaft ermöglicht, in nachbarschaftlicher Gemeinschaft raumbezogene Verbindungen zwischen gewachsenen, traditionellen Elementen von Lebensqualität einerseits und gewandelten Ansprüchen und Anforderungen an den Einzelnen andererseits zu schaffen. Vor allem die räumlichen Bezugspunkte, die in kleinen Gemeinden eine anhaltende Bedeutung haben, bieten vielfältige Chancen, noch vorhandene soziale Kontakte und Netzwerke in neue Strukturen einer weiterhin lebendigen Gemeinschaft zu transferieren.

KLEINE GEMEINDEN GESTALTEN IHRE ZUKUNFT IM DEMOGRAFISCHEN WANDEL!

Im Jahr 2009 hat die Wüstenrot Stiftung die Ergebnisse aus einem bundesweiten Wettbewerb vorgestellt, der den Titel **Land und Leute | Bildung, Kunst und Kultur in kleinen Gemeinden – Schlüsselfaktoren für die zukünftige Entwicklung!** trug (WÜSTENROT STIFTUNG 2009). Zu den zentralen Erkenntnissen aus diesem Wettbewerb gehörte die Bestätigung, dass kleine Gemeinden in Deutschland eine wichtige räumliche Bezugsebene des demografischen Wandels sind und dass sie je nach Situation, Rahmenbedingungen und Region von dessen Auswirkungen besonders betroffen sein können.

Zugleich wurde jedoch auch deutlich, dass aus dem demografischen Wandel keine entscheidenden Hindernisse entstehen, die kleine Gemeinden davon abhalten können, eigene Zukunftsperspektiven zu entwickeln. Kleine Gemeinden und ihre Bewohner können ihre Zukunft auch unter den Auswirkungen und Rahmenbedingungen von wirtschaftsstrukturellem und demografischem Wandel selbst beeinflussen und mitgestalten. Dies gelingt ihnen, wenn sie über eine breite Beteiligung eigene, maßstabsgerechte Konzepte entwickeln und umsetzen, die auf ihre Situation ausgerichtet sind – gegebenenfalls in Kooperation mit anderen Gemeinden oder in regionalen Bündnissen, was insgesamt jedoch noch recht selten zu beobachten ist.

Die Betreuung, Unterstützung und Versorgung der älteren Bevölkerung erhält dabei in vielen kleinen Gemeinden aufgrund der Dynamik der demografischen Veränderungen aktuell eine wachsende Bedeutung. Hierfür sind spezifische Angebote und Konzepte erforderlich, die zur Situation und zur Lebenswelt in kleinen Gemeinden passen. Sie zu finden ist nicht einfach, aber möglich, wie zahlreiche Beispiele zeigen. Zugleich gibt es aber noch weitere Herausforderungen, die aus dem veränderten Altersaufbau entstehen, denn kleine Gemeinden stehen heute in einem intensiver gewordenen Wettbewerb um Bevölkerung, Arbeitsplätze und Entwicklungschancen, und zwar sowohl mit anderen Gemeinden als auch mit kleinen und großen Städten.

Es geht deshalb für sie darum, möglichst frühzeitig oder sogar präventiv auf die Gefahr einer schleichenden Erosion von wichtigen Kernelementen der allgemeinen Lebensqualität zu reagieren. Wachsende Defizite in der sozialen Infrastruktur und in der Verfügbarkeit von Dienstleistungen werden aus Mobilitätsgründen den älteren Bewohnern und den Familien mit Kindern als Ersten bewusst. Betroffen davon sind jedoch alle Bevölkerungsgruppen, denn der damit einhergehende Verlust an Lebensqualität schränkt die Entwicklungsperspektiven des ganzen Ortes ein. Kleine Gemeinden haben nur dann eine Chance, auch zukünftig als Lebens- und Wohnorte von Neubürgern gewählt zu werden, wenn ihre sozialen und infrastrukturellen Angebote im Vergleich und im Wettbewerb mit anderen Standorten bestehen können.

DIE ZUKUNFT GESTALTEN:
VON DER PROBLEMLÖSUNGSSTRATEGIE ZUR ENTWICKLUNGSPERSPEKTIVE

Eine reine Spezialisierung auf den Bedarf und die Situation der Älteren greift dabei ungeachtet der aktuellen Dynamik des demografischen Wandels zu kurz. Singuläre Problemlösungen, die nur auf diesen Aspekt ausgerichtet sind, können lediglich helfen, akute Engpässe temporär zu überbrücken. Die Gestaltung der zukünftigen Entwicklung erfordert stattdessen die Einbeziehung der Lebenswelten aller Bevölkerungsgruppen und eine Identifikation der ganzen Gemeinde mit ihren

Entwicklungszielen. Erforderlich ist hierfür ein Übergang von reinen Problemlösungsstrategien zu einer eigenständigen, in der Regel auf mehreren Bausteinen basierenden Entwicklungsperspektive.

Dieser Anspruch erscheint für kleine Gemeinden neu und komplex. Tatsächlich müssen dafür jedoch nur bereits bestehende Merkmale des Lebens in kleinen und überschaubaren Gemeinschaften weiterentwickelt werden. Es gilt, den traditionell vorhandenen, inneren Zusammenhalt über offene, meist mehrstufige Prozesse in neue Formen zu überführen und für zukünftige Entwicklungen zu rüsten.

Im Verhältnis und in der Balance von Chancen und Risiken der demografischen Entwicklung dürfen individuelle Wahlmöglichkeiten während der verschiedenen Lebensphasen auch in kleinen Gemeinden keine substanzielle Einschränkung erfahren. Die Kriterien hierfür ergeben sich zu wesentlichen Teilen aus dem direkten oder impliziten Vergleich mit dem Leben und den Rahmenbedingungen in den Städten. Für die Älteren geht es vor allem um eine gleichwertige Absicherung der selbständigen Lebensführung und um die Teilhabe am sozialen und gesellschaftlichen Leben mit allen Aspekten, die dazu gehören (Infrastruktur, Dienstleistungen, Wohnen, Kultur, Mobilität, Unterstützung im Alltag usw.). Für die Jüngeren bedeutet der Vergleich zunächst, keine Einschränkungen bei Bildung und Ausbildung sowie bei den individuellen Erwerbschancen befürchten zu müssen. Im weiteren Lebenslauf kommen dann für sie die Möglichkeiten zur Verwirklichung individueller Lebensentwürfe und gegebenenfalls auch die Anforderungen an ein familiengerechtes Angebot und Umfeld hinzu.

Für alle Altersgruppen gilt jedoch, dass ihr Anspruch sich nicht auf eine vollständige Äquivalenz mit den Rahmenbedingungen in den Städten oder gar in den Agglomerationen richten kann. Entscheidend muss stattdessen sein, ob und wieweit substanzielle und dauerhafte Einschränkungen verhindert oder kompensiert werden können. Die Pflege einer eigenen kulturellen Identität, die Stärkung der sozialen Gemeinschaft und die Sicherung der Lebensqualität für alle Bevölkerungsgruppen sind vor diesem Hintergrund zentrale Kriterien für die Zukunftsperspektiven kleiner Gemeinden.

Für das Erleben von Identität und Gemeinschaft sowie für die Sicherung und Stärkung der Infrastruktur sind in der Regel zentrale räumliche Bezugspunkte von großer Bedeutung; beispielsweise in Form einer Begegnungsstätte, einem Ort mit gebündelten Angeboten und Dienstleistungen oder einer Verflechtung verschiedener Ebenen der Lebenswelt in kleinen Gemeinden. Kleine Gemeinden müssen aus diesem Grund ihre Ortskerne stärken oder wieder neu definieren, wichtige Infrastrukturangebote zentral fassen und im Idealfall darüber hinaus zusätzliche Synergieeffekte zwischen diesen Angeboten schaffen.

BÜRGERSCHAFTLICHES ENGAGEMENT ZUR AKTIVEN GESTALTUNG DER ZUKÜNFTIGEN ENTWICKLUNG

Bürgerschaftliches Engagement wird als weit gefasster Begriff häufig dann verwendet, wenn es um verschiedene Formen von Eigeninitiative, Selbsthilfe, Bürgernähe, Partizipation oder um die Strukturen der Kooperation von öffentlichen Institutionen (Verwaltung) und privaten Vereinigungen geht. In ihren Wirkungen und Zielen mit solchen Formen bürgerschaftlichen Engagements vergleichbare Ansätze hat es in kleinen Gemeinden vorher schon gegeben – als Kern lokaler Gemeinschaft, als solidarische Nachbarschaftshilfe oder als Instrument für die Sicherung der Zukunft der Gemeinschaft.

Von neuen Formen bürgerschaftlichen Engagements kann dann gesprochen werden, wenn es sich um neue Inhalte, veränderte Strukturen oder außergewöhnliche Kooperationsformen handelt. Zu den Merkmalen eines neuen, zeitgemäßen bürgerschaftlichen Engagements in kleinen Gemeinden gehören in diesem Sinne u.a.:

- Die Eigenständigkeit und Unabhängigkeit des bürgerschaftlichen Engagements, das nicht von öffentlichen Institutionen (Politik, Verwaltung) initiiert, organisiert oder gesteuert wird, sondern das über seine eigenen Antriebskräfte und Netzwerke verfügt.
- Die Ausrichtung und die Ziele des bürgerschaftlichen Engagements, die über eine Ergänzung von Angeboten hinausgehen, die bereits in anderen Strukturen bestehen.
- Eine konsequente Orientierung der Initiativen und Projekte an persönlichen Neigungen und Fähigkeiten, deren Einbindung zugleich zu den wesentlichen Erfolgsfaktoren der Initiativen und Projekte gehört.
- Die Öffnung gemeinschaftlicher Initiativen für eine Berücksichtigung veränderter, auch ungewöhnlicher Lebensentwürfe und für unterschiedliche oder variierende Intensitäten individueller Beteiligung.
- Ein erkennbarer Bezug auf den Erhalt und die Stärkung der lokalen Lebensqualität, verbunden mit dem Bekenntnis zur gemeinsamen Verantwortung für die weitere Entwicklung der örtlichen Gemeinschaft und die damit verbundenen Chancen und Perspektiven.

Viele Menschen in kleinen Gemeinden haben die mit der aktuellen Situation und den weitreichenden Veränderungen verbundene Notwendigkeit zum Handeln verstanden und sich gemeinsam auf den Weg gemacht. Die Aktivitäten, die sie bei der Entwicklung eigener Konzepte ergreifen, können als beispielhafte, oft sogar strategische Vorgehensweisen betrachtet werden, auch wenn dies von den handelnden Personen oft gar nicht so empfunden wird.

Arbeitskreis bilden („Task Force")

In einem ersten, wichtigen Schritt können Bürgermeister kleiner Gemeinden beispielsweise eine Auswahl erfahrener Bürger/innen in einen Arbeitskreis – eine Art „Task Force" – einbinden, die sie zur Ausarbeitung örtlicher Ziele und zur Umsetzung anstehender Aufgaben bilden. Einerseits, weil diese Strategie dazu dienen kann, die Durchsetzungsfähigkeit und den Rückhalt von neuen Ideen zu stärken, und andererseits, weil die zeitlichen Ressourcen der Verantwortlichen in kleinen Gemeinden in der Regel knapp bemessen sind und hauptamtliche Mitarbeiter/innen nur begrenzt zur Verfügung stehen.

Initiativen, die in der örtlichen Gemeinschaft stark verankert sind und die zugleich eine neue Form der Trägerschaft für ansonsten fehlende Angebote entwickeln, stellen oft die Verantwortung der Gemeinschaft für diese Angebote in den Vordergrund. In der südbadischen Gemeinde **Eichstetten** wurde beispielsweise auf Initiative des Bürgermeisters ein eigenständiges Modell entwickelt, um angesichts der demografischen Veränderungen die Erfüllung des Generationenvertrages als dörfliche Gemeinschaftsaufgabe heute und in Zukunft erfüllen zu können (Kiechle 2012). Ausgangspunkt war die Erkenntnis, dass durch den Rückgang der familiären Unterstützung innerhalb weniger Jahre eine wachsende Versorgungslücke in der Betreuung und Unterstützung der Älteren entsteht, wenn diese weiterhin selbständig zu Hause leben möchten. Dieses Problem wurde für die kleineren Gemeinden und Dörfer als gravierender eingeschätzt als für die Städte, in denen es eine stärkere Verbreitung von sozialen Dienstleistungsanbietern gibt. Aus einem Arbeitskreis heraus wurde deshalb in Eichstetten ein bürgerschaftlich getragener Weg gefunden und eingeschlagen.

Die Grundidee in Eichstetten ist, dass das Dorf als nächstgrößere Einheit an Stelle der Familie die Aufgaben aus der Erfüllung des Generationenvertrages übernimmt. Das Dorf wird als Sozialraum betrachtet, dessen nachbarschaftliche Netzwerke als Wahlverwandtschaften die natürlichen Verwandtschaften ersetzen. Im Mittelpunkt steht der Aufbau einer lokalen Verantwortungsgemeinschaft. Das erste Ziel in der Umsetzung war, dass ältere Menschen über ein „Betreutes Wohnen zu Hause" solange wie möglich selbständig bleiben können. Das zweite Ziel bestand im Aufbau eines Bürgerbüros für soziale Anliegen mit Räumen für Bürgertreffen und zusätzliche Treffpunkte mitten im Ort. Es hat sich weiter gezeigt, dass auch eine Tagesbetreuung und eine Tagespflege zur Entlastung pflegender Angehöriger sehr wichtig ist. Dieses Angebot konnte ebenso geschaffen werden wie zur weiteren Abrundung noch eine Pflegewohngruppe mit einer 24-stündigen Betreuung, die vor allen Dingen für Menschen mit Demenz zu Verfügung steht. Diese Angebote werden von einem Verein getragen, der Bürgergemeinschaft genannt wird, und der im Jahr 2012 rund 470 Mitglieder hat.

In den Gemeinden Balgheim, Denkingen und Frittlingen im Landkreis Tuttlingen wurde ein Verein **Mi**thilfe und **K**ont**a**kte im **Do**rf e.V. gegründet, kurz **MiKaDo** genannt (ZEPF 2009). Auch die evangelischen und katholischen Kirchengemeinden gehören zu diesem Projekt der Nachbarschaftshilfe, das von der Bürgerschaft getragen wird und das gemeindeübergreifend und überkonfessionell tätig ist. Der gemeinnützige Verein strebt eine Förderung der Altenhilfe, eine Unterstützung älterer Personen im täglichen Leben, eine Förderung des Miteinanders und der Kontakte im Dorf (auch zwischen Jung und Alt) sowie eine Förderung der Bildung und Erziehung an. Mit seinen Angeboten versteht sich der Verein als Ergänzung zur örtlichen Sozialstation und zu privaten Pflegediensten in Form einer Koordinierungsstelle für Hilfsbedürftige und Helfer.

Die Angebote von Mikado sind auf die Bedürfnisse und Anliegen älterer Menschen im ländlichen Raum ausgerichtet. Angeboten werden Fahrdienste, die Begleitung von Einkäufen und von Arztbesuchen, Besorgungen sowie die Mithilfe bei hauswirtschaftlichen Tätigkeiten wie Wohnungsreinigung, Wäschepflege oder Gartenarbeit. In allen drei Gemeinden konnte ein Stamm von engagierten und einsatzbereiten Helfern und Helferinnen aufgebaut werden. Inzwischen gibt es rund 325 Mitglieder, die sich bereit erklärt haben, das Miteinander und die Kontakte im Dorf gemeinsam aktiv zu erhalten und zu stärken. MiKaDo ist somit ein fester Bestandteil des sozialen Netzwerkes der Gemeinden und auch der Nachbarorte geworden.

Ortszentrum stärken – Gebäude revitalisieren

Ein weiterer Schritt ist der Erhalt, die Stärkung oder die Wiedereinrichtung eines Ortszentrums und die Förderung kultureller Identität und lokaler Bindungen durch die Sanierung von örtlich bedeutsamen alten Gebäuden. Als wichtige und sichtbare Zeichen symbolisieren alte Gebäude den Bezug zu einem Ort als Heimat. Ihre Sanierung und Nutzung für neue Zwecke ist deshalb ein wichtiger Baustein zur Förderung der kulturellen Identität und der lokalen Bindungen. Zugleich kann es dabei gelingen, wichtige Infrastrukturangebote zu erhalten, die für die Grundversorgung in den kleinen Gemeinden signifikante Bedeutung haben (KRÄMER, KREUZ und WENNG 2009).

In **Attenkirchen** im Landkreis Freising ist ein neues Dorfzentrum im Gebäude des so genannten „Alten Wirts" im Ortskern entstanden (WÜSTENROT STIFTUNG 2009). Die Gemeinde hat das ehemalige Gasthaus mit angeschlossener Metzgerei erworben, saniert und für eine neue Nutzung umgebaut. Neben einer Apotheke sind dort eine Physiotherapie, Räume für örtliche Gruppen und für die Ortsverwaltung vorhanden. Ein neu geschaffener Aufzug an der Rückseite des Hauses bietet erstmals auch einen barrierefreien Zugang zur benachbarten Kirche. In einem Nebengebäude wurde außerdem ein Gasthaus eingerichtet, über dessen Räumen sich noch ein Saal mit Bühne (Podium) befindet, in dem größere Veranstaltungen durchgeführt werden können. Kern der Initia-

Attenkirchen: Service und Infrastrukturangebote im „Alten Wirt" (© Wüstenrot Stiftung)

tive ist der Attenkirchener Seniorenservice, der eine vorbildliche Struktur ehrenamtlich organisierter Dienstleistungsangebote für die Älteren bietet. Auf diese Weise wird eine hohe Lebens- und Versorgungsqualität für alle Bürgerinnen und Bürger am Ort geschaffen. Die Integration neuer Nutzungen im Rahmen der Revitalisierung der gewachsenen Mitte des Dorfes ist in sich schlüssig und beispielgebend. In der Kombination mit dem benachbarten, von der Gemeinde verpachteten Gasthof und dem daran angeschlossenen neuen Bürgersaal stehen den Bürgerinnen und Bürgern der Gemeinde nun neue Angebote und Räumlichkeiten für vielfältige Nutzungen zur Verfügung.

Lebensqualität und dörfliche Gemeinschaft stärken

Ein dritter Handlungsansatz richtet den Fokus nicht auf spezifische Defizite, sondern stellt stattdessen den Erhalt und die Stärkung der örtlichen Lebensqualität sowie die dörfliche Gemeinschaft in den Mittelpunkt. Hier geht es um die Anpassung und Weiterentwicklung traditioneller Formen der Dorfgemeinschaft an veränderte Lebensentwürfe. Dazu gehören flexible, auch informelle Möglichkeiten der Beteiligung an neuen Konzepten für eine nachbarschaftliche Unterstützung und für das gemeinsame Erleben lokaler Identität. Solche Ansätze entstehen meist prozessorientiert und werden von bürgerschaftlichem Engagement getragen. Ein Kennzeichen ist zugleich, dass in der Regel auch neue Qualitäten rund um das Wohnen erzeugt werden, die die Attraktivität kleiner Gemeinden im zunehmenden Wettbewerb zwischen Städten und ihrem Umland stärken.

In der fränkischen Gemeinde Langenfeld steht das Motto „Mitten im Dorf – Mitten im Leben" im Vordergrund (WÜSTENROT STIFTUNG 2009). Der Erhalt und der weitere Ausbau einer lebendigen

Langenfeld: „Mitten im Dorf – Mitten im Leben" (© Wüstenrot Stiftung)

Dorfgemeinschaft erfolgen durch zahlreiche ehrenamtliche Aktivitäten, die untereinander vernetzt sind. Ein entscheidender Kristallisationspunkt des umfassenden Konzepts ist die Umnutzung einer ehemaligen Scheune im alten Dorfzentrum zu einem multifunktionalen Veranstaltungsraum. In Verbindung dazu wurde über einen Neubau ein Begegnungszentrum für alle Generationen neu geschaffen. Das als „Dorflinde" bezeichnete Konzept ist eine Neuinterpretation der klassischen Qualitäten einer Dorfgemeinschaft und wird von allen Bevölkerungsgruppen mitgetragen.

Die Verbindung zwischen alter Bausubstanz und ergänzendem Neubau ist zugleich ein gutes Beispiel für die Chancen, die aus einer Revitalisierung vorhandener Gebäude entstehen können. Eine transparente Gestaltung der neuen Begegnungsstätte lädt zur aktiven Teilnahme an den vielfältigen Angeboten ein. Die Vernetzung mit allen Ebenen der Gemeindeentwicklung bis hin zur geplanten Angliederung spezieller Wohnangebote für Ältere lässt erwarten, dass Langenfeld auch auf zukünftige Herausforderungen des demografischen Wandels angemessen reagieren kann. Auch deshalb, weil ein weiteres Ziel des Konzepts der Erhalt des Dorfes als eigenständiger Wirtschafts- und Lebensraum ist.

BILDUNG, KUNST UND KULTUR ALS SCHLÜSSELFAKTOREN DER ZUKÜNFTIGEN ENTWICKLUNG

Angebote rund um Bildung, Kunst und Kultur zählen zu den sogenannten weichen Standortfaktoren. Ihnen wird für die Attraktivität von Städten gelegentlich eine gewisse Bedeutung beigemessen, vor allem in Zusammenhang mit Standort- und Arbeitsplatzentscheidungen von Führungskräften oder hoch qualifizierten Spezialisten aus kreativen Berufen. Hier geht es dann oft um ein „kreatives Milieu", das vorzugsweise in nutzungsgemischten, innerstädtischen Quartieren mit einem reichhaltigen Kultur- und Kunstangebot verortet wird. Häufig handelt es sich dabei um revitalisierte Standorte in prosperierenden Agglomerationen wie beispielsweise die HafenCity in Hamburg oder die Oostelijke Handelskade in Amsterdam (SCHLUCHTER 2007), nur in Ausnahmefällen um Mittelstädte (WÜSTENROT STIFTUNG 1999) und noch seltener um kleine Gemeinden.

Angesichts der Veränderungen und Herausforderungen, vor denen kleine Gemeinden stehen, haben eigenständige, besondere Angebote in den Bereichen Bildung, Kunst und Kultur jedoch auch hier eine entscheidende Bedeutung für die Gestaltung eigener Zukunftsperspektiven. Zum einen, weil sie vielfältige Ansatzpunkte für die weitere Entwicklung liefern und zum anderen, weil sie in Konzepten, die auf die spezifische Situation in der jeweiligen Gemeinde ausgerichtet sind, wichtige Beiträge zur örtlichen Lebensqualität, zur Identifikation von Bürgerinnen und Bürgern mit ihrem Wohnort und zur Erhaltung eines regionalen Selbstbewusstseins leisten.

Kleine Gemeinden mit einem eigenständigen kulturellen Angebot sind als Wohnorte auch für zuziehende Bürgerinnen und Bürger attraktiv. Neue Vereins- und Begegnungsstrukturen für alle Generationen ermöglichen es insbesondere jüngeren Menschen oder neu Zugezogenen, eine individuelle Form für ihre Beteiligung zu wählen und auf diese Weise einen Zugang zur örtlichen Gemeinschaft zu finden. Gemeinsam kann so eine örtliche kulturelle Identität weiterentwickelt werden, die auch zu den heutigen Lebensentwürfen passt.

Ergänzende Bildungsangebote sind für Kinder und Jugendliche oft die einzige Möglichkeit, einen höheren Mobilitätsbedarf und eine damit verbundene Benachteiligung bei ihrem Zugang zu Bildung und Ausbildung und bei ihren Erwerbschancen zu kompensieren. Sie sind damit insbesondere für Familien mit Kindern ein wichtiges Kriterium bei der Bewertung von kleinen Gemeinden als Wohnort und Lebensmittelpunkt. Für den Aufbau und die Stärkung der Bildungsmöglichkeiten haben vor allem in den ländlichen Räumen auch die Qualität und die Verfügbarkeit von modernen Informations- und Kommunikationstechnologien eine zentrale Bedeutung.

Angebote zu Bildung, Kunst und Kultur können auch dazu beitragen, dass Dorfzentren, die von der Gefahr einer Verödung betroffen sind, stabilisiert oder revitalisiert werden können, weil sie es ermöglichen, alte, kulturhistorisch wertvolle und identitätsstiftende Bausubstanz durch neue, wirtschaftlich beherrschbare Nutzungen zu beleben (z. B. ehemalige Höfe, Schulen, Gasthäuser). In gemeinsamen Nutzungskonzepten helfen sie dabei, zentrale Infrastrukturangebote zu stabilisieren. Können weitere Synergieeffekte erzielt werden, so bieten solche Angebote außerdem neue, zusätzliche Erwerbschancen für die einheimische Bevölkerung.

Göpfersdorf: „Kulturgut Quellenhof" (© Wüstenrot Stiftung)

Die Gemeinde **Göpfersdorf** im Altenburger Land mit insgesamt 240 Einwohnern hat sich der enormen Aufgabe angenommen, die Bausubstanz eines historischen Hofensembles, des sogenannten Quellenhofs, einer neuen Nutzung zuzuführen (WÜSTENROT STIFTUNG 2009). Ein wichtiger Impuls dafür war die identitätsstiftende Wirkung des Gehöfts für das Dorf, die auch in Zukunft erhalten werden soll. Als Ansatzpunkt für die Erhaltung des Quellenhofs wurden kulturelle Aktivitäten gewählt, mit denen es gelungen ist, eine regionale und überregionale Aufmerksamkeit für das Projekt und die Gemeinde zu erzielen. Auch die architektonischen Mittel, mit denen der Umbau der äußeren Hülle und der inneren Funktionen ausgeführt wurden, sind beeindruckend.

Für das Konzept und für die Umsetzung zeichnet ein Steuerungskreis („Task Force") verantwortlich, dem der Bürgermeister, ein Vertreter des Heimatvereins, ein Galerist und ein Kreisdenkmalpfleger angehören. Die Nutzung des historischen Hofes umfasst konkrete Angebote für örtliche Vereine und Initiativen sowie Angebote für ältere Bürgerinnen und Bürger. Das Gesamtkonzept ist flexibel und offen angelegt, wodurch Anpassungen an veränderte Rahmenbedingungen möglich bleiben. Im Vordergrund steht der sich selbst tragende Betrieb des Objekts in seiner Gesamtheit mit dem Ziel, das Projekt wirtschaftlich zu führen und weiter zu entwickeln. Der Nutzungsschwerpunkt Kunst und Kultur ist in diesem Umfeld einzigartig, das Programm vielfältig, anspruchsvoll und erfolgreich. Der Quellenhof in Göpfersdorf leistet damit einen wichtigen Beitrag zur nachhaltigen Entwicklung der Region Altenburger Land. Träger des Objekts ist die Gemeinde Göpfersdorf. Mittelfristig wird die Bildung einer Betreibergesellschaft angestrebt, die zusammen mit weiteren Partnern ein professionelles Management gewährleisten und einen kostendeckenden Betrieb sicherstellen soll.

PERSPEKTIVEN

Die Auswirkungen des demografischen Wandels treffen kleine Gemeinden und Städte in vielen Regionen in Deutschland sehr unterschiedlich. Diese vielfältigen Auswirkungen und die unterschiedlichen Reaktionen darauf können auch das bisherige Verhältnis zwischen Städten und kleinen Gemeinden verändern. Beispielsweise in Hinsicht auf die bisherige Aufgabenverteilung, die Ausprägung von Wettbewerbsvorteilen und die Rangfolge der Standortattraktivität.

Die wichtigste Eigenschaft von Angeboten rund um Bildung, Kunst und Kultur liegt für kleine Gemeinden jedoch wohl darin, dass sie zur Grundlage neuer Interpretationen traditioneller Dorfgemeinschaft werden können. Dieses Potenzial geht darauf zurück, dass konkrete Möglichkeiten entstehen, in Verbindung mit den in kleinen Gemeinden weiterhin erfahrbaren räumlichen Bezugspunkten neue Chancen für eine zukunftfähige Transformation der hier vielfach noch lebendigen und funktionierenden sozialen Strukturen zu schaffen. Angebote zu Bildung, Kunst und Kultur ergänzen die alltäglichen, gegenüber den traditionellen Formen gewandelten Lebenswelten um neue Treffpunkte und um neue Gelegenheiten, als Mitglied einer Gemeinschaft zu handeln. Sie ermöglichen es, ein gemeinsames Bewusstsein von Zugehörigkeit, von örtlicher Identität und von lokaler Verbundenheit zu erleben.

Die Optionen für eine Neuinterpretation und Fortführung der in den traditionellen Dorfgemeinschaften verankerten sozialen Nachbarschaft ergeben sich aber nicht aus den baulichen Strukturen oder aus übergeordneten Rahmenbedingungen, sondern sie basieren auf den Menschen vor Ort und auf ihrer Bereitschaft, für die Zukunft ihrer örtlichen Gemeinschaft neue Ideen und Modelle zu erarbeiten und diese gemeinsam umzusetzen. Durch die Anerkennung und Berücksichtigung von persönlichen Fähigkeiten und Neigungen in flexiblen Formen der individuellen Beteiligung und Verantwortung erschließen Angebote zu Bildung, Kunst und Kultur zugleich neue Ressourcen für die Aufgaben und Herausforderungen, vor denen die einzelnen Menschen, die dörflichen Gemeinschaften und die politisch Verantwortlichen in kleinen Gemeinden stehen.

Viele kleine Gemeinden werden durch die Initiative und den Ideenreichtum ihrer Bevölkerung zu Drehscheiben für neue Formen bürgerschaftlichen Engagements, für beispielhafte Eigeninitiative und für gemeinsame Aktivitäten und Verständigung. Daraus entsteht eine besondere Chance für die Gestaltung der zukünftigen Entwicklung, weil aus diesem Engagement in einer lebendigen und kreativen Gemeinschaft neue synergetische Ergänzungen zwischen einer aufgeschlossenen, bürgerorientierten Verwaltung einerseits und einem wachsenden privatem Bekenntnis zur gemeinsamen Verantwortung für die weitere Entwicklung andererseits entstehen kann.

In eigenen Formen bürgerschaftlichen Engagements entwickeln sich die herkömmlichen Strukturen dörflicher Gemeinschaften weiter; sie bewahren oder schaffen dabei eine besondere Qualität von sozialer Nachbarschaft. Diese Qualität entsteht aus der traditionellen Bereitschaft, persönlich eine aktive Verantwortung zu übernehmen, und einem neuen Verständnis der Aufgaben, die sich angesichts der Herausforderung einer Gestaltung der Zukunft in kleinen Gemeinden ergeben.

LITERATUR

Kiechle, Gerhard (2012). Die Erfüllung des Generationenvertrages als dörfliche Gemeinschaftsaufgabe. In: Der Paritätische und Wüstenrot Stiftung (Hrsg.), Älter werden im Quartier – Neue Netzwerke | Aktive Teilhabe | Mehr Versorgungssicherheit, Ludwigsburg 2012, 32-39.

Krämer, Stefan, Kreuz, Dieter und Wenng, Sabine (2009). Zwölf Thesen und sechs Strategien zur Situation und zur Zukunft von kleinen Gemeinden im demografischen Wandel. In: Wüstenrot Stiftung (Hrsg.) (2009). Land und Leute – Kleine Gemeinden gestalten ihre Zukunft im demografischen Wandel! Ludwigsburg 2009, 70-74.

Schluchter, Sandra (2007). Amsterdam, Oostelijke Handelskade – Neue Adressen am Kai, auch für die Creative Class. In: Harlander, Tilman u. a. (Hrsg.), Stadtwohnen | Geschichte – Städtebau – Perspektiven. München 2007, S. 322-327.

United Nations – Department of Economic and Social Affairs (UN/DESA): World Urbanization Prospects: The 2009 Revision.

Wüstenrot Stiftung (Hrsg.) (1999). Kultur- und Stadtentwicklung – Kulturelle Potentiale als Image- und Standortfaktoren in Mittelstädten, Ludwigsburg 1999.

Wüstenrot Stiftung (Hrsg.) (2009). Land und Leute – Kleine Gemeinden gestalten ihre Zukunft im demografischen Wandel! Ludwigsburg 2009.

Zepf, Christine (2009). Nachbarschaftshilfe MiKaDo – Mithilfe und Kontakte im Dorf. In: Der Paritätische und Wüstenrot Stiftung (Hrsg.), Wohnen im ländlichen Raum – Lebensqualität und Versorgungssicherheit für Ältere durch vernetzte Initiativen, Ludwigsburg 2009, 17-24.

I. DIE ZUKUNFT VON KLEINEN GEMEINDEN

II. DIE ANGEBOTE

III. ZWÖLF THESEN

IV. DER WETTBEWERB

V. PROJEKTDOKUMENTATION

ANHANG

Angebote zu Bildung, Kunst und Kultur in kleinen Gemeinden – Analyse der Ergebnisse

ENTSTEHUNGSZUSAMMENHÄNGE

Die Entstehungszusammenhänge der Initiativen und Projekte können nach vier Konstellationen unterschieden werden:

(1) Bei einer Reihe von Einsendungen stand persönliches Interesse, Motivation und Neigung der Initiatoren im Vordergrund, woraus sich teilweise hoch differenzierte und umfassende Angebote im Bereich Bildung, Kunst und Kultur in kleinen Gemeinden entwickelten.
(2) Bei einem weiteren Teil der Einsendungen war private Initiative ebenfalls ein wichtiger Ausgangspunkt; diese Beiträge waren zusätzlich in übergeordnete Strukturen eingebunden oder wurden von der Kommune unterstützt.
(3) Bei anderen Einsendungen war eine aktive Übernahme von privater Verantwortung für bestimmte Problemsituationen oder für Defizite als Entstehungszusammenhang für die Angebote maßgebend.
(4) Bei einer Reihe von Einsendungen war es die Kommune selbst, von der die Impulse ausgingen, beispielsweise um absehbare Defizite zu bewältigen, um vorhandene Infrastruktureinrichtungen zu erhalten oder um Gebäude im kommunalen Besitz zu sichern bzw. zu revitalisieren.

Vor allem die Entstehungszusammenhänge (2) und (3) treten dabei einerseits unabhängig von politischen Konstellationen oder Verwaltungsstrukturen auf und andererseits auch in Mischformen, die in etablierte kommunale Strukturen integriert sind und die deshalb Überschneidungen zum Entstehungszusammenhang (4) aufweisen.

Die Typologie der Entstehungszusammenhänge und ihr Zusammenhang mit den Zielsetzungen, Prozessen und Ressourcen der Initiativen und Projekte werden nachfolgend beispielhaft anhand der von der Jury des Wettbewerbs in die engere Wahl aufgenommenen Einsendungen verdeutlicht. Würden alle Einsendungen näher betrachtet, so würden Anzahl und Ausprägungen der Mischformen ansteigen; die vier Grundkategorien müssten jedoch nicht verändert werden.

Die vor Ort besuchten Einsendungen der engeren Wahl können so zugeordnet werden:

Entstehungszusammenhang (1): Private Initiative (Interesse, Motivation)
- Kunst im Dorf Oberhembach
- Kunst-Kultur-Naturwerkstatt Netzbach
- Schloss Batzdorf
- Volkstheater Schwarzwurzel Steinach

Entstehungszusammenhang (2): Private Initiative mit einer Einbindung in übergeordnete Strukturen und/oder einer kommunalen Unterstützung
- Förderverein für kulturelle Veranstaltungen und Ausstellungen in und um Kröte
- Holzhaustheater Zielitz
- Kulturkreis „Altes Amt Schönecken"
- Kammerphilharmonie Uckermark

Entstehungszusammenhang (3): Bewältigung von Problemsituationen oder Beseitigung von Defiziten; Anstöße vor allem durch private Initiative
- Förderverein Gortz
- Eiskeller Haindling
- Landblüte Höhenland
- „Lehmschuppen – Ausbau zur Malschule" Dötlingen
- Hangarder Heimatstube
- „KulturScheune Lange Wiese" Haunetal
- Ländliche Akademie Krummhörn
- Denkmal-Kultur-Mestlin

Entstehungszusammenhang (4): Initiativen, zu deren Entstehung die Kommune mit wichtigen Impulsen beigetragen hat
- Förderverein zum Schutz, zur Pflege und weiteren Entwicklung der Mönchsguter Museen
- Neue Lernkultur Dingelstädt
- Bürgertreff „Altes Rathaus Schöckingen"
- Kunsttage Winningen
- Revitalisierung des historischen Armenspitals Brennberg

Die vier Grundtypen und die daraus entstehenden Mischformen können sich auf den ersten Blick im Hinblick auf die intendierten Ziele, auf die bei der Realisierung ablaufenden Prozesse, auf die erreichten Wirkungen und auf die dabei benutzten bzw. erschlossenen Ressourcen deutlich unterscheiden. Die Auswertung der Ergebnisse aus dem Wettbewerb zeigt jedoch, dass sich diese Typologie des Entstehungszusammenhangs dennoch nicht nur als Analyseraster für die Zielsetzungen eignet, mit denen es aufgrund der gewählten Unterscheidungskriterien eine hohe Übereinstimmung gibt. Auch die wesentlichen Prozesse, die genutzten Ressourcen und die beobachtbaren Wirkungen können in Zusammenhang mit dieser Typologie betrachtet werden.

Die nachfolgenden Abschnitte zu Zielen, Prozessen, Ressourcen und Wirkungen orientieren sich an einer beispielhaften Erklärung anhand der konkreten Initiativen und Projekte. Damit diese Abschnitte in sich lesbar bleiben, lassen sich Überschneidungen in der Darstellung der einzelnen Projekte nicht vermeiden. Es wird versucht, die Projekte bei ihrer erstmaligen Erwähnung als Beispiel etwas ausführlicher zu beschreiben und bei weiteren Erwähnungen nur noch den angeführten Aspekt zu fokussieren. Die umfassende Einzeldarstellung der Projekte erfolgt in Kapitel 5 (Projektdokumentation).

Holzhaustheater Zielitz e.V.

KVAK e.V., Waddeweitz | Kunst in und um Kröte

Ziele

Die Ziele, die mit der Entwicklung und Umsetzung von Initiativen und Projekten rund um Bildung, Kunst und Kultur vorrangig verfolgt werden, spiegeln aufgrund der gewählten Unterscheidungskriterien die in den Entstehungszusammenhängen erkennbaren Motivationen deutlich wider; Entstehungszusammenhänge und Ziele werden deshalb nur bei besonderen Hinweisen explizit in Beziehung gesetzt, um typologische Redundanzen in der Darstellung zu vermeiden.

In vielen Initiativen setzen sich die Ziele aus mehreren Teilzielen zusammen. Sie weisen dabei eine breite Differenzierung auf und werden außerdem oft im weiteren Verlauf der Umsetzung verändert. Dies bedeutet, dass es auf der zeitlichen Entwicklungsschiene auch zu einer internen Differenzierung kommt. Beispielsweise, weil die ersten Ziele bereits erreicht wurden oder weil weitere Personen zur Mitwirkung gewonnen werden oder weil die mit den Projekten verbundenen Potenziale erst nach und nach erkennbar werden oder weil sich die Situation und die Rahmenbedingungen in einer Gemeinde geändert haben oder… Gründe für Anpassungen und Veränderungen in den Zielen gibt es viele – das Leben in kleinen Gemeinden ist bunt.

Eine Unterscheidung zwischen den Zielen, die in unterschiedlichen Projekten zu Beginn verfolgt werden und den Zielen, die entlang der zeitlichen Abfolge innerhalb eines Projektes in den Vordergrund treten, erscheint insgesamt als zu wenig signifikant, um ihr eine besondere Analyseebene zuordnen zu können. Besondere interne Differenzierungen werden jedoch vorgestellt, weil die sukzessive, flexible Anpassung der Angebote in einem prozesshaften Zyklus zu den Stärken vieler Angebote gehört und ihr Potenzial für eine Transformation bestehender Strukturen in neue Formen gemeinsamen Engagements wesentlich mit bestimmt. Entsprechend wird in den nachfolgenden Abschnitten nicht nur die grundsätzliche Bedeutung von Prozessen, Ressourcen und Wirkungen ausführlich behandelt, sondern auch ihre eigene, wichtige Rückwirkung auf die Inhalte und Ziele der Angebote.

NEUE ANGEBOTE RUND UM BILDUNG, KUNST UND KULTUR SCHAFFEN, ETABLIEREN, AUSBAUEN …

Viele Initiativen starten mit dem Ziel, neue Angebote zu schaffen, die es in dieser Form nicht (mehr) gibt. Den Anstoß dazu geben oft Zugezogene, die ausgehend von ihren persönlichen Erfahrungen, Fähigkeiten und Interessen gemeinsam mit Anderen neue Angebote schaffen oder mitbringen, die allen Bewohnern offen stehen. Sie tun dies, weil sie ansonsten solche Angebote vermissen würden oder weil sie ihren Neigungen (Passionen, Hobbys) folgen oder weil sie aus innerer Überzeugung handeln oder weil sie mit den Angeboten von Beginn an weitere Ziele verbinden. Auch aus der ansässigen Bevölkerung entstehen vergleichbare Impulse, die häufig zugleich einen unmittelbaren Bezug zur lokalen (regionalen) Geschichte oder zu besonderen Eigenschaften von Landschaft und Bevölkerung aufweisen.

In Falkenhagen (Nordwestuckermark) haben drei Musiker den Verein „Kammerphilharmonie Uckermark e.V." gegründet. Der Verein bietet verschiedenste Musikprojekte für Jung und Alt an, darunter auch die Reihe „Neue Musik", in welcher Werke zeitgenössischer Musik erarbeitet und mit großem Erfolg aufgeführt werden. Die „Kammerphilharmonie", die sich als derzeit einziges Ensemble in Brandenburg der zeitgenössischen Musik widmet, hat dafür sowohl vor Ort ein interessiertes Publikum gewonnen als auch überregionale Einladungen erhalten, z.B. an die Staatsoper Berlin und in das Theater Gütersloh.

Der Verein „Kulturkreis Altes Amt Schönecken e.V." wurde mit dem Ziel gegründet, das „Alte Amt" in Schönecken auszubauen und kulturell zu nutzen. Hintergrund ist die Absicht einer (zunächst) kleinen Gruppe von Bürgern, mehr Kunst in den Alltag der Gemeinde zu bringen. Bei den Kunstpräsentationen wird besonderen Wert auf stilistische und thematische Vielfalt gelegt, weshalb neben nationaler und internationaler Bildender Kunst regelmäßig Kunsthandwerke gezeigt werden. Auch Einheimische haben die Möglichkeit, ihre künstlerischen Arbeiten vorzustellen.

Kunst im Dorf, Oberhembach | Zwei der drei Initiatorinnen

Kammerphilharmonie Uckermark e.V. | Jugendorchester

In Oberhembach haben drei künstlerisch engagierte Frauen den Anstoß zu einer jährlichen Veranstaltung „Kunst im Dorf" gegeben. Sie wollten dazu motivieren, sich kreativ zu betätigen und künstlerisch zu engagieren, und für dieses Engagement eine Plattform schaffen. Jedes Jahr haben nun alle Einwohner von Oberhembach die Möglichkeit, ihr künstlerisches Schaffen bei „Kunst im Dorf" einem breiten Publikum zu zeigen. Seit der ersten Veranstaltung gilt das Motto „Kunst made in Oberhembach", d. h. es werden ausschließlich Projekte von Künstlern präsentiert, die in Oberhembach wohnen oder von dort stammen. Dabei entsteht eine Mischung aus Malerei, Kunsthandwerk, Holz- und Töpferarbeiten, Fotografie, bildender Kunst und darstellender Kunst (Musik, Gesang, interaktiver Computeranimation, Videoinstallation, Poesie, Tanz und Artistik).

BILDUNG, KUNST UND KULTUR FÜR JUGENDLICHE – BESSERE BILDUNGSCHANCEN FÜR JUGENDLICHE

Die Lebenswelten von Jugendlichen werden von ihrer Mobilität stark beeinflusst. Die Abhängigkeit der Jugendlichen vom öffentlichen Personennahverkehr (ÖPNV) ist für ländlich geprägte Regionen offensichtlich, weil er oft die einzige Möglichkeit bietet, flexibel und eigenständig unterwegs zu sein. Zugleich wird der ÖPNV außerhalb der Städte immer häufiger auf einen Pendelverkehr von und zur Schule reduziert. Reicht das Angebot des ÖPNV nicht aus, sind Jugendliche meist abhängig von ihren Eltern, um Freizeitangebote, Einrichtungen oder Freunde erreichen zu können. Die Vision der Erwachsenen vom Leben mit Kindern auf dem Lande wird für Jugendliche oft zum Standortnachteil, was ihre Teilhabe am sozialen Leben und an ergänzenden Bildungsangeboten betrifft. Die Mobilität im realen Raum wird deshalb für viele Jugendliche ergänzt durch eine Art von Parallelwelt auf der Basis virtueller Mobilität im Internet oder durch das Smartphone. Cocooning („Verpuppen") ist ein Fachbegriff für den Rückzug in den häuslichen Kontext und/oder die virtuelle Welt des Internets.

Die Bildungschancen von Jugendlichen hängen nicht mehr nur von der Schule und den dazu gehörigen Bildungsangeboten ab, sondern werden in wachsendem Maße auch von den räumlichen Gegebenheiten und Erreichbarkeiten sowie den demografischen und den sozialen Bedingungen beeinflusst. Eine Reihe von Initiativen richtet ihren Fokus und ihre Zielsetzungen deshalb unmittelbar auf die Verbesserung der Bildungschancen von Kindern und Jugendlichen. Ihre Angebote ergänzen den über die Schulen und ihre Kooperationspartner umgesetzten öffentlichen Bildungsauftrag mit dem Ziel, einen eventuellen Nachteil auszugleichen, der aus dem Zusammenhang von Bildungsangeboten und Raum für Kinder und Jugendliche oder aus ihrer jeweiligen Lebenssituation in den kleinen Gemeinden entstehen könnte.

In Höhenland wurde vom Verein „Landblüte e.V." eine Dorfakademie gegründet. Höhenland hat rund 1 100 Einwohner und liegt im Land Brandenburg. In den 1990er Jahren wurden Grundschule, Hort, Kindergarten und Kinderkrippe der Gemeinde geschlossen und auch der Sportplatz sowie das Sportgebäude konnten nicht erhalten werden. Ausgedünnte Fahrpläne des ÖPNV erschweren es, gesellschaftliche und kulturelle Angebote in anderen Orten wahrzunehmen. Dies führt zu erheblichen Bildungsnachteilen für Kinder und Jugendliche. Mit ihren Angeboten will die Dorfakademie dies ausgleichen; die Teilhabemöglichkeiten von Kindern, Jugendlichen und jungen Erwachsenen am Ort sollen gestärkt, ihre Potenziale geweckt und die Lebensbedingungen im ländlichen Raum attraktiver gestaltet werden. In das umfangreiche Programm aus Vorträgen und Workshops bringen Dorfbewohner als ehrenamtliche Dozenten ihr Wissen ein, die Kinder und Jugendlichen selbst können sich als Assistenten und als Mitglieder in Projekten engagieren. Durch die Zusammenführung von Kindern und Jugendlichen mit unterschiedlicher sozialer und ethnischer Herkunft werden soziale Kompetenzen und die Übernahme von Verantwortung geschult.

In Wehrda, einem Ortsteil von Haunetal, wurde ein „Verein zur Förderung kulturellen und kommunikativen Lebens in der Provinz auf der Langen Wiese e.V." gegründet. Ein Ziel war, in einer Scheune mitten im Dorf regelmäßig Kunstausstellungen zu zeigen; ein weiterer wichtiger Schwerpunkt war die Zusammenarbeit mit einer benachbarten Schule, um ergänzende Bildungsangebote für Kinder und Jugendliche zu schaffen. Die Schüler/innen haben kleine Betriebe gegründet, die zugleich auch dazu dienen sollen, mehr Leben im Ort zu erhalten. So hat beispielsweise ein Schülerunternehmen den Betrieb des Cafés und des kleinen Dorfladens übernommen. Dank des sozialpädagogischen Hintergrunds einiger Mitglieder ist der Verein auch in der Lage, andere Initiativen in Bildungs- und Erziehungsfragen zu beraten und sein Erfahrungswissen weiterzugeben.

Die Gemeinde Krummhörn ist vor über 40 Jahren aus dem Zusammenschluss von 19 Dörfern entstanden. Der Verein „Ländliche Akademie Krummhörn" wurde einige Jahre später mit dem Ziel gegründet, ein auf den ländlichen Raum bezogenes Angebot für Kinder, Jugendliche und Erwachsene im künstlerischen und handwerklich-technischen Bereich anzubieten. Heute sind in den Ortsteilen zahlreiche künstlerische, musikalische und handwerkliche Angebote vorhanden. Sie sollen auch dazu dienen, die Chancen von Kindern und Jugendlichen bei Bildung und Ausbildung zu stärken.

Die Stadt Dingelstädt nimmt an dem Modellprojekt „Neue Lernkultur in Kommunen" (nelecom) des Thüringer Ministeriums für Bildung, Wissenschaft und Kultur teil, das mit der Deutschen Kinder- und Jugendstiftung und dem Thüringer Institut für Lehrerfortbildung, Lehrplanentwicklung und Medien entwickelt wurde. Es geht dabei darum, die Kinder und Jugendlichen zu fördern, ihre Integration zu unterstützen, ihre Identifikation mit dem Ort zu erhöhen und eine Atmosphäre von erfahrungsorientiertem Lernen und Handeln zu schaffen. Mit Hilfe des Modellvorhabens „nelecom" wurde die

Bildungs- und Erziehungsarbeit der Kindergärten, Schulen sowie diverser Institutionen, Organisationen und Menschen aller Generationen vernetzt. Die Kontaktpflege mit gewerblichen Unternehmen hat zum Ziel, die Ausbildungs- und Weiterbildungsangebote zu verbessern, um die Abwanderung junger Menschen verringern und den daraus resultierenden Lehrlingsmangel beseitigen zu können.

In Zielitz wurde ausgehend von zunächst privaten Theatervorführungen für Kinder aufgrund des Interesses von Freunden und Nachbarn ein Verein „Holzhaustheater Zielitz e.V." gegründet. Er studiert mit Kindern und Erwachsenen regelmäßig Theaterstücke ein, die gemeinsam aufgeführt werden. Die künstlerische Leitung des Vereins, die Auswahl der Stücke oder ihr Verfassen und die Probenleitung obliegen einer studierten Theaterwissenschaftlerin. Sie führt auch die mittlerweile gegründete Schauspielschule für Kinder und Jugendliche, an der zurzeit über 40 Schüler verschiedener Altersgruppen das Theaterspielen lernen. Die private Initiative konzentriert sich nicht ausschließlich auf die Inszenierung von Stücken, sondern will auch dabei helfen, das Selbstbewusstsein von Kindern und Jugendlichen und deren sprachliche Fähigkeiten zu stärken sowie den Aufbau von Bindungen und die örtliche Kooperation unterstützen.

In der Gemeinde Nordwestuckermark lernen Kinder und Jugendliche im Projekt „Landmusik" des Vereins „Kammerphilharmonie Uckermark e.V." den Umgang mit Blechblas- und mit Schlaginstrumenten. Die Kurse finden als wohnortnahes Freizeitprogramm dezentral in den Grundschulen einiger Ortsteile der Gemeinde statt und werden dank der finanziellen Unterstützung der Gemeinde kostenlos angeboten, sodass auch Kinder aus finanziell schwachen Familien daran teilnehmen können. Weitere Projekte sind die Junge Opernwerkstatt, in welcher zusammen mit Jugendlichen einzelne Oper-Szenen einstudiert werden, sowie die Musik- und Filmarbeit mit jugendlichen und langzeitarbeitslosen Darstellern. Besonders musikalisch begabte Jugendliche präsentieren sich auf Konzerten der Reihe „Young Quillo".

GEBÄUDE UND KULTURWERTE ERHALTEN, NUTZEN, REVITALISIEREN...

Die mit dem Strukturwandel verbundenen Probleme werden in vielen kleinen Gemeinden in den Ortskernen besonders sichtbar. Beispielsweise an leerstehenden oder untergenutzten Schulen, Kirchen und Treffpunkten oder an aufgegebenen Versorgungseinrichtungen, Läden und Gaststätten. Oft sind es gerade die älteren, ortsbildprägenden und identitätsstiftenden Bauten im Ortskern, die vom Verfall bedroht sind, weil sich für sie keine Nachnutzung finden lässt. Die Verantwortlichen in den Kommunen sind mit dieser Frage oft ebenso überfordert wie die Förderprogramme zur Dorferneuerung oder zum Denkmalschutz, weil diese zwar die bauliche Instandsetzung erleichtern, nicht aber eine neue tragfähige Nutzung bewirken können. Hierzu sind in vielen kleinen Gemeinden neue Initiativen einer bürgerschaftlichen Verantwortung erforderlich.

In Brennberg wurde die „Spital eG Brennberg" gegründet, um die Sanierung des ehemaligen Armenspitals zu ermöglichen. Die Sanierung des historischen Armenspitals stand bereits seit längerer Zeit auf der Liste der Aufgaben, die innerhalb der Gemeinde übernommen werden mussten. Nach einem Agenda-Workshop zur Zukunft der Gemeinde wurde hierfür eine Arbeitsgruppe gegründet, in der sowohl Personen mitwirkten, die sich vor allem für die Aufgabe der Sanierung des Gebäudes interessierten, als auch andere Dorfbewohner, die vor allem Interesse an der späteren Nutzung hatten. Durch Feste und Veranstaltungen mit Musik- und Theaterstücken konnten erste finanzielle Mittel erwirtschaftet und die Sanierungsarbeiten gestartet werden. Nach Abschluss der Sanierung und dem Abschluss eines Nutzungsvertrages zwischen der Gemeinde und der Genossenschaft wurde der Betrieb des Spitals in Form eines Cafés, einer touristischen Informationsstelle sowie eines Verkaufsraums für regionale Produkte aufgenommen.

In Batzdorf im Landkreis Meißen ist das Schloss Batzdorf, ein aus mehreren Gebäuden bestehendes Ensemble mit Anfängen aus dem 15. Jahrhundert, ortsbildprägend. Es befindet sich im Besitz des gemeinnützigen Vereins „Schloss Batzdorf e.V.", der zugleich Träger der künstlerischen und kulturellen Aktivitäten ist, die dort stattfinden. Ziel des Vereins ist es, das Schloss zu erhalten und kulturell zu beleben. Der frühere Eigentümer wurde nach dem Zweiten Weltkrieg von den Alliierten enteignet; zu Zeiten der DDR stand das Schloss dann überwiegend leer, bis ein Ehepaar aus Berlin mit der Gemeinde einen Nutzungsvertrag aushandeln konnte. Zu den wichtigsten kulturellen Veranstaltungen gehören die sogenannten Barockfestspiele, die seit rund 20 Jahren jeweils Ende August über zehn Tage hinweg stattfinden, die Pfingstspiele, die auch moderne künstlerische Projekte mit Performance-Anteilen umfassen, und kleinere kulturelle Veranstaltungen, darunter vor allem der Tag des offenen Denkmals als wichtigem Ereignis im Jahreskalender.

In Schöckingen wurden ebenfalls im Rahmen eines Agenda-Prozesses neue Nutzungsvorschläge für das in der Ortsmitte gelegene ehemalige Rathaus erarbeitet. Aus diesem Prozess entstand der Arbeitskreis „Altes Rathaus Schöckingen" (AKARS), ein (nicht eingetragener) gemeinnütziger Verein, der mit der Gemeinde einen Nutzungsvertrag für das Alte Rathaus abgeschlossen hat. Ziel des Arbeitskreises ist es, das Alte Rathaus als Treffpunkt und Veranstaltungsort für kulturell Interessierte zu gestalten und es zudem zu einem auch für andere Vereine und Bürgerinitiativen offenen Haus zu machen. Die Nutzung des alten Rathauses basiert heute auf drei Säulen: Kulturveranstaltungen in Ergänzung zu einer bestehenden Bibliothek, einem Internetcafé mit dem Schwerpunkt der Beratung und Schulung von Älteren sowie einem Café, das begleitend zu den Veranstaltungen geöffnet hat. Pro Jahr gibt es etwa zehn Großveranstaltungen, zu welchen neben Dorfbewohnern auch Besucher aus der Region kommen. Durch thematisch wechselnde Ausstellungen wird zudem die ursprüngliche Funktion des Gebäudes als Museum erhalten.

Die Gemeinde Mestlin war zu DDR-Zeiten als sozialistisches Musterdorf ausgebaut worden. Dabei wurde ein Dorfplatz mit einem Gebäudeensemble geschaffen, zu dem ein überproportional großes Kulturhaus gehört, das für politische, kulturelle und sportliche Veranstaltungen genutzt wurde. Die auf der Bedeutung als Musterdorf basierende Nutzung entfiel mit der Wende; nach fehlgeschlagenen Zwischennutzungen stand das Gebäude, dessen Größe und Proportionen nicht zu einem Dort mit heute rund 830 Bewohnern passen, leer, bis der Verein „Denkmal Kultur Mestlin" von einer Bürgerinitiative gegründet wurde, deren Mitglieder nach der Wende nach Mestlin gekommen waren. Zielsetzung des Vereins ist es, neben der baulichen Instandsetzung und Wiederbelebung des Kulturhauses auch die sozialen und kulturellen Angebote im Ort zu verbessern und das Kulturhaus wieder in das dörfliche Leben zu integrieren. Die Initiative des Vereins hat dazu geführt, dass das Landesdenkmalamt Mecklenburg-Vorpommern inzwischen das Festspielhaus und die umliegenden Gebäude als Gesamtensemble anerkennt und das Vorhaben des Vereins zur Revitalisierung und zukünftigen Nutzung des Festspielhauses als Kulturstätte unterstützt. Im Jahr 2011 wurde das Ensemble zudem als national bedeutsames Kulturerbe anerkannt, was als entscheidend für den Erhalt von Fördermitteln und die weitere Revitalisierung des Festspielhauses betrachtet werden kann.

In der Ortsmitte von Gortz prägten lange Jahre die Kirche und die alte Dorfschule das Ortsbild. Die Kirche wurde Ende des 15. Jahrhunderts erbaut, die Schule um 1800. Sie wurde bis ca. 1950 als Schule genutzt, danach noch als Kindergarten; seit 2005 stand sie leer. Beide Gebäude waren

Ehemaliges Armenspital Brennberg

Kulturhaus Mestlin

vom Verfall bedroht. Der „Förderverein Gortz" widmet sich laut Satzung der Förderung des Denkmalschutzes und der Kultur in der Region. Die Initiatoren des Fördervereins waren 1990 aus Berlin nach Gortz gezogen. Zu dieser Zeit befand sich das Gebäudeensemble aus Kirche und Schule in einem desolaten Zustand. Ziel des Vereins war zunächst die Sanierung der Dorfkirche und deren Orgel. Heute ist die Sanierung der Dorfkirche zu weiten Teilen abgeschlossen und der Verein hat einen Nutzungsvertrag mit der Kirchengemeinde für 25 Jahre. Er verpflichtet sich im Gegenzug, die Kirche in dieser Zeit zu erhalten und eventuell notwendige weitere Sanierungsmaßnahmen durchzuführen. Die Betriebskosten für den Unterhalt der Kirche werden vom Verein übernommen. Veranstaltet werden regelmäßig Konzerte, Theatervorstellungen und weitere Veranstaltungen in der Kirche, auf dem Gelände der Kirche sowie in der inzwischen ebenfalls sanierten alten Dorfschule.

KULTURELLE IDENTITÄT BEWAHREN UND STÄRKEN – DIE GESCHICHTE DES ORTES IM KOLLEKTIVEN BEWUSSTSEIN ERHALTEN

Für die zukünftige Entwicklung in vielen kleinen Gemeinden ist eine hohe Identifikation ihrer Bewohner ein entscheidender Faktor. Im zunehmenden Wettbewerb mit anderen Gemeinden und Städten geht es nicht nur um harte Standortfaktoren, sondern auch um das Gefühl von Gemeinsamkeit und Unverwechselbarkeit. Oft ist es gerade das kollektive Bewusstsein einer geteilten kulturellen Identität und einer gemeinsamen Geschichte, die die Basis für neue Initiativen und für eine gemeinschaftliche Weiterentwicklung bildet.

Schwarzwurzel e.V., Steinach | Die Stadt wird zur Bühne

Hangard | Der Heimat- und Kulturverein feiert das Richtfest der „Eisbude"

Die Gemeinde Dötlingen hat eine lange Tradition als Künstlerdorf. In der Zeit zwischen 1890 und 1935 haben sich hier zahlreiche Künstler/innen angesiedelt. Unter den Nationalsozialisten hat die Mehrzahl von ihnen den Ort verlassen. In den 1970er Jahren entstand eine neue Initiative, um an diese Tradition anzuknüpfen. Im Jahr 1999 wurde die „Dötlingen Stiftung" mit dem Ziel gegründet, den Landschafts- und Naturschutz zu fördern sowie denkmalgeschützte Gebäude in der Gemeinde zu erhalten. Es geht ihren Gründern vor allem darum, die Kunst und Kultur als Charakteristikum eines Künstlerdorfes wieder zu beleben und dieses Bewusstsein an die nachfolgenden Generationen zu vermitteln.

Der „Förderverein zum Schutz, zur Pflege und weiteren Entwicklung der Mönchguter Museen e.V." entstand mit dem Ziel, den aus mehreren denkmalgeschützten Gebäuden bestehenden örtlichen Museumskomplex zu schützen, zu pflegen und weiterzuentwickeln. Dabei geht es auch um den Erhalt der kulturellen Identität des Ortes und seine Weitergabe an die nachfolgenden Generationen. In Kooperation mit den Schulen wird deshalb versucht, möglichst frühzeitig Kinder und Jugendliche mit den Traditionen und der kulturellen Identität der Bewohner von Mönchgut vertraut zu machen. Die vielfältigen Aktivitäten des Vereins und die Museen, die an die eigene kulturelle Identität erinnern, sind eine wichtige Säule für den Erhalt und für die Pflege des Selbstverständnisses der Bevölkerung von Mönchgut. Gerade unter der Bedingung einer in der Saison quantitativ dominierenden Anzahl von Gästen sowie einer ständigen Präsenz von Saisonarbeitskräften erscheint es wichtig, die ursprüngliche, eigenständige kulturelle Identität zu erhalten.

Der Heimat- und Kulturverein Hangard hat die Förderung der Heimatpflege und der Heimatkunde, des kulturellen und sportlichen Wirkens als Ziel. Ein ehemaliger Kiosk wurde zu einem Treffpunkt für die Hangarder Bürger umgewandelt; hier finden nun regelmäßig kommunikative Aktivitäten und Veranstaltungen wie Dichterlesungen, Trommelkurse oder Vernissagen statt. Ein Großprojekt ist die Herausgabe einer Sammlung „Hangarder Geschichten", zu deren Inhalten von Hangarder Bürgern verfasste Berichte zu Ereignissen in der Geschichte von Hangard, Fotos alter Glasplatten-Negative, eine Liedersammlung, ein Familienverzeichnis und eine Erinnerung an die Kriegstoten von Hangard gehören.

Die Stadt Steinach wurde lange Zeit durch den Schieferabbau und eine starke Spielzeug- und Glasindustrie geprägt. Heute ist sie von einem umfassenden Strukturwandel betroffen, der sowohl die Arbeitswelt verändert als auch das Kulturleben am Ort beeinträchtigt. Vor allem die jüngere Generation zieht für Ausbildung und Erwerbstätigkeit in andere Städte. Kulturelle Angebote, insbesondere für Kinder und Jugendliche, sind nur spärlich vorhanden. Eine Gruppe von Architektur- und Kunstschaffenden, Stadtplanern und Kulturwissenschaftlern hat das Projekt „Schwarzwurzel" gegründet, dessen Ziel es ist, die Steinacher Bürger zur Beschäftigung mit den Themen Heimat, Regionalität, Arbeit und Identität zu motivieren. Die künstlerischen Aktivitäten zur Auseinandersetzung mit dem Wandel und seinen Auswirkungen erfolgen in Zusammenarbeit mit den Bewohnern, insbesondere mit Jugendlichen und mit dem Ziel, die Kommunikation hierüber zwischen den Generationen zu fördern.

DAS PROFIL DES ORTES (DER REGION) ERWEITERN

Für die Schärfung eines lokalen oder regionalen Profils kann es notwendig sein, neue und ergänzende Elemente hinzu zu nehmen. Zum einen, um eine größere Differenzierung zu ermöglichen, und zum anderen, um den Transfer in neue Formen einer gelebten Gemeinschaft auch nach außen hin sichtbar zu machen.

Der kleine Ort Kröte mit etwas mehr als 40 Einwohnern gehört zur Gemeinde Waddeweitz im Landkreis Lüchow-Dannenberg. Allgemeinen Bekanntheitsgrad hat die Gegend durch das in der Nähe befindliche Atommülllager Gorleben erhalten. Erste Aktionen unter dem Motto „Kunst in und um Kröte" sind vor mehr als 20 Jahren in Zusammenhang mit dem Programm „Kulturelle Landpartie" entstanden. Heute stehen die Veranstaltungen in jedem Jahr unter einem neuen Thema, das mit einem eigenständigen Konzept und einer eigenständigen inhaltlichen Ausrichtung bearbeitet wird. Für die Dorfgemeinschaft in Kröte bedeuten die Veranstaltungen und Ausstellungen einen wichtigen Beitrag für ein neues Identitätsprofil, das zugleich die Basis für eine gemeinschaftlich getragene neue Interpretation des nachbarschaftlichen, dörflichen Zusammenhalts ist.

Winningen ist ein traditioneller Weinbauort an der Mosel. Die „Kunsttage Winningen" sind unter anderem mit dem Ziel entstanden, eine Erweiterung des Profils und der Wahrnehmung von Winningen in der Öffentlichkeit und bei der eigenen Bevölkerung herbeizuführen. Sie sind eine gezielte Ergänzung, obwohl sie in ihren Inhalten und künstlerischen Präsentationen auch Anknüpfungspunkte zum Thema Wein, zur Weininfrastruktur und zum Selbstverständnis der Gemeinde als Weinbauort aufweisen. Die hohe Mitwirkungsbereitschaft vieler Beteiligter zeigt, dass die Winninger Kunsttage einen erheblichen Beitrag zum Selbstverständnis der örtlichen Bevölkerung und zu ihrer gemeinsamen kulturellen Identität leisten.

Batzdorf ist ein Ortsteil der Gemeinde Klipphausen im Landkreis Meißen. Ortsbildprägend ist das Schloss, dessen Anfänge bis in das 15. Jahrhundert zurückreichen. Zu Zeiten der DDR stand das Schloss viele Jahre leer, bevor es auf private Initiative hin revitalisiert, saniert und zu einem Veranstaltungsort für künstlerische und kulturelle Aktivitäten umgebaut wurde. Nach anfänglicher Distanz auf Seiten der Dorfbevölkerung sind die vielfältigen Veranstaltungen und das Schloss selbst inzwischen zu einem geschätzten Bestandteil der örtlichen Identität geworden.

TREFFPUNKTE SCHAFFEN

Die Veränderung der Lebenswelten in vielen kleinen Gemeinden führt dazu, dass die traditionellen Treffpunkte in den alltäglichen Aufgaben und Verrichtungen an Bedeutung verlieren. Für eine gelebte Gemeinschaft ist es deshalb erforderlich, andere Treffpunkte zu schaffen, die sowohl spontane und ungeplante Begegnungen ermöglichen als auch für regelmäßige Zusammenkünfte und Austauschmöglichkeiten zur Verfügung stehen.

Haindling ist ein Ort mit ca. 200 Einwohnern, die zur Hälfte verteilt auf Höfe und Weiler in der Umgebung leben. Der Ort ist einer der ältesten Wallfahrtsorte in Bayern und noch heute ein beliebtes Ziel von Pilgern, die zu Fuß oder mit Bussen dorthin kommen. Nachdem in den 1990er Jahren die Gaststätte und der Lebensmittelladen den Betrieb eingestellt hatten, gab es keine Begegnungsmöglichkeiten mehr. Auf private Initiative hin entstand deshalb ein Nutzungskonzept für den ehemaligen Eiskeller der Gaststätte mit dem Ziel, das Dorf neu zu beleben, kulturelle Angebote für alle Altersgruppen zu schaffen und die Kontakte unter den Bewohnern zu fördern. Der hierzu gegründete Verein bietet mit dem umgebauten Eiskeller und den kulturellen und kulturhistorischen Veranstaltungen neue Beteiligungs- und Begegnungsmöglichkeiten für alle Ortsbewohner.

Das historische Armenspital in Brennberg und die Hangarder Heimatsstube haben als wichtigen Teil ihres Nutzungskonzepts ebenso die Aufgabe, als Begegnungsmöglichkeit für die Ortsbewohner zu dienen wie das Alte Rathaus in Schöckingen. In allen drei Gemeinden bilden die zahlreichen Veranstaltungen und ein Café/Treffpunkt die Basis vielfältiger Begegnungsmöglichkeiten, sowohl spontan als auch an den inhaltlichen Schwerpunkten der Veranstaltungen ausgerichtet.

PERSÖNLICHE FÄHIGKEITEN UND INTERESSEN DER GEMEINSCHAFT ZUR VERFÜGUNG STELLEN

Für viele Menschen in kleinen Gemeinden ist es eine Selbstverständlichkeit, persönliche Fähigkeiten und Interessen der Gemeinschaft zur Verfügung zu stellen. Zum einen, um für diese Neigungen ein Betätigungsfeld zu finden, und zum anderen, um auch außerhalb von Städten oder Verdichtungsräumen differenzierte und umfassende Angebote im Bereich von Bildung, Kunst und Kultur zu schaffen.

In der Gemeinde Netzbach wurde eine Kunst- und Kultur-Werkstatt gegründet, die ein Seminarprogramm mit Bildender Kunst für Kinder, Familien und Erwachsene anbietet sowie Fortbildungsseminare für Lehrer und Erzieher. Zusätzlich wird alle zwei Jahre ein Kunstfest veranstaltet, bei dem Laien und etablierte Künstler ihre Werke präsentieren. Mit diesen Festtagen ist ein kunstpädagogisches Konzept verbunden, dessen Ziel vor allem die Integration und gemeinsame Aktion von Laien, ausgebildeten Künstlerinnen und Künstlern, Menschen unterschiedlicher Altersgruppen, Einheimischen und Tagesbesuchern usw. darstellt. Durch die Beteiligung vieler Menschen mit unterschiedlichen künstlerischen Fähigkeiten wird das Fest zu einem Gemeinschaftserlebnis, das zugleich die persönliche Identifikation mit dem Ort stärkt.

Eine ähnliche Motivation trägt die Arbeit im „Kulturkreis Altes Amt Schönecken" mit seiner Zielsetzung, mehr Kunst in den Alltag der Gemeinde zu bringen und auch Einheimischen die Möglichkeit zu eröffnen, künstlerische Arbeiten zu präsentieren. Kompetenz, persönliche Netzwerke und künstlerischer Sachverstand wird von den Mitwirkenden dazu genutzt, das vorhandene Angebot zu erweitern und einen Beitrag zur Profilierung des Ortes in der regionalen Wahrnehmung zu leisten.

In Zielitz sind es ebenfalls persönliche Kompetenzen und Berufserfahrung, die die Möglichkeit schaffen, über eine private Initiative gemeinsam Theaterstücke einzustudieren und mit Kindern und Jugendlichen aufzuführen. In Gortz geht die Möglichkeit, namhafte (internationale) Künstler für die Veranstaltungen zu gewinnen, auf umfangreiche individuelle Erfahrungen und ein über lange Jahre gepflegtes, persönliches Netzwerk von Kontakten und Freundschaften zurück.

Dingelstädt | Die neue Lernkultur in der Kommune soll Spaß machen

Kunsttage Winningen | Besucher aus der Region und Ortsansässige

In Steinach ist der Aufbau des Volkstheaters Schwarzwurzel durch eine Gruppe von jungen Steinachern eine Art von Transferprojekt, das auf der Grundlage von persönlichen Fähigkeiten und Kontakten, die außerhalb von Steinach gewonnen wurden, zurück an den Geburtsort gebracht wurde.

ATTRAKTIVITÄT DES ORTES (DER REGION) FÜR (JUNGE) ZUWANDERER/RÜCKKEHRER UND FÜR FAMILIEN ERHÖHEN

Die zukünftigen Entwicklungschancen in vielen kleinen Gemeinden sind in hohem Maße davon abhängig, inwieweit es gelingt, die Attraktivität des Ortes als Lebensmittelpunkt für eine jüngere Bevölkerung und für Familien mit Kindern zu erhöhen. Die klassische Vorgehensweise, den Zuzug durch die Ausweisung von neuen Baugebieten anzukurbeln, hat angesichts der demografischen Entwicklung und der zunehmenden Konkurrenz zwischen Gemeinden und Städten vor allem um die jüngere Bevölkerung deutlich an Wirkungskraft verloren. Einer der wesentlichen Faktoren ist selbstverständlich die Struktur des Arbeitsmarktes und seiner Angebote. Darüber hinaus spielen jedoch noch viele andere Faktoren eine wichtige Rolle.

Der Förderverein zum Schutz, zur Pflege und zur weiteren Entwicklung der Mönchguter Museen auf Rügen setzt sich in Kooperation mit der Gemeinde und den Schulen bewusst das Ziel, Neubürgern eine Integration zu erleichtern und zugleich junge Rüganer, die aufgrund ihrer Ausbildung die Insel verlassen, über die gemeinsame Identität zu motivieren, nach der Ausbildung wieder zurückzukehren. Eine ähnliche Motivation verfolgt das Modellprojekt zu einer neuen Lernkultur in Dingelstädt. Durch eine gezielte Kontaktpflege zu Partnern aus der Wirtschaft und durch eine Verbesserung der Ausbildungs- und Weiterbildungsangebote in Dingelstädt soll die Abwanderung junger Menschen und der daraus resultierende Lehrlingsmangel vermindert werden. In Kooperation mit dem örtlichen Familienzentrum wird versucht, die Angebote für Familien zu verbessern und deren Identifikation mit der Stadt zu stärken.

Der Verein Kammerphilharmonie Uckermark bietet vor allem für Kinder und Jugendliche künstlerische Betätigungsmöglichkeiten. Für Familien bedeutet dies, dass zusätzliche künstlerische Bildungsangebote auch in dieser ländlich strukturierten Region verfügbar sind.

INTEGRATION ALLER BEWOHNER ERLEICHTERN

Zahlreiche Angebote verfolgen bewusst das Ziel, die Integration aller Bewohner in einer kleinen Gemeinde zu erleichtern. Dies kann sich auf das Verhältnis zwischen einheimischer und zugezogener Bevölkerung beziehen oder auf unterschiedliche Alters- und Berufsgruppen oder auf Menschen mit unterschiedlichen Interessen und Fähigkeiten, die sich in den veränderten

Lebenswelten in kleinen Gemeinden im Alltag nicht mehr mit der gleichen Selbstverständlichkeit beggenen, die in den traditionellen Erwerbs- und Lebensformen noch gegeben war. Ein Beispiel hierfür ist das Kunstfest in Netzbach, das unter dem Aspekt der Integration darauf abzielt, nicht nur junge und alte Menschen zusammen zu bringen, sondern auch Neuzugezogene und Alteingesessene sowie Ortsansässige und Menschen aus der ganzen Region. Ein weiteres Beispiel sind die Angebote der Dorfakademie Höhenland, die sich gezielt auch an solche Bevölkerungsgruppen richten, deren Integration keine Selbstverständlichkeit darstellt.

BÜRGERSCHAFTLICHES ENGAGEMENT ALS ALTERNATIVER TRÄGER VON ANGEBOTEN ZU BILDUNG, KUNST UND KULTUR

In vielen kleinen Gemeinden entstehen neue Angebote zu Bildung, Kunst und Kultur zunächst, um eine vorhandene Lücke zu schließen bzw. Defizite zu beseitigen. Nach dem Aufbau der Angebote kann sich die dafür gewählte private Trägerschaft im Entstehungszusammenhang (1) oder in Mischformen als ein besonderes Qualitätsmerkmal der Angebote erweisen. Sei es hinsichtlich der Flexibilität, sei es hinsichtlich der selbst gewählten Inhalte, sei es hinsichtlich der organisatorischen Strukturen oder auch hinsichtlich der Formen aktiver Beteiligung und Kompetenzübertragung. In diesen Fällen wird die Verstetigung und Fortführung der alternativen Trägerschaft zu einem eigenständigen Ziel im Rahmen der Initiativen und Projekte.

Die Ländliche Akademie Krummhörn (LAK) ist ein Beispiel für eine institutionalisierte Form der Übernahme aktiver bürgerschaftlicher Verantwortung für den Zusammenhalt einer Gemeinschaft, für deren Zukunftsperspektiven, für den Erhalt der kulturellen Identität, für die örtliche Entwicklung und für die lokalen Angebote rund um Bildung und Kultur, vor allem für Kinder und Jugendliche. Diese Angebote werden nicht an den persönlichen Interessen der Mitglieder der Ländlichen Akademie Krummhörn ausgerichtet, sondern an dem von ihnen wahrgenommenen Bedarf der ganzen Gemeinschaft. Somit übernimmt die Akademie eine Dienstleistungsfunktion für die weitere Entwicklung der Gemeinde und bezieht wesentliche Qualitätsmerkmale ihres Angebotes aus ihrer privaten Trägerschaft.

Der Verein „Eiskeller Haindling e.V." wurde mit dem Ziel gegründet, den ehemaligen Eiskeller der Gaststätte zu erhalten (und eine an dessen Stelle vorgesehene Buswendeschleife zu verhindern). Der Verein ist bewusst parallel zu den traditionellen Strukturen in etablierten Vereinen und zu den von der Gemeinde geförderten Angeboten im benachbarten, umgenutzten Schulhaus entstanden. Im Vordergrund steht eine Beteiligung nach eigenen Interessen, persönlichen Fähigkeiten und selbst akzentuierten Mitwirkungsformen. Viele Initiativen und Ereignisse werden in enger Abstimmung mit anderen Vereinen oder mit der Gemeinde durchgeführt. Hierbei bietet die eigenständige, private Form der Trägerschaft ein besonders hohes Maß an Flexibilität für neue Ideen, Angebote und Begegnungsmöglichkeiten.

In Oberhembach hat sich die Eigeninitiative aus der Dorfgemeinschaft zur jährlichen Veranstaltung „Kunst im Dorf" seit dem Jahr 2001 kontinuierlich verstetigt und etabliert. Es gibt vielfältige Kooperationsbeziehungen, auch mit den traditionellen Vereinen, aber zugleich auch eine bewusste Entscheidung, auf die Gründung eines normalen Vereins zu verzichten. Formale Organisationsstrukturen werden nicht als Vorteil betrachtet, obwohl sie im Bereich der Finanzierung und der Einwerbung von Mitteln durchaus praktische Erleichterungen bieten könnten. Auch ohne diese formale Struktur ist der Kreis der Aktiven rund um Kunst im Dorf inzwischen zu einem festen Ansprechpartner für viele Fragen der Dorfentwicklung geworden.

ENTWICKLUNG DES ORTES MITGESTALTEN, MITTRAGEN, UNTERSTÜTZEN

In zahlreichen Gemeinden haben sich die Angebote und Initiativen rund um Bildung, Kunst und Kultur so weiter entwickelt, dass sie zu neuen und eigenständigen Foren für die weitere Entwicklung des ganzen Ortes geworden sind. Sie sind Ansprechpartner für Projekte im Rahmen der Dorferneuerung (z.B. Brennberg, Oberhembach), bilden ein Gerüst für die Kooperation und das Miteinander unterschiedlicher Ortsteile in zusammengeschlossenen Gemeinden (z.B. Haunetal-Wehrda, Krummhörn), übernehmen als Kooperations- oder Vertragspartner der Gemeinde teilweise deren Aufgaben oder erhalten und pflegen identitätsstiftende öffentliche Bausubstanz (z.B. Schloss Batzdorf, Armenspital Brennberg, Lehmschuppen Dötlingen, Dorfkirche und alte Schule Gortz, Kulturhaus Mestlin, Mönchguter Museen, Altes Rathaus Schöckingen, Altes Amt Schönecken), geben öffentliche Anstöße für die gemeinsame Diskussion über die zukünftige Entwicklung (z.B. Denkmal Kultur Mestlin, Volkstheater Schwarzwurzel Steinach) oder werden zu Plattformen mit einem breiten Spektrum an Themen rund um die Gestaltung und die Perspektiven der Entwicklung von Dorfgemeinschaft und Ort (z.B. Haindling, Haunetal-Wehrda, Denkmal Kultur Mestlin, Mönchguter Museen, Oberhembach).

Sowohl in der grundsätzlichen Bandbreite der Zielsetzungen zu Beginn als auch in deren späterer Ausdifferenzierung auf dem Wege zur Verstetigung und Weiterentwicklung verdeutlichen die Initiativen und Projekte, dass es in den meisten Fällen längst um weit mehr geht als um die Inhalte von Bildung, Kunst und Kultur. Über diese Inhalte hinaus werden sie zu Motoren der Entwicklung und zu Erfolgsfaktoren, die über den Zusammenhalt und die Identität der Dorfgemeinschaft bestimmen. Zugleich bieten sie erfolgreiche Formen an für eine Weiterentwicklung und Transformation traditionell gewachsener Strukturen unter den veränderten Rahmenbedingungen des Lebens und Wohnens in kleinen Gemeinden.

Prozesse

Für den Erfolg und die Nachhaltigkeit von Angeboten sind bei den vier Entstehungszusammenhängen folgende Prozesse in unterschiedlicher Form von Bedeutung:

- Beteiligungsprozesse, d.h. die Aktivierung von Mitstreitern und Ehrenamtlichen, um die anvisierten Aufgaben bewältigen zu können.
- Beschaffungsprozesse von finanziellen Ressourcen und von technischer und räumlicher Infrastruktur.
- Aufbau von Kooperationen mit anderen Institutionen, z.B. Vereinen am Ort, Schulen, Künstlern etc.
- Übertragung von Aufgaben und Verpflichtungen an Mitstreiter.
- Institutionalisierung im Übergang von Einzelaktionen zu Dauereinrichtungen.

BETEILIGUNGSPROZESSE

Aktivierung von Mitstreitern

Die Aktivierung von Mitstreitern ist eine Aufgabe, die in allen Entstehungszusammenhängen für den Erfolg von entscheidender Bedeutung ist. Den größten Aufwand müssen dabei Projekte des Entstehungszusammenhangs (1) betreiben, weil erst andere davon überzeugt werden müssen, dass ihre Idee bzw. ihr Projekt wichtig und erfolgversprechend ist und auch einen Nutzen für potentielle Mitstreiter abwirft. Das ist bei Projekten des Entstehungszusammenhangs (2) einfacher, insbesondere wenn kommunale Unterstützung vorhanden ist.

In Oberhembach bewegt die Veranstaltung „Kunst im Dorf" das gesamte Dorf zum Mitmachen. Dabei gestaltet sich das Engagement auf unterschiedliche Weise. Viele Bewohner des Dorfes unterstützen die Veranstaltung, indem sie ihre eigenen Kunstwerke (oft eigens für „Kunst im Dorf" erstellt) zur Verfügung stellen; im Jahr 2011 waren es 38 Dorfbewohner. Andere bieten ihre Gärten und Häuser als Ausstellungsflächen an oder helfen bei der Organisation. Dabei hat sich das Engagement der Bürger inzwischen zu einer festen Institution weiterentwickelt, sodass eine Dorfgemeinschaft entstanden ist, die sich längst für die Belange ihrer Mitbürger verantwortlich fühlt, wie beispielsweise die Revitalisierung der Dorfwirtschaft. Hier hat das gesamte Dorf mit Unterstützung der Gemeinde ein Wirte-Casting durchgeführt, um einen neuen Pächter zu finden.

Projekte aus dem Entstehungszusammenhang (3) haben es ebenfalls leichter, ihren Nutzen deutlich zu machen; hier ist es eher der notwendige zeitliche Aufwand, der von Mitstreitern gefordert wird, weil sich die meisten dieser Projekte über einen längeren Zeitraum erstrecken und damit einen kontinuierlichen Zeitaufwand erfordern.

Für beide Entstehungszusammenhänge gilt, dass nicht nur eigenes Engagement der Initiatoren im Vordergrund steht, sondern auch das Engagement zahlreicher Mitstreiterinnen und Mitstreiter, die sich unentgeltlich bei Planung, Organisation und Durchführung einbringen oder eigenes Wissen und Können beisteuern. In Gorz konnten zahlreiche Ortsbürger für eine Mitarbeit gewonnen werden, z.B. um die für den Eigenbeitrag bei Fördermitteln notwendigen Mittel durch die Herstellung und den Verkauf von Marmelade und Holundersaft zu beschaffen.

In Mestlin konnten ebenfalls eine Reihe von Ortsbürgern aktiviert werden, darunter auch Handwerker, die unentgeltlich bei der Renovierung des Kulturhauses mitwirkten und damit ganz wesentlich dazu beigetragen haben, dass in einigen Bereichen des Hauses Veranstaltungen durchgeführt werden konnten.

Der Verein Landblüte ist nur durch den Einsatz vieler ehrenamtlicher Mitglieder in der Lage, seine teilweise sehr aufwendigen Angebote (z.B. die Begleitung der Berufseingliederung Jugendlicher) durchzuführen.

Kunst im Dorf, Oberhembach

Wiederbelebte Dorfwirtschaft in Oberhembach nach dem Wirte-Casting

Die Aktivierung von Mitstreitern ist bei Projekten des Entstehungszusammenhangs (4) oft am einfachsten, weil durch die Kommune als Initiatorin die Bedeutung der Aktivitäten für die Ortsbürger deutlich gemacht wird und diese weniger Gefahr laufen, sich für ein Projekt zu engagieren, das aufgrund fehlender Unterstützung durch die Gemeinde als Misserfolg endet.

Ein gutes Beispiel hierfür ist der Bürgertreff „Altes Rathaus Schöckingen", der von einer Gruppe von Ortsbewohnern betreut und geführt wird, die sich seit vielen Jahren für das Projekt engagieren und teilweise schon bei den ersten Gesprächen mit der Stadt über die Konzeption dabei waren.

KOOPERATIONEN

Kooperation mit der Kommune

Ein wichtiger Faktor für das Gelingen einer Vielzahl von Projekten ist eine Kooperation mit der Kommune. Als Beispiele hierfür können Projekte aus den Entstehungszusammenhängen (2), (3) und vor allem auch (4) gelten. Die Kooperation mit der Kommune kann sowohl durch finanzielle Zuwendungen erfolgen als auch durch die Bereitstellung von Ressourcen wie Räumlichkeiten, personellen Kapazitäten oder Dienstleistungen.

Viele der eingesendeten Projekte haben mit ihrer Gemeinde Nutzungsverträge über leerstehende Gebäude im gemeindlichen Besitz abgeschlossen und können diese unentgeltlich nutzen, bei-

LAK Krummhörn | Kindergitarrengruppe im Gemeindehaus Pewsum

Eiskeller Haindling e.V. | Feierliche Eröffnung des Eiskellers

spielsweise der Verein Denkmal Kultur Mestlin, welcher das Kulturhaus für eine symbolische Pacht von einem Euro pro Jahr nutzen kann, oder auch der Verein Eiskeller Haindling e.V. Die Initiatorinnen des Projekts konnten die Stadt Geiselhöring mit einem Nutzungskonzept davon überzeugen, das Gebäude zu einem neuen Treffpunkt für die Bürger des kleinen Ortes umzubauen. Von der Stadt wurden die Kosten für den Umbau des Eiskellers übernommen, des Weiteren kann der Verein das Gebäude mietfrei nutzen und auch die Nebenkosten finanziert die Stadt.

Auch in anderen Projekten stehen die jeweiligen Gemeinden den Vereinen und Initiativen unterstützend zu Seite. So stellt die Gemeinde Brennberg der Spital eG das Holz für die Heizung zur Verfügung, die ländliche Akademie Krummhörn kann Räume in den öffentlichen Gebäuden der einzelnen Orte für ihre Kurse nutzen und bei der Dötlingen Stiftung bemüht sich die Gemeinde durch einen Grundstückstausch, den Lehmschuppen für die Stiftung verfügbar zu machen, damit dieser saniert werden kann.

Kooperation mit ortsansässigen Unternehmen

Durch eine Kooperation mit ortsansässigen Firmen können ebenfalls wichtige Unterstützer gefunden werden. Dies entlastet die Projekte finanziell und erweitert ihren Handlungsspielraum. Doch auch für die Unternehmen finden sich in einem kulturellen Engagement Vorteile. Das erbrachte Engagement wird nach außen getragen und damit ein Imagegewinn erzielt.

Holzhaustheater Zielitz | Aufbau auf dem Abraumberg eines Kaliwerks

Kunsttage Winningen | Kunstwerk mit Holzpfählen aus dem Weinanbau

Ein Beispiel ist das Holzhaustheater in Zielitz, das mit einem ortsansässigen Kaliunternehmen bei Theateraufführungen zusammenarbeitet. Es stellt zu den sogenannten „Kalimandscharo Festspielen" einen Abraumberg und die notwendige Infrastruktur zur Verfügung.

Mit Grundschule, Regelschule, Gymnasium und einer Förderschule für Kinder und Jugendliche mit geistiger Behinderung ist die Stadt Dingelstädt ein wichtiger Schulstandort in ihrer Region. Mit diesem Hintergrund konnte sich die Stadt an dem Modellprojekt „Neue Lernkultur in Kommunen" beteiligen. Schwerpunkt dieses Projektes ist es, die Schulen untereinander zu vernetzen und den Kontakt zu den niedergelassenen Unternehmen zu pflegen, um das Aus- und Weiterbildungsangebot am Standort zu verbessern sowie eine Beteiligungskultur für Kinder und Jugendliche aufzubauen.

In Winningen wurden die ortsansässigen Weinbauern und die zahlreichen kleinen Weinstuben in die Kunsttage eingebunden mit dem Ziel, das Image des Weinortes zu erweitern. So werden das Thema „Weinanbau" wie auch besondere Örtlichkeiten in die jährliche Veranstaltung miteinbezogen, um zu erreichen, dass Einheimische, Touristen und Besucher den traditionellen Weinort Winningen zukünftig auch mit dem Thema „Kunst" in Verbindung bringen.

Kooperation mit Schulen / Behinderteneinrichtung

Auch in Schulen oder Behinderteneinrichtungen konnten einige Projekte wichtige Unterstützer finden, dabei profitieren meist beide Partner von der Kooperation.

Die „KulturScheune Lange Wiese" in Haunetal-Wehrda fand in einer benachbarten Schule einen wichtigen Kooperationspartner. Es wurden verschiedene Schülerunternehmen gegründet, welche den Betrieb des Cafés und des kleinen Dorfladens in der Kulturscheune übernommen haben. Darüber hinaus wird das Projekt „Haunetal online" durchgeführt, bei welchem die Schüler den Senioren Hilfestellungen bei der Arbeit am PC geben, ein Internetcafé betreuen und Lernspiele testen. Die Kulturscheune will gemeinsam mit den Schülerunternehmen die generationsübergreifende Zusammenarbeit erweitern und fördern.

Um die Vorteile eines Netzwerks zu nutzen, arbeitet die Dorfakademie Höhenland mit einer nahegelegenen Behinderteneinrichtung zusammen. Dabei richtet die Dorfakademie für die behinderten Bewohner/innen Kochkurse aus, im Gegenzug darf der Verein die Fahrzeuge der Einrichtung nutzen. Für beide Partner entsteht so eine Win-Win Situation.

ÜBERTRAGUNGSPROZESSE

Übertragung kommunaler Aufgaben an Vereine

Durch die Übertragung kommunaler Aufgaben an Bürgervereine kann eine Kommune erreichen, dass diese Aufgaben effizienter bewältigt werden als dies durch eine kommunale Organisation möglich wäre. Beispielsweise durch die Einbindung ehrenamtlicher Mitarbeiter oder die besseren Möglichkeiten eines Vereins, zusätzliche Fördermittel und Zuschüsse zu akquirieren

Ein Beispiel für eine gelungene Übertragung kommunaler Aufgaben sind die Mönchsguter Museen; hier wurde der Museumsbetrieb einem Verein übertragen, während die Kommune die Betriebskosten übernimmt und damit eine Finanzierungsgrundlage für den Verein schafft. In einem Nutzungsvertrag ist geregelt, dass die Gemeinde die Museen erhält und die laufenden Kosten übernimmt. Der Verein verpflichtet sich im Gegenzug, durch Spenden, Veranstaltungserlöse und Eintrittsgelder den Museumskomplex zu bewirtschaften, zu erhalten, zu pflegen und zu entwickeln.

Ein weiteres Beispiel ist der Bürgertreff „Altes Rathaus Schöckingen", wo die Kommune die Organisation des Bürgertreffs einem Verein überlässt und selbst die laufenden Betriebskosten übernimmt. Die Aktivitäten des Vereins werden durch ein Statut geregelt, das in Abstimmung mit der Kommune von einer Gruppe Ortsbürger im Rahmen eines moderierten Entwicklungsprozesses erarbeitet wurde.

Förderverein Mönchgut

Museumshaus in Göhren (Mönchsguter Museen)

INSTITUTIONALISIERUNG

Vor allem bei den Angeboten, die aus individueller Initiative heraus entstanden sind (Entstehungszusammenhang (1), aber auch (2)), tritt das Problem der Zukunftssicherung bzw. der Sicherung des Fortbestandes der Angebote auf. Dies ist insbesondere dann der Fall, wenn keine auf Dauer angelegte Infrastruktur vorhanden ist, weil diese situationsbedingt aktiviert wird, indem private Räume oder Infrastruktur leihweise zur Verfügung gestellt werden. Ein Ansatzpunkt für eine Nachfolgeregelung kann sein, feste institutionelle Strukturen wie eingetragene Vereine zu schaffen, wie es in einer Reihe von Projekten erfolgt ist. Einen anderen Weg schlagen Projekte wie Kunst im Dorf in Oberhembach ein, die so breit und generationsübergreifend aufgestellt sind, dass die Nachfolgeregelung leichter fällt.

Eine Institutionalisierung von Prozessen und damit die Sicherung einer Nachhaltigkeit von Angeboten ist kennzeichnend für alle Projekte, in denen die Kommune als Initiator aufgetreten ist (Entstehungszusammenhang (4)), weil dort vertragliche Regelungen und Absicherungen vorhanden sind, Vereine gegründet wurden und zumindest eine Grundfinanzierung vorhanden ist. Eine Mittelposition nehmen die Projekte ein, die sich mit der Bewältigung von Problemsituationen beschäftigen (Entstehungszusammenhang (3)). Dort ist in den meisten Fällen auch eine Gebäudeinfrastruktur vorhanden, die dazu beiträgt, dauerhafte Strukturen zu erleichtern.

NACHFOLGEREGELUNG

Projekte, die aus der Initiative einzelner Personen entstanden sind, haben eher Probleme mit der Regelung der Nachfolge. Wenn sich diese Initiatoren zurückziehen, steht oft auch das Angebot in Frage, weil es stark mit deren Fähigkeiten, Verbindungen und persönlicher Überzeugungskraft verbunden ist.

EINBINDUNG DER ORTSGESCHICHTE

Ausgangspunkt für einige Projekte ist die Auseinandersetzung mit der Geschichte des jeweiligen Ortes; sie bildet den „Roten Faden" in den Aktivitäten. Dabei werden nicht nur die Veränderungen in den gesellschaftlichen und wirtschaftlichen Strukturen aufgegriffen, sondern auch historische Bauwerke mit einbezogen. Ziel ist es, die Geschichte der Orte zu erkunden, sichtbar zu machen und den folgenden Generationen zu vermitteln.

Die Stadt Steinach war bis in die 1960er Jahre von der Schiefergriffelproduktion sowie der Spielzeug- und Glasindustrie geprägt. Hier wurde die Geschichte des Ortes aufgegriffen, um eine bewusste Auseinandersetzung der Kinder, Jugendlichen und Erwachsenen mit den Themen Heimat, Regionalität, Arbeit und Identität zu erreichen. Noch immer unterliegt Steinach einem Strukturwandel, vor allem die 20- bis 40-Jährigen zieht es zur Ausbildung und Arbeit vermehrt in andere Städte. Durch die gemeinsamen Kunstprojekte und Theaterarbeit wurde nicht nur die Kommunikation zwischen den Generationen gefördert, sondern auch eine stärkere Identifikation der Kinder und Jugendlichen mit dem Ort erreicht.

Eine ganz andere Motivation, sich mit seiner Geschichte auseinander zu setzen, hat der Verein „Denkmal-Kultur-Mestlin". Zu DDR-Zeiten wurde Mestlin zu einem sozialistischen Musterdorf ausgebaut und ein Gebäudeensemble mit Kulturhaus rund um den Marx-Engels-Platz errichtet. Die Größe des Gebäudeensembles überschreitet die Möglichkeiten einer kleinen Gemeinde und auch von den Bürgerinnen und Bürgern wurde das Ensemble nach der Wende gemieden. So war die Zielsetzung des Vereins nicht nur, das Kulturhaus als Repräsentant der Ortsgeschichte instandzusetzen und wiederzubeleben, sondern es auch durch regelmäßige Feste, Märkte, gesellige Treffen, Kunstausstellungen und eine Theatergruppe für Jugendliche mit einer neuen Nutzungsstruktur wieder in das dörfliche Leben zu integrieren.

Schwarzwurzel e.V. | Künstler erarbeiten mit Kindern gemeinsame Projekte   Kunstwerk aus Schiefer in einer ehemaligen Spielzeugfabrik

Ressourcen

Der Begriff Ressource hat eine mehrdimensionale Bedeutung; sowohl materielle (z.B. historische Gebäude, Geldmittel, Kooperationspartner, Infrastruktur) als auch immaterielle Güter (z.B. Engagement von Bürgern, Talente und Fähigkeiten) können eine Ressource darstellen. Auch die am Wettbewerb teilnehmenden Projekte nutzen vorhandene Ressourcen. Diese werden nachfolgend unter drei grundlegenden Fragestellungen näher betrachtet:

- Ist es den Projekten gelungen, die vorhandenen Ressourcen zu nutzen und in die Prozesse mit einzubinden?
- Konnte das Projekt die genutzten Ressourcen weiterentwickeln?
- Konnte sich das Projekt durch die Nutzung der Ressourcen weiterentwickeln?

Die Verfügbarkeit der notwendigen Ressourcen, d.h. von Räumlichkeiten, technischer Ausstattung und von Materialien, ist für alle am Wettbewerb beteiligten Projekte von grundlegender Bedeutung. Bei Projekten aus dem Entstehungszusammenhang (1) geht es vor allem darum, die notwendigen Räumlichkeiten und Flächen zu organisieren, um die künstlerischen Darbietungen, die Ereignisse und die Angebote selbst ermöglichen zu können. Hierfür ist in vielen Fällen ein erheblicher Bedarf an technischer Infrastruktur erforderlich, der insbesondere bei Aktionen, die nur im Jahres- oder Zweijahresrhythmus stattfinden, einen hohen organisatorischen Aufwand verursacht und oft nur über Beziehungen, z.B. zu Schulen oder anderen Eigentümern von technischer Ausstattung, organisierbar ist. Ein Beispiel hierfür ist das Kunstfest in Netzbach, für das die Beleuchtung und Tontechnik von einem Gymnasium zur Verfügung gestellt wird.

Ein großer Teil der notwendigen räumlichen Infrastruktur wird bei einigen Projekten aus dem Entstehungszusammenhang (3) und insbesondere bei Projekten des Entstehungszusammenhangs (4) von der örtlichen Kommune zur Verfügung gestellt, wobei die Kommune entweder nur eine symbolische Pacht für ein Objekt ansetzt (z.B. in Mestlin) oder, wie bei Projekten aus dem Entstehungszusammenhang (4), die laufenden Kosten für den Gebäudeerhalt bzw. den Betrieb übernimmt.

NEUE NUTZUNG VON LEERSTEHENDEN GEBÄUDEN

Die Folgen des demografischen Wandels, wie der Rückgang der Bevölkerung und die Abwanderung von Jüngeren in Richtung großer Städte, haben vor allem in den kleinen Gemeinden spürbare Folgen. So ist zu beobachten, dass die soziale Infrastruktur (Schulen, Einkaufsläden oder Gaststätten) verschwindet und Wohnhäuser, alte Gehöfte und ehemals landwirtschaftlich genutzte Gebäude leerstehen.

Die Gründer des Fördervereins Gortz e.V. waren zunächst auf die Ortskirche und später auf die ehemalige Dorfschule in der Mitte des Dorfes aufmerksam geworden. Sie entschlossen sich, zunächst die Kirche und dann die alte Dorfschule zu sanieren und zu einem kulturellen Zentrum umzugestalten. Nach dem Abschluss der Sanierungen bietet die Kirche nun Raum für Konzerte und Theateraufführungen und in der Schule werden Veranstaltungen mit Kunstausstellungen organisiert; die Räume dienen außerdem als Treffpunkt für die örtlichen Vereine und für private Veranstaltungen wie beispielsweise Geburtstagsfeiern.

Bei anderen Projekten wie dem Volkstheater Schwarzwurzel in Steinach waren leerstehende Gebäude eine wichtige Ressource, um die Initiative und Projektidee überhaupt erstmals realisieren zu können.

Ein weiteres Beispiel für die Nutzung leerstehender Gebäude ist der „alte Lehmschuppen" in Dötlingen, der zukünftig als Atelier und Wohnraum für Nachwuchskünstler dienen soll, was sich aus dem geschichtlichen Hintergrund des Gebäudes ergibt. Die ehemalige Wirkungsstätte des Malers Georg Müller von Siel wurde für einige Zeit als Stall zwischengenutzt und soll nun durch die Dötlingen Stiftung, welche sich dem Erhalt der Geschichte des Künstlerdorfes widmet, wieder ihrer ursprünglichen Nutzung zugeführt werden.

Förderverein Gortz e.V. | Alte Dorfschule Gortz nach der Sanierung 2011   Landblüte e.V. | Gemeindezentrum in Höhenland

NUTZUNG VORHANDENER SOZIALER / KOMMUNALER INFRASTRUKTUR

Die Nutzung von Räumen in öffentlichen Gebäuden, Pfarrsälen oder Schulen als Veranstaltungsräume ist eine wichtige finanzielle Entlastung für viele Initiativen und Projekte aus den Entstehungszusammenhängen (2), (3) und (4). Zugleich erfahren sie auch eine Wertschätzung seitens der Gemeinde sowie die Akzeptanz der Einwohner des Ortes. Doch auch die Gemeinde kann durch die Förderung derartiger Projekte an Attraktivität als Wohnort gewinnen, weil die sogenannten „weichen Standortfaktoren" (Kultur- und Bildungsangebot, Freizeitmöglichkeiten) eine immer größere Bedeutung bei Zuzugsentscheidungen gewinnen.

Ein Beispiel stellt die Dorfakademie Höhenland dar, deren Angebote sich explizit an Kinder, Jugendliche und junge Erwachsene richten und die sich u.a. mit der Vorbereitung Jugendlicher auf die berufliche Phase und deren Begleitung beschäftigen. Sie kann die Räume in einem ehemaligen Gutshaus nutzen, das sich im Besitz der Gemeinde befindet.

Von der Bereitstellung öffentlicher Räume in den 19 Dörfern der Gemeinde profitiert auch die Ländliche Akademie Krummhörn. Denn nur auf diese Weise kann sie vor Ort ihre verschiedenen Kurse anbieten und die Wege zu den Angeboten möglichst gering halten.

Auch auf der Halbinsel Mönchsgut arbeitet der „Förderverein zum Schutz, zur Pflege und weiteren Entwicklung der Mönchguter Museen" eng mit der Gemeinde Göhren zusammen. Bis zum Jahr 2000

KuKuNaT | Ausstellung in privater Scheune

KVAK e.V. | Kunst in und um Kröte

wurde der Museumskomplex von der Gemeinde verwaltet und dann im Rahmen eines Nutzungsvertrags dem Förderverein übergeben. In diesem Nutzungsvertrag ist geregelt, dass die Gemeinde die Museen erhält und die laufenden Kosten übernimmt; der Verein verpflichtet sich im Gegenzug, die Museen mit Hilfe von Eintrittsgeldern, Veranstaltungserlösen und Spenden zu bewirtschaften, zu pflegen und weiter zu entwickeln.

NUTZUNG PRIVATER RESSOURCEN

Die Nutzung privater Ressourcen ist ein wichtiges Element, wenn es um Veranstaltungen geht, in denen eine Vielzahl künstlerischer Aktivitäten von Malerei über Gestaltende Kunst bis zu Musik gezeigt werden sollen. Das gilt insbesondere für Projekte aus dem Entstehungszusammenhang (1), gilt aber auch in einigen Fällen für den Entstehungszusammenhang (2).

In eindrucksvoller Weise hat die Dorfgemeinschaft Oberhembach diese Ressourcen genutzt, um die regelmäßig stattfindenden Kunsttage und Veranstaltungen unter dem Titel „Kunst im Dorf" durchführen zu können. Seit dem Jahr 2001 bindet dieses Ereignis das gesamte Dorf ein. Rund um den „Kunststadel" präsentierten sich Oberhembacher Künstler/innen an unterschiedlichsten Stätten, die von privater Seite bereitgestellt werden.

Der „Förderverein für kulturelle Veranstaltungen und Ausstellungen in und um Kröte" nutzt ebenfalls die vor Ort gegebenen Möglichkeiten. So wird während der Veranstaltung „Kunst in und um Kröte" das gesamte Dorf als Ausstellungsfläche mit einbezogen und Kunstwerke in privaten Häusern und Grundstücken ausgestellt, welche dem Verein unentgeltlich von den Besitzern zur Verfügung gestellt werden.

Auch in Netzbach stellen die Ortsbürger eine Vielzahl an Räumlichkeiten (Häuser, Scheunen, Garagen, Gärten) zur Verfügung, um sowohl Laienkünstlern wie auch etablierten Künstlern die Möglichkeit zu bieten, ihre Werke auszustellen, die von Malerei, Kunsthandwerk und Skulpturen bis zu Installationen reichen.

RESSOURCEN ORTSANSÄSSIGER UNTERNEHMEN

Einige Projekte rund um Bildung, Kunst und Kultur konnten in ortsansässigen Firmen Kooperationspartner und somit wichtige Unterstützer finden. Dies entlastet die Projekte finanziell und erweitert somit den Handlungsspielraum. Doch auch für die Unternehmen entstehen aus ihrem Engagement verschiedene Vorteile.

Dies gilt beispielsweise für die jährlichen „Kalimandscharo-Festspiele" des Holzhaustheaters in Zielitz, welche auf einem 50 Meter hohen Abraumberg eines Kaliwerkes nahe des Ortes stattfinden. Das Kaliwerk stellt dabei nicht nur die Halde, sondern auch die notwendigen technischen Komponenten wie Beleuchtung oder Sicherheitstechnik, die sanitären Anlagen und einen Fahrdienst zur Verfügung. Für das Unternehmen bedeutet diese Kooperation vor allem einen Imagegewinn, da die landschaftsprägenden Abraumhalden mit einem positiven Ereignis für die Region belegt werden konnten. Das Holzhaustheater konnte sich durch die Kalimandscharo-Festspiele ein Alleinstellungsmerkmal und somit einen überregionalen Bekanntheitsgrad schaffen. Auch in Mestlin konnte eine Zusammenarbeit mit örtlichen Handwerkern aufgebaut werden, die bei der aufwendigen Renovierung des Kulturhauses mithelfen.

FINANZIELLE RESSOURCEN

Um ein vielfältiges Programm bieten zu können, müssen die Projekte insbesondere aus dem Entstehungszusammenhang (3) auf finanzielle Mittel zurückgreifen können; beispielsweise um die Sanierung von Gebäuden zu finanzieren oder auch um Materialien für ihre Arbeit zu kaufen. Dabei haben die Projekte ganz unterschiedliche Wege gefunden, um sich die notwendigen finanziellen Mittel zu beschaffen.

Eine ungewöhnliche Form der Erschließung von finanziellen Ressourcen hat der „Förderverein Gortz e.V." gefunden. Um gemeinsam mit Hilfe verschiedener Stiftungen und dem Land Brandenburg die Kosten für die Sanierung der Kirche finanzieren zu können, musste der Verein einen Eigenanteil leisten. Dies gelang ihm zum einen aus dem Erlös zahlreicher Veranstaltungen, welche regelmäßig in der Kirche und auf deren Areal stattfinden. Zusätzlich konnte durch das Engagement vieler Bürger auf den konzertbegleitenden Märkten ein Gewinn aus der Bewirtschaftung erzielt werden. Eine weitere wichtige Einnahmequelle des Vereins ist der Verkauf von Holunderblütensirup und Holundergelee u.a. auf einem Berliner Weihnachtsmarkt.

Auch für die Sanierung von Schloss Batzdorf waren die Bewohner auf finanzielle Zuwendungen angewiesen. Es wurden Spenden von Freunden mit öffentlichen Fördermitteln und Krediten kombiniert. Das Schloss konnte 1997 durch den Verein erworben werden. Die finanziellen Mittel konnten mit Hilfe von zahlreiche Zuschüssen sowie einem Kredit der GLS-Bank bereitgestellt werden, welcher von Freunden und Bekannten finanziell getragen und abgesichert wurde. Die Sanierung der Außenfassade konnte durch öffentliche Fördermittel finanziert werden, der Innenausbau erfolgte mit Hilfe von Bankkrediten.

FÖRDERMITTEL

In einer Reihe von Projekten in allen Entstehungszusammenhängen wurde auf Fördermittel verschiedener Stiftungen und Vereine zurückgegriffen. So werden die Projekte „Schwarzwurzel" in Steinach und das „Haus Quillo" in der Gemeinde Nordwestuckermark vom Fonds Soziokultur e.V. unterstützt, welcher von der Kulturstiftung des Bundes gefördert wird. Dieser Fonds fördert im Sinne seiner Satzung kulturelle Modelle, welche „die alltägliche Lebenswelt in die Kulturarbeit einbeziehen und zugleich eine Rückkopplung der so entstehenden Formen von Kunst und Kultur in unsere Gesellschaft anstreben."

Ein anderes Beispiel ist der Kultursommer Rheinland-Pfalz, welcher 1992 von der Landesregierung Rheinland-Pfalz ausgerufen wurde und seit 1994 als eingetragener Verein durch Zinserträge des Kapitals der Stiftung Rheinland-Pfalz für Kultur gesichert wird. Jährlich wechselt das Motto des Kultursommers, welcher sich über den Zeitraum vom 1. Mai bis zum 3. Oktober erstreckt.

RESSOURCE GEMEINSCHAFT

Die Nutzung der Ressource „Engagement für die Gemeinschaft" ist für viele Initiatoren von Projekten wesentlich. Dabei steht nicht nur ihr eigenes Engagement im Vordergrund, sondern auch die zahlreichen Helfer, die sich unentgeltlich bei Planung, Organisation und Durchführung einbringen, das eigene Wissen und Können beisteuern oder Infrastruktur bereitstellen.

Kammerphilharmonie Uckermark | Klassenfahrt mit Instrumentenbaukurs   Kunst im Dorf, Oberhembach | Jugendband KiD

Die Motive der Bürger sind dabei ganz unterschiedlich; für Viele stellt das Engagement eine Möglichkeit dar, sich in eine Gemeinschaft einzubringen, andere Menschen zu treffen, Kontakte zu knüpfen und ihr eigenes Wissen zu erweitern, andere wollen etwas Sinnvolles tun und ihre persönliche Zufriedenheit steigern. Eine Konzentration auf die verschiedenen Entstehungszusammenhänge ist nicht erkennbar.

In Netzbach findet alle zwei Jahre ein Farbenfest statt, bei welchem es der Initiatorin gelingt, das gesamte Dorf zum Mitmachen zu animieren. Dies ist schon durch ganz einfache Mittel möglich; so können die Bürger ihre Häuser mit der jeweiligen Farbe schmücken und sich dementsprechend kleiden. Andere Dorfbewohner stellen ihre Häuser als Ausstellungsflächen zur Verfügung, beteiligen sich an der Organisation oder engagieren sich als Standpersonal.

Auch in Oberhembach bewegt die Veranstaltung „Kunst im Dorf" das gesamte Dorf zum Mitmachen. Dabei gestaltet sich das Engagement ebenfalls auf unterschiedliche Weise. Viele Bewohner des Dorfes unterstützen die Veranstaltung mit ihren eigenen Kunstwerken, die oft eigens für „Kunst im Dorf" entstehen. Andere stellen ihre Gärten oder Häuser als Ausstellungsflächen zur Verfügung oder helfen bei der Organisation.

RESSOURCE EIGENE FÄHIGKEITEN

Die Talente und Persönlichkeiten der Initiatoren sind ein wichtiger Faktor bei der Entwicklung und Durchführung der Projekte. Bei vielen Projekten können die Bürger ihren beruflichen Hintergrund oder besondere Begabungen einbringen und sich selbst verwirklichen. Dies gilt für alle Entstehungszusammenhänge; stellvertretend für viele Beispiele können in diesem Zusammenhang das Holzhaustheater in Zielitz und die „Kammerphilharmonie Uckermark" in der Gemeinde Nordwestuckermark genannt werden. Bei beiden Projekten brachten die Initiatoren das nötige Know-how aufgrund ihrer beruflichen Laufbahn mit.

RESSOURCE REGIONALE KULTUR

Regionale kulturelle Ressourcen und der darauf begründete Fremdenverkehr bedeutet für viele kleine Gemeinden eine wirtschaftliche und soziale Stabilisierung und prägt die örtlichen gesellschaftlichen Strukturen. Vor allem die durch den Tourismus geschaffenen Arbeitsplätze halten auch junge Leute im Ort. Kultur und Tourismus sind oft eng miteinander verbunden, was in einer Reihe von Wettbewerbsbeiträgen deutlich wird.

Das Umfeld der Mönchguter Museen auf der Insel Rügen ist stark von Tourismus geprägt. Dennoch gelingt es dem Verein mit seinen vier Museen und zahlreichen Veranstaltungen, sowohl ein attraktiver Bestandteil einer Urlaubsregion zu sein als auch das Bedürfnis der Einheimischen nach der eigenen kulturellen Tradition zu befriedigen. Mit seinem Museumskonzept und einer Vielzahl von Exponaten, organisierten Führungen, Events und Märkten lockt das Museum über 30 000 Besucher pro Jahr an und kann so den Museumskomplex bewirtschaften. Kinder und Jugendliche, aber auch Erwachsene aus der Region werden in Form von Veranstaltungen und Exkursionen eingebunden, bei welchen Themen rund um die Geschichte, Kultur und Natur des Ortes aufgegriffen werden und Ausstellungsstücke für das Museum gesammelt werden.

Die Kunsttage in Winningen sollen das Image des touristisch geprägten Weinortes ergänzen und das Kunstverständnis sowohl bei den Bewohnern des Dorfes als auch bei den Besuchern fördern. Für die Kunstausstellungen werden bewusst Orte genutzt, die mit Themen rund um den Weinanbau besetzt sind. Auch Materialien wie alte Rebstöcke oder Pfeiler dienen für Kunstwerke.

Holzhaustheater Zielitz e.V. | Bühnenbilder entstehen in Eigenarbeit

Förderverein Mönchgut | Seemannsknotenschule

Wirkungen

Grundlegende Fragestellungen bei der Analyse der Wettbewerbsbeiträge im Hinblick auf die damit verbundenen Wirkungen waren:

- Gelingt es, durch Angebote oder Aktivitäten im Bereich von Bildung, Kunst und Kultur die Einwohner kleiner Gemeinden zu mobilisieren und einzubinden?
- Stellen derartige Angebote einen Ansatzpunkt dar, die Integration der Bewohner in ihrem Ort zu stärken, die Bindung an den Ort zu erhöhen und damit zu einer Stärkung der örtlichen Gemeinschaft beizutragen?
- Gibt es noch andere Wirkungen, die sich aus Angeboten oder Aktivitäten im Bereich von Bildung, Kunst und Kultur ableiten lassen?

INTENDIERTE UND NICHT INTENDIERTE WIRKUNGEN

Wie eine Reihe von Beispielen deutlich macht, ist die Stärkung der örtlichen Gemeinschaft oder die Integration der Bewohnerschaft oft nicht der ursprüngliche Beweggrund für die Gründung der Initiativen und Projekte. Derartige Wirkungen entstehen quasi eher als zunächst nicht intendiertes Nebenprodukt. Ein Beispiel hierfür ist Haindling, wo eine Aktion zur Verhinderung einer Buswendeschleife der Auslöser zur Sanierung des Eiskellers und damit zur Schaffung eines Bürgertreffs und einer ganzen Reihe weiterer Aktivitäten war.

Kunsttage Winningen e.V. | Freiwillige Helfer bei den Vorbereitungen

Aus Holzpfählen, die aus dem Weinanbau stammen, entsteht ein Kunstwerk

Der Entschluss, ein Kunstfest zu veranstalten, kann ganz wesentlich dadurch motiviert sein, einem Ort wie Winningen neben dem klassischen Image als Weinort an der Mosel zusätzlich ein Image als Kunst- und Kulturzentrum zu vermitteln, um ihn aus der großen Zahl von konkurrierenden Weinorten hervorzuheben. Die in Winningen erzielten Wirkungen können von daher als gutes Beispiel für den Entstehungszusammenhang (2) gelten. Zusätzlich konnte damit – über die große Zahl von freiwilligen Helfern und Mitwirkenden an der Veranstaltung – eine integrierende Wirkung erzielt werden.

BÜRGERBETEILIGUNG ALS INTEGRATIVER ANSATZ

Die integrierende Wirkung eines Angebots oder einer Veranstaltung von Bildung, Kunst und Kultur auf die Ortsbevölkerung hängt offenbar ganz wesentlich mit den Beteiligungsmöglichkeiten der Einwohner des Orts zusammen. Dies wiederum steht insbesondere bei Projekten im Vordergrund, die den Entstehungszusammenhängen (1) und (2) zuzuordnen sind. Die Beteiligung mit eigenen künstlerischen Beiträgen, aber auch die Einbindung der Bewohnerschaft eines Orts durch die Bereitstellung von Räumlichkeiten trägt ganz wesentlich zum Erfolg von Projekten und damit auch zur Stabilisierung einer Dorfgemeinschaft bei. Schon durch eine einmalige Wochenendveranstaltung ist die Aktivierung einer breiten Bewohnerschaft möglich und kann deren Integration in den Ort stärken, wie das Kunstfest in Netzbach verdeutlicht.

Das gleiche gilt für Kunstausstellungen, die einen kleinen Ort nicht nur regional bekannt machen, sondern den Zusammenhalt der Ortsbewohner immer wieder erneuern und stabilisieren, weil

KVAK e.V. | Besucher und Ortsbewohner bei den Ausstellungen

Eiskeller Haindling e.V. | Kindermalkurs

praktisch alle Gebäude am Ort einbezogen werden müssen, um genügend Raum für die Exponate zu schaffen. Es ist weniger die Kunst an sich, sondern die Beteiligung als Aussteller von Kunst oder als beteiligte Künstler, die zu einer Integration der Ortsbewohner beiträgt.

In der Gemeinde Haindling wurde durch den Aus- und Umbau eines alten Gebäudes („Eiskeller") zu einem Café und Dorfladen ein Treffpunkt für Jung und Alt geschaffen. Durch Kulturveranstaltungen wie beispielsweise die thematischen Ortsführungen, Musikveranstaltungen und Malkurse wurden neue Impulse zur Einbindung der Ortsbevölkerung gesetzt. Über das alle drei Jahre stattfindende „Nacht- und Nebelfest", an dem sich die gesamte Bewohnerschaft und alle Vereine aktiv beteiligen, ist der Ort inzwischen auch überregional bekannt geworden.

In der Gemeinde Oberhembach (Pyrbaum) wird ein Kunstwochenende veranstaltet, an dem jeder teilnehmen kann und auch ein großer Teil der Ortsbevölkerung teilnimmt.

Das Kunstfest „KuKuNat" in Netzbach, das sich entlang einer Leitfarbe entwickelt (bislang blau. gelb, rot und grün), an dem sich jeder beteiligen kann und das alle zwei Jahre in Scheunen, Garagen und Gärten stattfindet, wurde zum großen integrativen Ereignis für die Ortsbevölkerung und führte dazu, dass der Ort damit regional und sogar überregional bekannt wurde.

Über eine Integration der Ortsbevölkerung und die Stabilisierung einer örtlichen Gemeinschaft hinausgehende Wirkungen, die auch persönliche Entwicklungen beeinflussen, können allerdings nur erzeugt werden, wenn entsprechende Angebote als Dauereinrichtung vorhanden sind, wie zahlreiche Projekte des Entstehungszusammenhangs (3) zeigen.

Durch das Angebot von Kursen und Workshops können auch persönliche Entwicklungen angestoßen werden. Ein Beispiel hierfür ist das Angebot eines Schauspielunterrichts (Zielitz) oder einer Musikschule für Kinder und Jugendliche („Landmusik" in Quillo), die eine entsprechende Infrastruktur voraussetzen. Jugendliche und junge Erwachsene werden in Höhenland durch den Verein „Landblüte" mit gut organisierten Bewerbertrainings und intensiver Begleitung während der ersten Arbeitswochen an ihre berufliche Arbeit herangeführt.

INFRASTRUKTUR ALS INTEGRATIONSMECHANISMUS

Viele kleine Orte haben ihre Versorgungsinfrastruktur verloren und verfügen nicht länger über Gasthäuser, Lebensmittelläden oder örtliche Bäcker bzw. Metzger, die für die Ortsbürger auch die Möglichkeit eines Treffs und damit der Kommunikation geboten haben. Hier können durch die Schaffung von Begegnungsmöglichkeiten und die Einbeziehung der Ortsbevölkerung in künstlerische Aktivitäten als Mitwirkende aber auch als Aussteller, die Räumlichkeiten zur Verfügung stellen, wesentliche Beiträge zur Integration oder auch Reintegration der Bewohnerschaft entstehen. Der Zugang zu geeigneter Infrastruktur und deren Nutzung ist damit ein zentraler Ansatzpunkt für die Entwicklung von integrierenden Angeboten in kleinen Gemeinden, vor allem wenn sie sich zu einem Treffpunkt und kulturellen Mittelpunkt einer Gemeinde entwickeln und damit zu einer Revitalisierung des Ortskerns beitragen. In kleinen Gemeinden geht dies nicht ohne innovative Konzepte zur Beschaffung der notwenigen finanziellen Mittel. Während Projekte des Entstehungszusammenhangs (1) hierbei zum Teil erheblichen Aufwand treiben müssen, organisieren Projekte des Entstehungszusammenhangs (2) ihre Aktivitäten oft um ein Infrastrukturobjekt herum. Gleiches gilt für Projekte des Entstehungszusammenhangs (3).

Durch die Renovierung einer denkmalgeschützten Ortskirche und eines ehemaligen Schulhauses wurden in Gortz die Voraussetzungen für Veranstaltungen und einen Bürgertreff geschaffen, der nicht nur von der Ortsbevölkerung, sondern auch von Bewohnern umliegender Gemeinden genutzt wird. Damit ist ein Ort für kommunikative Treffs entstanden, die ohne dieses Angebot kaum möglich wären, weil entsprechende Infrastruktur wie z.B. Gasthäuser am Ort und im Umfeld fehlen.

Im Zusammenhang mit der Verhinderung eines Buswendeplatzes durch eine Bürgerinitiative und die Umnutzung eines alten Gebäudes zu einem Ort der Begegnung wurde in Haindling nicht nur die Ortsmitte belebt, sondern durch die Veranstaltungen auch der Zusammenhalt der Ortsbürger

Altes Rathaus Schöckingen | Treffpunkt Internetcafé

Holzhaustheater Zielitz e.V. | Theater auf dem Kaliberg als Identifikation

gestärkt, die sich nicht nur künstlerisch betätigen, sondern für Ausstellungen auch private Gärten und Garagen zur Verfügung stellen.

Das ehemalige Armenspital in Brennberg stellt für viele Bürger des Ortes als historisches Gebäude ein wichtiges Identifikationsobjekt dar. Durch das Engagement, den finanziellen Einsatz durch die Gründung einer Genossenschaft und die intensive ehrenamtliche Arbeit konnte das Spital erhalten und zu einem neuen kulturellen Treffpunkt für die Brennberger Bürgerinnen und Bürger umgestaltet werden. Mit ihren Veranstaltungen ist die Spital eG zu einem festen Bestandteil der dörflichen Gemeinschaft geworden.

Neben der Nutzung von Scheunen, Garagen und anderen privaten Räumen kann es auch ein Kaliberg sein, auf dem mit Unterstützung des Kalibergwerks alljährlich Festspiele stattfinden („Kalimandscharo-Festspiele" in Zielitz), die großen auch regionalen Anklang finden und ein wichtiges Element für eine Identifikation mit dem Ort darstellen.

Die Unterstützung durch die örtliche Gemeinde, sowohl in finanzieller Hinsicht als auch durch die Stellung von Infrastruktur, war in einigen Beiträgen eine wesentliche Grundlage für die Schaffung von künstlerischen Angeboten und Treffmöglichkeiten für die Ortsbürgerschaft.

In Schöckingen wurde für das „Alte Rathaus", ein Gebäude aus dem 18. Jahrhundert, das lange Zeit als volkskundliches Museum und Gemeindebibliothek genutzt wurde, im Rahmen eines AGENDA-Prozesses ein neues Nutzungskonzept entwickelt. Es hat die Förderung des kulturellen Lebens, insbesondere durch Musik, Literatur, Darstellende und Bildende Kunst zum Ziel, aber auch die Funktion als Begegnungsstätte. Ein fest installierter Arbeitskreis organisiert Musikveranstaltungen, Lesungen und andere künstlerische Angebote und betreibt mit Unterstützung der Gemeinde diese Begegnungsmöglichkeit für alle Bürger des Ortes, die sich dort z.B. in einem Internetcafé im Umgang mit Computern und Internet weiterbilden lassen können. Mitglieder, die dabei Kaffee und Kuchen bereitstellen, erhalten dafür Wertgutscheine, die sie dann bei Veranstaltungen einlösen können.

KÜNSTLER, KUNSTINTERESSIERTE UND ANDERE „ZUWANDERER" ALS AUSLÖSER VON INTEGRATIONSPROZESSEN

Oft sind es Menschen mit einem besonderen Interesse an Kunst oder Künstlerpersönlichkeiten, die durch ihre Aktivitäten die Integrationsprozesse in kleinen Gemeinden oder im regionalen Umfeld auslösen. Beispiele hierfür sind vor allem im Entstehungszusammenhang (1) zu finden. Kleine Gemeinden, insbesondere in Gebieten mit abgeschwächten wirtschaftlichen Aktivitäten und Bevölkerungsrückgang, stellen oft ideale Standorte für Künstler dar, die preisgünstige größere Flächen und Infrastruktur benötigen, die in prosperierenden Landesteilen wesentlich schwieriger zu finanzieren sind.

Mit einer Vielzahl künstlerischer Aktivitäten und in reger Zusammenarbeit mit den Bürger/innen wurde von einer Gruppe von Architekten, Kunstschaffenden, Stadtplanern und Kulturwissenschaftlern mit dem Projekt „Schwarzwurzel" in Steinach (Thüringen) eine Auseinandersetzung mit dem Wandel der Stadt und dessen Auswirkungen auf das Leben und Wohnen angestoßen und gestaltet. Dabei werden vor allem leerstehende Gebäude als Spielstätten genutzt. Ziel war zunächst nur, die Kommunikation zwischen den Generationen am Ort zu fördern. Das Projekt erzeugt inzwischen darüber hinaus eine örtliche Identität, weil es gelingt, Potenziale unter den Ortsansässigen zu aktivieren und sie als Akteure einzubinden.

Durch die Entscheidung einer Musikergruppe, sich in Falkenhagen (Nordwestuckermark) niederzulassen, wurde dieser Ort zu einem Zentrum der neuen Musik in der Uckermark. Eine alte Hofstelle wurde zu einem Wohn- und Geschäftshaus ausgebaut. Es enthält auch eine Musikwerkstatt, in der nicht nur musiziert wird, sondern in der auch Instrumente (Harfen) mit Laien aus der Region hergestellt werden. Mit eigenen Mitteln und Unterstützung aus dem LEADER-Programm wurde ein Proben- und Konzerthaus mit einem Konzertsaal und Nebenräumen gebaut, das ca. 100 Zuschauer fasst.

Schwarzwurzel e.V. | Theaterstück in einem leerstehenden Gebäude

Förderverein Mönchgut | Kinder basteln auf den Herbstmarkt

Aber nicht nur Künstler können durch ihre Angebote zur Integration von Ortsbürgern beitragen, auch andere Zuwanderer können durch ihr Know-how und ihre Kontakte einen Beitrag leisten, dass in kleinen Gemeinden integrierende Angebote entstehen oder Vorhandenes wieder genutzt wird.

Ein Beispiel hierfür ist der Ort Gortz, in den ein Ehepaar aus Berlin in der nachberuflichen Phase gezogen ist. Als Bürgermeister und Vorsitzende eines Trägervereins haben sie mittlerweile gemeinsam mit anderen Beteiligten die Renovierung der denkmalgeschützten Ortskirche nahezu abgeschlossen und ein funktionsfähiges Zentrum für künstlerische Aktivitäten und Feste aufgebaut.

Ein weiteres Beispiel ist Mestlin, wo nach einer Reihe vergeblicher Versuche das aus der DDR-Zeit stammende Veranstaltungszentrum durch die Aktivitäten einer kleinen Gruppe an den Ort zugezogener und engagierter Personen wieder belebt werden konnte.

STÄRKUNG DER ORTSBINDUNG JUGENDLICHER UND JUNGER ERWACHSENER

Die Abwanderung Jugendlicher stellt für viele Orte einen Substanzverlust dar, der kaum auszugleichen ist. Projekte und Aktivitäten aus dem Bereich Kunst und Kultur können zumindest die Bindung Jugendlicher und junger Erwachsener am Ort stärken und lassen auf eine zukünftige Rückkehr hoffen. Beispiele hierfür sind vor allem in Einsendungen aus dem Entstehungszusammenhang (2) und (3) zu finden.

Neben der Organisation von touristischen Angeboten ist es einem Verein, der die Museen auf der Halbinsel Mönchsgut (Rügen) betreut, ein besonderes Anliegen, die Bindung der einheimischen Kinder und Jugendlichen an den Ort zu stärken; damit soll die Rückkehrorientierung junger Leute gestärkt werden, die aus der einseitig touristisch geprägten Gemeinde wegziehen, weil sie eine Ausbildung oder Arbeit außerhalb der Touristik suchen.

Zu diesem Zweck hat der Verein u.a. eine Kooperation mit der örtlichen Grundschule aufgebaut und einen Patenschaftsvertrag mit der Haupt- und Regionalschule geschlossen. Zusammen mit ihnen bietet er den Kindern und Jugendlichen Exkursionen rund um die Geschichte, Kultur und Natur des Ortes an. Deren „Ergebnisse" werden dann im Museumskomplex ausgestellt.

Ein weiteres Beispiel für ein großes Engagement für Jugendliche und junge Erwachsene findet sich in den Aktivitäten des Vereins „Landblüte" in der Ortschaft Höhenland, der ein Bewerbungstraining für Jugendliche und Erwachsene in Form einer umfassenden Begleitung anbietet. Dieses Training reicht von der Motivation und Unterstützung bei Bewerbungsschreiben über die Wahl des richtigen Outfits bis zu Pünktlichkeit bei Terminen und bei der Arbeitsaufnahme.

I. DIE ZUKUNFT VON KLEINEN GEMEINDEN

II. DIE ANGEBOTE

III. ZWÖLF THESEN

IV. DER WETTBEWERB

V. PROJEKTDOKUMENTATION

ANHANG

Zwölf Thesen zur Bedeutung von Bildung, Kunst und Kultur in kleinen Gemeinden

1. Kleine Gemeinden sind eine zukunftsfähige Siedlungsform. Sie haben gute Aussichten, im demografischen und wirtschaftlichen Wandel bestehen zu können und ihre eigenen Entwicklungsperspektiven zu gestalten.

2. Zahlreiche Wettbewerbsbeiträge zeigen, dass Angebote zu Bildung, Kunst und Kultur sich als wichtige Standortvorteile für kleine Gemeinden auswirken. Sie erweitern das örtliche Profil an Lebens- und Wohnqualität und stärken die Position im Wettbewerb mit anderen Gemeinden und Städten um Bevölkerung und Infrastrukturangebote.

3. Die Anzahl und die Vielfalt der Wettbewerbsbeiträge belegen, dass auch in kleinen Gemeinden die unterschiedlichsten Angebote und Projekte rund um Bildung, Kunst und Kultur erfolgreich umgesetzt werden können.

4. Ausgehend von ihrem Entstehungszusammenhang lassen sich vier Typen von Initiativen und Projekten unterscheiden:
   - Private Initiativen, die auf persönlichen Interessen, Fähigkeiten und dem Bekenntnis zur gemeinsamen Verantwortung für die örtliche Lebensqualität basieren.
   - Private Initiativen, die eingebunden sind in übergeordnete Strukturen und/oder mit kommunaler Unterstützung gestartet werden.
   - Vorrangig private Initiativen und Projekte, die (zunächst) auf die Bewältigung einer Problemsituation oder den Ausgleich eines Defizites ausgerichtet sind, die sich dann aber auch mit neuen Aufgaben und Zielen weiterentwickeln können.
   - Initiativen und Projekte, an deren Entstehung die kommunale Politik oder Verwaltung einen wesentlichen Anteil hat.

5. Die Art des Entstehungszusammenhangs bestimmt nicht darüber, welche Wirkungen aus den Initiativen und Projekten rund um Bildung, Kunst und Kultur für die Entwicklung in einer kleinen Gemeinde entstehen können.

6. Angebote rund um Bildung, Kunst und Kultur können einen Ersatz für Treffpunkte und Kommunikationsmöglichkeiten darstellen, die mit der Veränderung der traditionellen Lebens- und Wirtschaftsformen in kleinen Gemeinden verloren gehen.

7. Projekte rund um Bildung, Kunst und Kultur stärken die örtliche Gemeinschaft und die Identifikation mit dem Ort, wenn es gelingt, die ansässige Bevölkerung einzubinden. Dies gilt für eine aktive Beteiligung an den künstlerischen, kreativen und inhaltlichen Prozessen ebenso wie für die Mitwirkung und Unterstützung bei der Organisation und Realisierung der Projekte.

8. Die erfolgreiche, aktive Einbindung der örtlichen Bevölkerung ist für die Bedeutung und Wirkung eines Projekts wichtiger als seine Struktur. Einzelveranstaltungen, die jährlich stattfinden, können die örtliche Gemeinschaft und die Identifikation mit dem Ort genauso wirksam stärken wie ein regelmäßig stattfindender Bürgertreff.

9. Die Wettbewerbsbeiträge zeigen, dass sich notwendige Ressourcen und Räumlichkeiten (Scheunen, Garagen, Werkstätten usw.) an jedem Ort finden lassen; sie müssen nur aktiviert und genutzt werden. Initiativen in Regionen, die vom demografischen und wirtschaftlichen Wandel besonders betroffen sind, haben den Vorteil, dass hier die Auswahl an für diese Zwecke verfügbaren Grundstücken und Gebäuden oft größer ist.

10. Entscheidend für den Erfolg eines Projektes sind die Begeisterung für eine Idee und die Partner, die sie mittragen. Die erforderlichen finanziellen Mittel lassen sich in der Regel durch gemeinsame, kreative Konzepte und Strategien erschließen, wenn das Projekt in der örtlichen Bevölkerung akzeptiert wird.

11. Förderprogramme wie beispielsweise der Kultursommer Rheinland-Pfalz sind eine große Hilfe bei der Projektrealisierung und bei der Öffentlichkeitsarbeit.

12. Für die Kontinuität vieler Projekte ist entscheidend, dass es gelingt, Personen zu finden, die das Projekt auch nach einem Ausscheiden der Initiatoren weiterführen. Je früher und je breiter die Beteiligung der örtlichen Bevölkerung gelingt, desto erfolgreicher kann die „Nachfolgefrage" gelöst werden.

I. DIE ZUKUNFT VON KLEINEN GEMEINDEN

II. DIE ANGEBOTE

III. ZWÖLF THESEN

IV. DER WETTBEWERB

V. PROJEKTDOKUMENTATION

ANHANG

Der Wettbewerb der Wüstenrot Stiftung

Der Wettbewerb Land und Leute | Bildung, Kunst und Kultur in kleinen Gemeinden – Schlüsselfaktoren für die zukünftige Entwicklung! wurde von der Wüstenrot Stiftung im Frühjahr 2011 in Deutschland bundesweit ausgeschrieben. Schwerpunkt der Auslobung war der Versand einer gedruckten vierseitigen Ausschreibung an alle Städte und Gemeinden in Deutschland. Weitere Ausschreibungen wurden mit einem Begleitbrief an mögliche Multiplikatoren verschickt, beispielsweise an Bundes- und Landesministerien, Gemeindetage, Verbände, Netzwerkagenturen, Beratungsstellen, Fachleute, Wissenschaftler/innen und Arbeitskreise. Sie wurden gebeten, die Ausschreibung an Gemeinden und Initiativen in ihrem Tätigkeitsfeld weiter zu geben, auf die das Wettbewerbsthema zutreffen könnte.

Insgesamt wurden rund 20 000 gedruckte Ausschreibungen verteilt; außerdem gab es redaktionelle Hinweise auf den Wettbewerb in Fachzeitschriften und als Ergebnis einer bundesweiten Pressemitteilung. Die digitale Form der Auslobung wurde per Email verschickt und konnte im Internet heruntergeladen werden.

Die Ausschreibung umfasste die wichtigsten inhaltlichen und organisatorischen Informationen zum Wettbewerb: Die Beschreibung der Wettbewerbsaufgabe, die Ziele des Wettbewerbs, die Zusammensetzung des unabhängigen Preisgerichtes, die Erwartungen an die einzureichenden Wettbewerbsbeiträge, die vorgesehenen Prämierungen, die Aufteilung des Preisgeldes, die Kriterien für die Bewertung der Wettbewerbsbeiträge und die formalen Teilnahmebedingungen. Einsendeschluss war der 1. Juli 2011. Mit der organisatorischen Durchführung und der Vorprüfung der Wettbewerbseinsendungen beauftragte die Wüstenrot Stiftung die Arbeitsgruppe für Sozialplanung und Altersforschung (AfA) aus München.

In der gedruckten Form der Ausschreibung war eine Antwortpostkarte enthalten, mit der ein gesonderter Fragebogen angefordert werden konnte, der für Gemeinden und Initiativen, die an einer Teilnahme interessiert waren, weitere Hinweise zu Inhalt und Struktur der erforderlichen Wettbewerbseinsendungen enthielt. Dieser Fragebogen sollte dazu dienen, eine vergleichbare und bewertungsfähige Informationsgrundlage zu den Einsendungen herzustellen.

Insgesamt 295 Einsendungen wurden fristgerecht zum Wettbewerb eingereicht. Die Einsendungen wurden von der Vorprüfung gesichtet, gegebenenfalls durch Nachfragen vervollständigt und in einer vergleichbaren Form für die erste, mehrtägige Sitzung des Preisgerichtes vorbereitet. Zwischen der ersten und der zweiten Jurysitzung wurden alle Einsendungen der in der ersten Sitzung

In Oberhembach werden bei „Kunst im Dorf" auch die Ecken des Alltags mit einbezogen.

Nacht- und Nebelfest, organisiert vom „Eiskeller Haindling e. V.".

erfolgten Engeren Wahl im Auftrag des Preisgerichtes durch die Vorprüfung und ein Jurymitglied jeweils vor Ort besucht, um weitere Informationen für die endgültige Bewertung im Rahmen des Wettbewerbs zu erhalten. Die Erkenntnisse aus den Besuchen vor Ort wurden in der zweiten Jurysitzung dann für die Entscheidung über die Vergabe der Prämierungen als zusätzliche Informationen herangezogen. Über den Verlauf und die Ergebnisse der beiden Jurysitzungen wurde ein Gesamtprotokoll angefertigt, das mit dieser Dokumentation veröffentlicht wird.

ÜBERSICHT ÜBER DIE EINSENDUNGEN

Auf der Grundlage aller 295 Einsendungen und der ergänzenden Vor-Ort-Besuche ist ein aktueller und umfassender Überblick über Angebote und Projekte rund um Bildung, Kunst und Kultur in kleinen Gemeinden entstanden. Für eine Übersicht zu den Einsendungen erfolgt nach den thematischen oder strukturellen Schwerpunkten der Angebote eine Zuordnung zu neun Kategorien:

- Kulturelle Veranstaltungen
- Aufbau von Begegnungsstätten
- Buch- und Bildungsangebote
- Museen
- Theater
- Mehrgenerationenhäuser und Familienzentren
- Kulturelle Zentren
- Wanderungen und Naturbeobachtung
- Musik und Tanz.

Die Kategorie **Kulturelle Veranstaltungen** umfasst insgesamt 136 Einsendungen und wurde deshalb in weitere Untergruppen aufgeteilt, die sich nach der Häufigkeit des Angebots unterscheiden (kontinuierlich / mehrfach im Jahr oder Veranstaltungen im einjährigen bzw. zweijährigen Rhythmus); eine weitere Untergruppe wurde nach dem Kriterium gebildet, ob die Aktivitäten mit spezieller Ausrichtung im öffentlichen Raum oder in öffentlichen Gebäuden stattfinden (z. B. Rathaus), ob sie wesentlich von der Kommune mitgetragen werden oder ob sie gezielt einzelne Quartiere und Situationen in der Gemeinde betreffen.

Bei Einsendungen, die mehreren Kategorien zugeordnet werden konnten, erfolgte die Zuordnung nach dem thematischen Schwerpunkt. Sechs Einsendungen konnten dennoch nicht eindeutig zugeordnet werden und werden deshalb bei dieser Auswertung nicht berücksichtigt. Dabei ging es um Themen wie Freizeitgestaltung, den Handel mit fairen Produkten, die Entwicklung eines Dorfmarkts und den Aufbau eines örtlichen Netzwerks.

Unter diesen Einsendungen befanden sich 23 Projekte noch in der Planungsphase und auf der Suche nach Finanzierungsmöglichkeiten. Auch diese Einsendungen wurden in dieser Übersicht einer der neun Kategorien zugeordnet, da es hierbei um die Erarbeitung einer Übersicht über die verschiedenen Ansatzpunkte im Bereich Bildung, Kunst und Kultur in kleinen Gemeinden geht.
Die drei Untergruppen zur Kategorie Kulturelle Veranstaltungen sind:
- Regelmäßig oder mehrmals im Jahr stattfindende Angebote
- einmal jährlich oder im zweijährigen Rhythmus stattfindende Angebote
- Angebote, die speziell im öffentlichen Raum oder in öffentlichen Gebäuden stattfinden.

In der Unterkategorie **Kulturelle Aktivitäten im öffentlichen Raum oder in öffentlichen Gebäuden** sind 37 Einsendungen enthalten. Darunter befinden sich sehr unterschiedliche Projekte, deren gemeinsamer Nenner ist, dass sie sich auf den jeweiligen Ort oder Ortsteil, dessen Infrastruktur oder auch auf bestimmte öffentliche Gebäude beziehen. Bei den Einsendungen geht es um:
- die Entwicklung einer „Kulturgemeinde"
- den Aufbau von örtlichen Kooperationen und Kunstforen
- Ausstellungen mit Bezug zur Ortsgeschichte, Vernissagen und Kunstausstellungen in öffentlichen Gebäuden (z. B. im Rathaus)
- Projekte, die zu einem erweiterten Verständnis für Kunst beitragen sollten
- Kunstprojekte in einzelnen Ortsteilen, z. B. in Quartieren, die von Leerstand betroffen sind, oder Kunstprojekte mit der Zielsetzung, das bürgerschaftliche Engagement zu stärken und neue Potenziale zu erschließen

- eine Stärkung der sozialen und kulturellen Infrastruktur, aber auch des Miteinanders der Generationen
- eine Erschließung kultureller Güter und Artefakte durch Kunst- und Kulturpfade
- die Präsentation von Kunst auf öffentlichen Flächen
- eine Wiederherstellung ursprünglicher Kulturlandschaften.

In die Unterkategorie der **regelmäßig und mehrmals im Jahr stattfindenden kulturellen Veranstaltungen** fallen insgesamt 72 Einsendungen. Der größte Teil davon (20 Einsendungen) bezieht sich auf Veranstaltungen (Events) wie Ausstellungen, Kleinkunstdarbietungen, Konzerte und Brauchtumspflege – eine Vielzahl unterschiedlichster Angebote. Die weiteren Einsendungen in dieser Kategorie beinhalten Kursangebote und Aktivitäten in Kunstwerkstätten (sechs Einsendungen). Konzerte, Singspiele und Liederabende wurden in weiteren sechs Einsendungen angeboten.

Darüber hinaus gab es noch eine Vielzahl weiterer ganz unterschiedlicher Angebote rund um Bildung, Kunst und Kultur wie beispielsweise:
- die Präsentation historischen Kunsthandwerks
- eine Sommerschule
- diverse Kursangebote
- den Aufbau eines Orchesters
- eine Dorfakademie.

Gesellige Veranstaltung in Brennberg im „Armenspital".

Jugendliche bei den Proben der Jungen Opernwerkstatt in der „Kammerphilharmonie Uckermark".

In Dingelstädt beweißt die „Neue Lernkultur", dass Kinderkino nicht nur unterhaltsam, sondern auch fördernd sein kann.

Der „Kulturkreis Altes Amt" in Schönecken widmet sich der Kunst – bei einer Veranstaltung zeigen Künstler im Freien ihr Können.

In der dritten Unterkategorie wurden die 27 Einsendungen zusammengefasst, die sich auf **Veranstaltungen** beziehen, **die nur einmal pro Jahr oder alle zwei Jahre** stattfinden. Es handelt sich dabei um Aktivitäten, die vom Dorffest bis zu solchen Veranstaltungen reichen, in denen künstlerische Werke präsentiert werden oder künstlerische Aktivitäten stattfinden. Auffällig war bei einem großen Teil dieser Veranstaltungen der hohe zeitliche Aufwand für die Vorbereitung, speziell für die Auswahl der Ausstellungsobjekte und Künstler.

In der Kategorie **Begegnungsstätten** geht es bei insgesamt 55 Einsendungen vor allem um die Umnutzung vorhandener Liegenschaften, darunter ehemalige Rathäuser und andere historische Objekte, darunter in einigen Fällen auch einfache Gebäude. Insgesamt 24 dieser Einsendungen betrafen ehemalige Kirchen, Klöster oder auch Schlösser und deren Umbau zu Veranstaltungsräumen. Bei einigen dieser historischen Gebäude konnte die ursprüngliche Nutzung wegen hoher Unterhaltskosten bzw. wegen des baulichen Zustands der Gebäude nicht mehr aufrecht erhalten werden. Es gibt auch zehn Einsendungen, bei denen es um Neubauten geht; in fünf Fällen wurden bestehende Einrichtungen vorgestellt. Insgesamt 14 Einsendungen in dieser Unterkategorie beziehen sich auf Planungen.

Der Kategorie **Buch und Bildung** werden 28 Einsendungen zugeordnet. Dabei handelt es sich zum einen um literarische Veranstaltungen wie Lesungen, zum anderen um den Aufbau von Büchereien oder die Vermittlung von Literatur etwa durch einen Büchermarkt. Eine der Einsendungen in dieser Kategorie war noch in Planung.

In die Kategorie **Museen** gehören 22 Einsendungen; dabei handelt es sich einerseits um Heimatmuseen, andererseits aber auch um Sammlungen, die auf bestimmte Bereiche wie Natur, Handwerk oder auf einzelne Persönlichkeiten spezialisiert sind. Insgesamt 13 Einsendungen stellen Museen bzw. Sammlungen aus dem Bereich Handwerk und Ortsgeschichte vor; fünf Sammlungen betreffen einzelne Persönlichkeiten, die eine besondere Bedeutung für den jeweiligen Ort haben, darunter auch eine Gedenkstätte in einem ehemaligen Konzentrationslager, und weitere vier Einsendungen lassen sich dem Bereich Naturkunde zuordnen.

Spezielle Angebote für junge Familien und Senioren wurden in elf Einsendungen vorgestellt; dabei handelt es sich um Angebote in Mehrgenerationenhäusern aus der Projektinitiative des Bundesfamilienministeriums und um ein Familienzentrum.

Ebenfalls insgesamt elf Einsendungen basieren auf **örtlichen Kulturzentren und Kulturvereinen**. Hier reicht die Spannweite von Literatur bis zu bildender Kunst und Kreativzentren, wobei die Aktivitäten der Vereine im Vordergrund stehen.

Noch einmal elf Einsendungen konnten der Kategorie **Theater** zugeordnet werden. Diese Einsendungen reichen von Theateraufführungen für Kinder bis zur Produktion eigener Theaterstücke und deren Aufführung vor einem zahlreichen Publikum.

Einsendungen, die (geführte) **Wanderungen**, **Naturbeobachtungen** und allgemeine Aktivitäten im Bereich der **Heimatpflege** zum Inhalt haben, waren mit zehn Einsendungen vertreten.

Die Kategorie **Musik und Tanz** enthält insgesamt fünf Einsendungen; darunter befindet sich ein Angebot, in dem Benefizkonzerte im Mittelpunkt stehen.

Die bundesweite Auslobung

Wettbewerb der
Wüstenrot Stiftung

LAND
UND LEUTE

**Bildung, Kunst und Kultur
in kleinen Gemeinden**

**Schlüsselfaktoren für die
zukünftige Entwicklung!**

WÜSTENROT STIFTUNG

BILDUNG, KUNST UND KULTUR IN KLEINEN GEMEINDEN

Der demografische Wandel stellt viele kleine Gemeinden in Deutschland vor weitreichende Aufgaben. Sinkende Geburtenzahlen, die Abwanderung der Jüngeren sowie die Folgen des wirtschaftlichen Strukturwandels können in ihren Auswirkungen kumulieren und zu einem überdurchschnittlich hohen Bevölkerungsrückgang mit einer besonderen Dynamik führen.

Eigenständige, besondere Angebote in den Bereichen Bildung, Kunst und Kultur haben in dieser Situation das Potenzial zu Schlüsselfaktoren für die weitere Entwicklung kleiner Gemeinden. Sie sind geeignet, wichtige Beiträge zur örtlichen Lebensqualität, zur Identifikation von Bürgerinnen und Bürgern mit ihrem Wohnort und zur Erhaltung eines regionalen Selbstbewusstseins zu leisten.

So tragen sie dazu bei, dass:

- Dorfzentren stabilisiert oder revitalisiert werden,
- kleine Gemeinden als Wohnorte für zuziehende Bürgerinnen und Bürger attraktiv sind,
- alte, kulturhistorisch wertvolle und identitätsstiftende Bausubstanz durch neue, wirtschaftlich beherrschbare Nutzungen erhalten wird (z.B. ehemalige Höfe, Schulen, Gasthäuser),
- zentrale Infrastrukturangebote in gemeinsamen Nutzungskonzepten stabilisiert und über Synergieeffekte zusätzliche Erwerbschancen geschaffen werden,
- mit Hilfe moderner Informations- und Kommunikationstechnologien die ländlichen Räume gestärkt und Bildungsangebote auch in kleinen Gemeinden aufgebaut werden,
- sich kulturelle Identität und traditionelle Gemeinschaft so weiter entwickeln können, dass sie zu den heutigen Lebensentwürfen passen,
- neue Vereins- und Begegnungsstrukturen für alle Generationen entstehen, die es insbesondere auch jüngeren Menschen oder neu Zugezogenen ermöglichen, eine individuelle Form für ihre Beteiligung zu wählen.

KRITERIEN FÜR DIE BEWERTUNG DER WETTBEWERBSBEITRÄGE
- Die Angebote zu Bildung (auch Ausbildung, Fortbildung, Qualifizierung), Kunst und Kultur wurzeln in einem gemeinsamen Engagement von Bürgerinnen und Bürgern, stehen allen offen und werden von der kommunalen Verwaltung zumindest maßgeblich unterstützt.
- Die Angebote zielen auf eine Erhaltung oder Erhöhung der Lebensqualität und tragen dazu bei, örtliche Ressourcen (bereits vorhandene oder neu hinzukommende Gebäude, Personen und Strukturen) zu bündeln und mit ihnen zu arbeiten.
- Die Angebote stiften örtliche Identität und tragen dazu bei, ein vielen Menschen wichtiges Heimatgefühl zu erhalten und zu stärken.
- Die Angebote tragen zu einer Vitalisierung des Ortskerns bei und helfen, dessen Funktion und Bedeutung für die Zukunft zu sichern.
- Die Angebote ermöglichen es, den lokalen Rahmenbedingungen entsprechende Initiativen der Ortsbewohner/innen zu unterstützen und zu begleiten.
- Die architektonische Qualität erhält bei Umbau und Umnutzung von Gebäuden eine angemessene Berücksichtigung.

ZIELE DES WETTBEWERBES

Die Wüstenrot Stiftung sucht mit Hilfe eines bundesweiten Wettbewerbes nach besonderen Konzepten und Angeboten für Bildung, Kunst und Kultur in kleinen Gemeinden.

Mit diesem Wettbewerb möchte die Wüstenrot Stiftung das breite Spektrum von Angeboten und Konzepten in den Bereichen Bildung, Kunst und Kultur öffentlich machen und auf die vielfältigen Chancen hinweisen, die daraus für die zukünftige Entwicklung von kleinen Gemeinden entstehen können.

Die anschließende Dokumentation und Verbreitung der Ergebnisse soll andere Kommunen und deren Bürgerinnen und Bürger anregen und ermuntern, vergleichbare Wege zu gehen.

WETTBEWERBSBEITRÄGE

Der Wettbewerb zielt auf die Ebene kleiner Gemeinden, Ortsteile und Städte in Deutschland mit bis zu 5.000 Einwohnern und auf regionale Bündnisse. Aufgerufen zu einer Beteiligung am Wettbewerb sind alle Kommunen und alle anderen Träger von Angeboten, die in den Bereichen Bildung (auch Ausbildung, Fortbildung, Qualifizierung), Kunst und Kultur einen wichtigen Beitrag zur weiteren Entwicklung der örtlichen Gemeinschaft und zur Erhaltung der Lebensqualität für alle Bevölkerungsgruppen leisten.

Eingereicht werden können unabhängig von ihrer Trägerschaft alle Formen von Angeboten zu Bildung, Kunst und Kultur, die den Kriterien des Wettbewerbes entsprechen. Nach der Prüfung der formalen Voraussetzungen werden die Einsendungen vom Preisgericht in ihrer inhaltlichen Übereinstimmung mit der Wettbewerbsaufgabe bewertet.

PRÄMIERUNGEN

Als Gesamtpreissumme stehen 25.000 Euro zur Verfügung. Vorbehaltlich der endgültigen Entscheidung im Preisgericht verteilt sich die Preissumme auf folgende Prämierungen:
- den Preis des Wettbewerbs mit 10.000 Euro
- zwei Auszeichnungen mit je 5.000 Euro
- fünf Anerkennungen mit je 1.000 Euro.

Die Geldpreise erhalten die örtlich zuständigen Kommunen als zweckbezogene Zuwendung zugunsten der prämierten Einsendungen. Zusätzlich erhalten die Angebote eine Urkunde.

In der Organisation und Durchführung des Wettbewerbs wird die Wüstenrot Stiftung von der Arbeitsgruppe für Sozialplanung und Altersforschung (München) unterstützt. Die Bewertung der Wettbewerbseinsendungen erfolgt durch ein fachübergreifend zusammengesetztes und in seiner Entscheidung unabhängiges Preisgericht.

PREISGERICHT
Bürgermeister Klaus Börngen, Göpfersdorf
Beatrix Drago, Amt für ländliche Entwicklung Oberbayern, München
Bürgermeisterin Elisabeth Herzog-von der Heide, Luckenwalde
Dr. Stefan Krämer, Wüstenrot Stiftung, Ludwigsburg
Roswitha Rüschendorf, Regierungspräsidium Kassel
Dr. Ulrike Scherzer, Wohn_Konzepte + Kultur_Aktionen, Dresden
Prof. Dr. Hildegard Schröteler-von Brandt, Universität Siegen

PREISVERLEIHUNG
Die Preisverleihung findet im Rahmen einer öffentlichen Veranstaltung voraussichtlich im Frühsommer 2012 statt.

DOKUMENTATION
Die prämierten Einsendungen werden in einer Dokumentation veröffentlicht, gegebenenfalls ergänzend hierzu auch in Form einer Wanderausstellung.

EINSENDUNGEN
Die Einsendungen sind zu richten an die von der Wüstenrot Stiftung mit der Durchführung des Wettbewerbes beauftragte Arbeitsgruppe für Sozialplanung und Altersforschung (AfA):
Arbeitsgruppe für Sozialplanung und Altersforschung (AfA)
Postfach 60 01 41, 81201 München
Telefon 089/89 62 30-44
info@afa-sozialplanung.de
www.afa-sozialplanung.de

An einer Teilnahme interessierte Kommunen und Initiativen können mit der beigefügten Antwortkarte bei der Arbeitsgruppe für Sozialplanung und Altersforschung (AfA) einen Fragebogen anfordern, der bei der Zusammenstellung der für den Wettbewerb benötigten Informationen hilft.
Einsendeschluss ist der 1. Juli 2011 (Eingang oder Poststempel).

TEILNAHMEBEDINGUNGEN
Mit der Teilnahme werden die in dieser Auslobung festgelegten Bestimmungen und das zugrunde liegende Wettbewerbsverfahren anerkannt. Die Entscheidung des Preisgerichtes ist endgültig und nicht anfechtbar. Der Rechtsweg ist ausgeschlossen. Die eingereichten Unterlagen bleiben Eigentum der Einsender. Die Wüstenrot Stiftung erhält jedoch das Recht, die eingereichten Unterlagen im Rahmen der Dokumentation und der sonstigen Veröffentlichung der Wettbewerbsergebnisse honorarfrei unter Namensnennung der Verfasser zu veröffentlichen. Die dafür notwendigen Unterlagen stellen die Teilnehmer honorarfrei zur Verfügung. Sämtliche Unterlagen werden auf Anfrage wieder an die Einsender zurückgesandt. Sollten trotz sorgfältiger Behandlung dennoch Beschädigungen auftreten, so kann dafür keine Haftung übernommen werden, ebenso wenig bei einem Verlust.

AUSLOBER
Wüstenrot Stiftung
Hohenzollernstraße 45
71630 Ludwigsburg
info@wuestenrot-stiftung.de
www.wuestenrot-stiftung.de

WÜSTENROT STIFTUNG

BAD SALZSCHLIRF, 22. UND 23. SEPTEMBER 2011

Protokoll der ersten Jurysitzung

ANWESENDE

- Bürgermeister Klaus **Börngen**, Göpfersdorf (Jurymitglied)
- Beatrix **Drago**, Amt für ländliche Entwicklung Oberbayern, München (Jurymitglied)
- Bürgermeisterin Elisabeth **Herzog-von der Heide**, Luckenwalde (Jurymitglied)
- Dr. Stefan **Krämer**, Wüstenrot Stiftung, Ludwigsburg (Jurymitglied)
- Roswitha **Rüschendorf**, Regierungspräsidium Kassel (Jurymitglied)
- Dr. Ulrike **Scherzer**, Wohn_Konzepte + Kultur_Aktionen, Dresden (Jurymitglied)
- Prof. Dr. Hildegard **Schröteler-von Brandt**, Universität Siegen (Jurymitglied)
- Dieter **Kreuz**, Arbeitsgruppe für Sozialplanung und Altersforschung (Vorprüfung)
- Roman **Marziw**, Arbeitsgruppe für Sozialplanung und Altersforschung (Vorprüfung)
- Sabine **Wenng**, Arbeitsgruppe für Sozialplanung und Altersforschung (Vorprüfung)
- Anja **Wenninger**, Arbeitsgruppe für Sozialplanung und Altersforschung (Vorprüfung)

1. EINFÜHRUNG

Herr Dr. Krämer begrüßt die Anwesenden im Namen der Wüstenrot Stiftung und dankt ihnen für ihre Bereitschaft, an diesem Wettbewerb mitzuwirken. Er erläutert die Thematik des Wettbewerbes und dessen Einbettung in die operative Arbeit der Wüstenrot Stiftung. Anschließend stellt er alle Anwesenden mit ihrem beruflichen Hintergrund vor und legt dabei den Fokus auf die speziellen Kompetenzen der einzelnen Jurymitglieder für das Thema des Wettbewerbes. Weiterhin gibt er Informationen zum Verfahren des Wettbewerbs. Zu berücksichtigen ist:

- Es wird ein formales (Ergebnis-)Protokoll geführt, das im Anschluss an den Wettbewerb veröffentlicht wird, um Verfahren und Ergebnisse auch für Dritte transparent zu gestalten. Die Protokollführung übernimmt die Vorprüfung.
- Alle Jurymitglieder verpflichten sich abseits des Protokolls zur Verschwiegenheit über die Inhalte der Sitzung.
- Alle Jurymitglieder werden darauf hingewiesen, die Jury in Kenntnis zu setzen, wenn Sie in ein Projekt involviert sind oder aus einem anderen Grund als befangen zu gelten haben.

Die Vorprüfung hatte zur Vorbereitung der Jurysitzung die Aufgabe erhalten, die Beiträge mit neutraler Werthaltung zu sichten und vorzubereiten. In der Jurysitzung ist die Vorprüfung aufgefordert, sich zu melden, wenn nach ihrem Kenntnisstand inhaltliche Aspekte der Beiträge nicht in ausreichender Weise erkannt oder diskutiert werden. Die Jurymitglieder stimmen den genannten Eckpunkten und dem Verfahren zu.

Zur Vorbereitung der ersten Jurysitzung hat die Vorprüfung von jedem eingesendeten Beitrag eine Art von Steckbrief erarbeitet, auf dem die wichtigsten Informationen aus den Beitragsunterlagen und aus den Fragebögen zusammengetragen worden sind. Diese Steckbriefe sind Grundlage der Präsentation der 295 Einsendungen und liegen jedem Jurymitglied in Form eines Ordners vor.

2. PERSÖNLICHE VORSTELLUNG DER JURYMITGLIEDER

Im Anschluss an die Einführungsworte stellen alle Jurymitglieder noch einmal in eigenen Worten ihren beruflichen und persönlichen Werdegang vor.

3. WAHL DES VORSITZES

Auf Vorschlag von Herrn Dr. Krämer wird Frau Bürgermeisterin Elisabeth Herzog-von der Heide bei eigener Enthaltung einstimmig zur Vorsitzenden der Jury gewählt. Frau Herzog-von der Heide nimmt die Wahl an und bedankt sich für das damit von den Mitgliedern der Jury entgegengebrachte Vertrauen.

4. INFORMATIONSDURCHGANG

Bevor die Vorprüfung zur Präsentation ihres Berichtes aufgefordert wird, werden grundlegende Fragen des Verfahrens diskutiert:
a) Soll der Bewertungsfokus bei einer Einreichung auf der Dimension Projekt oder Prozess liegen?
b) Sollen die drei Komponenten Kunst, Kultur und Bildung paritätisch gewichtet werden?
c) Wie wird mit Gemeinden verfahren, deren Bevölkerungsanzahl 5 000 übersteigt?

Die Jury stimmt grundsätzlich darin überein, sich an die in der Wettbewerbsauslobung genannten Kriterien und Rahmenbedingungen zu halten. Die Bereiche Kunst, Kultur und Bildung sollten gleichberechtigt bewertet werden, eine homogene Verteilung dieser Dimensionen sowie eine gleichmäßige Verteilung der Beiträge über das Bundesgebiet ist jedoch kein Zwang und sollte die Bewertung nicht beeinflussen. Aufgrund der je nach Bundesland unterschiedlichen Gemeindeverwaltungsebenen wird die prinzipiell einzuhaltende Größe der Gemeinde im Zweifelsfall anhand der jeweiligen Einsendung diskutiert. Die Beurteilungskategorien auf den Steckbriefen stellen eine Bewertungshilfe dar, die sich aus den am häufigsten vorkommenden Dimensionen gebildet haben; sie können von den einzelnen Jurymitgliedern gedanklich modifiziert werden. Ferner einigt sich die Jury darauf, Sonderprojekte benennen zu können, d.h. Beiträge, die nicht in die Preisrunde kommen, jedoch in einer späteren Dokumentation lobend erwähnt werden können.

Die Vorprüfung erläutert die Kategorien, in denen die einzelnen Einsendungen zusammengefasst worden sind und auf welche Weise bei der Aufbereitung der Beiträge verfahren worden ist. Danach werden die 295 Beiträge Projekt für Projekt durchgegangen.

Zwölf Kategorien für die Vorstellung der Wettbewerbseinsendungen:

1. Theaterprojekte
2. Bücherei / Bildung
3. Mehrgenerationenhäuser (MGH)
4. Begegnungsstätten
5a. Museum – lokale Persönlichkeit
5b. Museum – Heimat, Historie
5c. Museum – Natur
6. Veranstaltungen Kultur (jährlich oder seltener)
7. Veranstaltungen Kultur (Zeitraum oder regelmäßig)
8. Kunst und Kultur im öffentlichen Raum, öffentliche Gebäude
9. Kulturzentren
10. Projekte in Planung / Planungsumsetzung
11. Wanderwege
12. Sonstiges

ERSTE BEWERTUNGSRUNDE

Die Jury einigt sich darauf, dass in diesem ersten Bewertungsdurchgang, bei dem alle Kategorien komplett durchlaufen werden, die Befürwortung eines Jurymitgliedes ausreicht, um den Beitrag in die nächste Runde zu bringen.

Nach Anwendung dieses Verfahrens verbleiben nach dem ersten Durchgang 158 von ursprünglich 295 Beiträgen im Wettbewerb. Am Ende des Durchgangs verständigt sich die Jury nach einer nochmaligen Diskussionsrunde darauf, nur diejenigen Beiträge, die mehr als eine Stimme erhalten haben, in den zweiten Durchgang aufzunehmen. Es handelt sich um 102 Projekte, die in der zweiten Runde weiter behandelt werden.

Die bis zu diesem Zeitpunkt ausgeschiedenen Beiträge verbleiben jedoch grundsätzlich im Wettbewerbsverfahren und können auf Antrag eines der Jurymitglieder wieder in das Bewertungsverfahren zurückgeholt werden. Im weiteren Verlauf konzentriert sich die Jury jedoch vorrangig auf die ausgewählten Projekte.

ZWEITE BEWERTUNGSRUNDE

Am zweiten Tag der Sitzung beginnt die Jury zunächst mit einer gedanklichen Repetition des vorangegangenen Tages verbunden mit einer Diskussion über die Kriterien, die einen bestimmten Beitrag letztlich zu einem potenziellen Wettbewerbssieger bzw. prämierten Projekt machen. Dabei wird über folgende Aspekte gesprochen:
- Wie werden Identität und Lebensqualität in einem teilnehmenden Ort mit den Inhalten des Beitrags verbunden?
- Wie soll man die Initiative eines Projektes im Gegensatz zur Ausführung eines anderen bewerten?
- Wenn sich ein Ort durch sein Projekt entscheidend entwickelt, kann im Rahmen der Kriterien-Agenda das „Besondere" hervorgehoben werden.

Anschließend widmet sich die Jury dem zweiten Bewertungsdurchgang. Die vom Vortag verbliebenen 102 Projekte werden noch einmal intensiv seitens der Vorprüfung dargelegt und mit zusätzlichen Informationen unterfüttert. Die Jury diskutiert jeden Beitrag ausführlich. Anschließend wird über den Beitrag nunmehr durch einen Mehrheitsentscheid (mind. 4 Stimmen) abgestimmt. Bei positivem Ausgang wird das Projekt in die nächste Runde mitgenommen.

Durch dieses Vorgehen verbleiben am Ende dieser Bewertungsrunde noch 21 Projekte im Wettbewerb.

DRITTE BEWERTUNGSRUNDE

Die Jury einigt sich darauf, die Beiträge, zu deren Gunsten im Verhältnis 4:3 entschieden worden ist, ein weiteres Mal zu diskutieren. Es handelt sich dabei um die Projekte mit den Kennziffern 7, 111, 123, 151, 203 und 266. Durch diese Diskussion wird eines der Projekte (Kennziffer 123) gestrichen.

Am Ende befinden sich somit 20 Beiträge in der „Engeren Wahl" der Jury für eine eventuelle Prämierung. Diese Projekte werden in der Zeit bis zur zweiten Jurysitzung von der Vorprüfung in Zusammenarbeit mit Herrn Dr. Krämer bereist. Dadurch wird eine weitere Intensivierung der Bewertungsgrundlage für die zweite Jurysitzung geschaffen. Es handelt sich um folgende Projekte:

Projekt	Name	Ort
7	Bürgertreff „Altes Rathaus Schöckingen"	Ditzingen, OT Schöckingen
68	Der Lehmschuppen – Ausbau zur Malschule und Galerie	Dötlingen
71	Neue Lernkultur in der Kommune	Dingelstädt
73	Hangarader Heimatstube	Neunkirchen-Hangard
87	Sanierung und Revitalisierung des historischen Armenspitals in Brennberg	Brennberg
91	Kunsttage Winningen 2012	Winningen
97	Förderverein Gortz	Beetzseeheide OT Gortz
110	Schwarzwurzel	Steinach
111	Eiskeller Haindling	Geiselhöring OT Haindling
112	Schloss Batzdorf e.V.	Batzdorf
128	Kunst im Dorf	Pyrbaum OT Oberhembach
151	KuKuNaT ergrünt so GRÜN – Kunst – Kulturprojekt	Hahnstätten OT Netzbach
203	Zukunft Haunetal	Haunetal OT Wehrda
205	Theater vom Dorf für das ganze Land	Zielitz
239	Dorfakademie Höhenland	Höhenland OT Wölsickendorf
262	Kunst aufs Land!	Prüm OT Schönecken / Eifel
264	Kunst in und um Kröte und der Verein KVAK e.V.	Waddeweitz OT Kröte
266	Pflege der Kulturlandschaft Halbinsel Mönchgut	Göhren
269	Haus Quillo – Neue Musikvermittlung auf dem Land	Nordwestuckermark
290	Alles, nicht nur: Theater	Mestlin

Folgende vier Beiträge werden unter dem Prädikat „Sonderprojekt" subsumiert und werden für eine Erwähnung im Protokoll vorgeschlagen. Der Beitrag 162 soll zusätzlich bereist werden, um weitere Informationen über die lokale Struktur der Angebote einzuholen.

Projekt	Name	Kategorie	Bemerkung
36	Kultur im Rathaus	7	Erwähnung; vorbildliche Aspekte der Verfahrensbeteiligung
162	Ländliche Akademie Krummhörn / Kultur auf dem Lande	7	Sonderfall: Betrachtung vor Ort!
164	Der Bücherbus – das Buch kommt ins Dorf	2	Erwähnung
207	Haus Conrath	4	Erwähnung

Als Termin für die zweite Jurysitzung wird der 24. Februar 2012 in Weimar vereinbart.

Mit einem Dank der Juryvorsitzenden und der Wüstenrot Stiftung an die Vorprüfung und für die intensive Mitarbeit der Jurymitglieder endet die erste Sitzung der Jury.

WEIMAR, 24. FEBRUAR 2012

Protokoll der zweiten Jurysitzung

ANWESENDE

- Bürgermeister Klaus **Börngen**, Göpfersdorf (Jurymitglied)
- Beatrix **Drago**, Amt für ländliche Entwicklung Oberbayern, München (Jurymitglied)
- Bürgermeisterin Elisabeth **Herzog-von der Heide**, Luckenwalde (Jurymitglied, Vorsitzende)
- Dr. Stefan **Krämer**, Wüstenrot Stiftung, Ludwigsburg (Jurymitglied)
- Roswitha **Rüschendorf**, Regierungspräsidium Kassel (Jurymitglied)
- Dr. Ulrike **Scherzer**, Wohn_Konzepte + Kultur_Aktionen, Dresden (Jurymitglied)
- Prof. Dr. Hildegard **Schröteler-von Brandt**, Universität Siegen (Jurymitglied)
- Dieter **Kreuz**, Arbeitsgruppe für Sozialplanung und Altersforschung (Vorprüfung)
- Sabine **Wenng**, Arbeitsgruppe für Sozialplanung und Altersforschung (Vorprüfung)
- Anja **Wenninger**, Arbeitsgruppe für Sozialplanung und Altersforschung (Vorprüfung)

1. EINFÜHRUNG

Die Vorsitzende der Jury, Frau Herzog-von der Heide, eröffnet die zweite Sitzung der Jury und begrüßt die Anwesenden in Weimar. Sie übergibt das Wort an Herrn Dr. Krämer für einen Bericht über die seit der ersten Jury-Sitzung erfolgten Aktivitäten.

Herr Dr. Krämer informiert die Jury-Mitglieder darüber, dass alle Projekte der Engeren Wahl seit der ersten Jurysitzung von ihm und von den Vorprüfern Frau Wenng, Herr Kreuz und Frau Wenninger persönlich besucht wurden. Vor Ort wurden jeweils Gespräche mit den Bürgermeistern, Vereinsvertretern und ehrenamtlich Tätigen geführt. Aus den jeweils etwa zwei- bis dreistündigen Gesprächen wurden wichtige Zusatzinformationen und oft auch Eindrücke aus dem Alltag der Projekte gewonnen.

Neben den ausgewählten 20 Beiträgen in der „Engeren Wahl" wurde auch die „Ländliche Akademie Krummhörn" [Kennziffer 162] aufgesucht. Herr Dr. Krämer erinnert daran, dass das Projekt zwar durch die Zahl der Einwohner der Gesamtgemeinde die Rahmenbedingungen des Wettbewerbs nicht erfüllt, aber dennoch in der ersten Jurysitzung als ein interessantes Projekt eingeschätzt wurde, weil es die Zielsetzungen des Wettbewerbes in den einzelnen Ortsteilen sehr wohl erfüllt. In diesem Zusammenhang erwähnt Herr Dr. Krämer eine mögliche Sonderprämierung für Projekte, die besondere Eigenschaften im Sinne der Wettbewerbskriterien aufweisen.

Nach diesem kurzen Überblick erfolgt anhand vorbereiteter Unterlagen mit kurzen Projektübersichten eine ausführliche Vorstellung der 21 Wettbewerbsbeiträge in numerischer Reihenfolge der Kennziffern von Frau Wenng, Herrn Kreuz und Frau Wenninger. Zuvor informiert Herr Dr. Krämer noch darüber, dass in den Informationsblättern die Projekte kurz vorgestellt werden, daneben befindet sich in den Mappen für jedes Projekt der Leitfaden der Vor-Ort-Besuche mit verschiedenen Kriterien sowie ein Pentagramm mit ausgewählten Merkmalen, welches jedoch keine Bewertung, sondern lediglich die Ausprägung dieser Merkmale darstellen soll.

2. VORSTELLUNG DER WETTBEWERBSBEITRÄGE

Die Wettbewerbsbeiträge werden auf der Basis der vor Ort gewonnenen Eindrücke und Informationen vorgestellt und von der Jury intensiv diskutiert.

Ditzingen, Ortsteil Schöckingen [7]	Bürgertreff Altes Rathaus
Dötlingen [68]	Der Lehmschuppen – Ausbau zur Malschule und Galerie
Dingelstädt [71]	Neue Lernkultur in der Kommune
Neunkirchen Ortsteil Hangard [73]	Hangarader Heimatstube
Brennberg [87]	Sanierung und Revitalisierung des historischen Armenspitals in Brennberg
Winningen [91]	Kunsttage Winningen 2012
Beetzseeheide, Ortsteil Gortz [97]	Förderverein Gortz
Steinach (Thüringen) [110]	Volkstheater Schwarzwurzel
Geiselhöring, Ortsteil Haindling [111]	Eiskeller Haindling e.V.
Klipphausen, Ortsteil Batzdorf [112]	Schloß Batzdorf e.V.
Pyrbaum, Ortsteil Oberhembach [113]	Kunst im Dorf
Hahnstätten, OT Netzbach [151]	KuKuNaT ergrünt so grün – Kulturprojekt
Krummhörn [162]	Ländliche Akademie Krummhörn
Haunetal, Ortsteil Wehrda [203]	Zukunft Haunetal
Zielitz [205]	Theater vom Dorf für das ganze Land
Höhenland, Ortsteil Wölsickersdorf [239]	Dorfakademie Höhenland
Prüm, Ortsteil Schönecken [262]	Kunst aufs Land!
Waddeweitz, Ortsteil Kröte [264]	Kunst in und um Kröte und der Verein KVAK e.V.
Göhren [266]	Pflege der Kulturlandschaft Halbinsel Mönchgut
Nordwestuckermark [269]	Haus Quillo – neue Musikvermittlung auf dem Land
Mestlin [290]	Alles, nicht nur: Theater.

3. ERSTE BEWERTUNGSRUNDE

Nachdem alle Projekte ausführlich vorgestellt und diskutiert wurden, beschließt die Jury auf Vorschlag von Frau Herzog-von der Heide die Projekte nacheinander durchzugehen und jedes Projekt, welches vier oder mehr Jury-Mitglieder befürworten, in die nächste Bewertungsrunde aufzunehmen. Das Projekt „Ländliche Akademie Krummhörn" wird dabei nicht bewertet, sondern gesondert betrachtet.

Nach der ersten Bewertungsrunde bleiben sieben Projekte in der nun engsten Wahl für die Vergabe der Prämierungen. Nachdem jedoch acht Prämierungen vergeben werden können, werden zwei Projekte, die jeweils drei Befürwortungen bekommen haben, nochmals diskutiert. Es handelt sich um die „Dorfakademie Höhenland" [239] und um „Kunst in und um Kröte und der Verein KVAK e.V." [264]. Nach einer weiteren Abstimmung einigte sich die Jury, auch diese zwei Projekte mit in den Kreis der engsten Wahl aufzunehmen.

Die Juryvorsitzende schlägt vor, den Preis und die beiden Auszeichnungen an diejenigen Projekte zu vergeben, die von allen sieben Jurymitgliedern eine Befürwortung bekommen haben. Dies sind:
- Eiskeller Haindling e.V.
- Kunst im Dorf, Oberhembach
- Förderverein Gortz

Die fünf Anerkennungen sollen unter den übrigen sechs Projekten verteilt werden. Dieses Vorgehen findet Zustimmung bei der Jury.

4. PREIS UND AUSZEICHNUNG

Zunächst berät die Jury über die Vergabe des Preises und der beiden Auszeichnungen. Dabei werden folgende Fragen intensiv erörtert:
- Wie breit ist die Ortsbevölkerung in das Projekt integriert?
- Hat das Projekt auch Angebote für Kinder und Jugendliche?
- Wie gestaltet sich die Struktur der Initiative?
- Hat das Projekt weiteres Ausbau- oder Entwicklungspotential?
- Geht die Initiative von einzelnen Ortsbewohnern oder von zugezogenen Bürgern aus?

Nach der ausführlichen Erörterung schlägt die Vorsitzende der Jury vor, dass jedes Jurymitglied nach kurzer Bedenkzeit eine Stimme an das favorisierte Projekt vergeben darf.

Die Jury beschließt, das Preisgeld in Höhe von 10 000 Euro an das Projekt „**Kunst im Dorf**" in **Pyrbaum** zu vergeben und begründet diese Entscheidung wie folgt:

„Der Kern ist zunächst klein – drei engagierte Bürgerinnen von Oberhembach gründeten 2001 das Projekt KUNST IM DORF. Heute bringt dieses Ereignis das ganze Dorf auf die Beine und bewegt zum Mitmachen. Rund um den Kunststadel präsentierten im Jahr 2011 insgesamt 38 Oberhembacher Künstler/innen sich und ihre Werke an unterschiedlichen Stätten und auf vielerlei Weise. Viele andere Bewohner unterstützen die Veranstaltung als Einzelpersonen oder über ihre Vereine, beispielsweise durch die Bereitstellung ihrer privaten Häuser und Gärten oder die Mithilfe bei der Organisation.

Die Seebühne gehört dabei vor allem den jungen Oberhembachern. Sie übernehmen mit selbstinszenierten und selbstverantworteten Tanzprogrammen einen von den Zuschauern besonders geschätzten Programm-Höhepunkt.

Die Eigeninitiative der Dorfgemeinschaft umfasst längst auch viele weitere Belange und Aufgaben; sei es die aktive Verantwortung für den öffentlichen Raum, sei es die kreative Suche nach einem neuen Pächter für die leer stehende Dorfwirtschaft („Dorf sucht Wirt" als Casting-Show). Sie ist Ansprechpartner und Ideengeber für die Gemeinde.

Ausgehend von dem Projekt KUNST IM DORF ist so eine neue Interpretation traditioneller Dorfgemeinschaft entstanden, die bewusst auf formale Organisationsstrukturen verzichtet. Sie steht allen Bewohnern für ihre je eigene Form der Mitwirkung offen und wird von ihnen aktiv genutzt.

Die Jury ist davon überzeugt, dass die Dorfgemeinschaft auch zukünftig neue Projekte und neue gemeinsame Aktionen aufgreifen wird. Denn die Lebendigkeit, der Optimismus und die positive Stimmung im Ort basieren auf den erreichten Erfolgen und der Überzeugung, durch eigene Vielfalt, Kreativität und kollektive Aktionen eine Lösung für wichtige Aufgaben und Probleme finden zu können."

Die beiden Auszeichnungen in Höhe von 5 000 Euro gehen somit an das Projekt aus Geiselhöring, Ortsteil Haindling, und an den Förderverein Gortz. Die Begründungen hierzu lauten:

Eiskeller Haindling e.V.:

„Der Verein wird ausgezeichnet für sein mehrjähriges Engagement für das Gemeinwesen. Mit dem Aus- und Umbau des Eiskellers zu einem Café und Dorfladen wurde ein neuer Treffpunkt für Jung und Alt geschaffen.

Mit den Kulturveranstaltungen wie beispielsweise den thematischen Ortsführungen, Musikveranstaltungen und Malkursen wurden neue Freizeitimpulse im Dorf gesetzt. Über das alle drei Jahre stattfindende „Nacht- und Nebelfest" ist der Ort inzwischen überregional bekannt.

Die Aktivitäten werden durch das gemeinsame „Anpacken" aller Vereine und der Bewohner, ein gutes Miteinander und eine unbürokratische Arbeitsteilung gesichert.

Die Gemeinde stellt dafür den Eiskeller unentgeltlich zur Verfügung. Neben der Eigenfinanzierung der Projekte werden auch Eine Welt Projekte unterstützt.

Der Verein Eiskeller Haindling e.V. wird für sein gemeinnütziges Engagement ausgezeichnet. Die vielfältigen Angebote fördern das soziale Miteinander und die Gemeinschaft. Durch die Übernahme der verschiedenen Aufgaben durch die Vereinsmitglieder wird die Verantwortung auf mehrere Schultern verlegt und der kulturellen Entwicklung wurden neue Impulse gegeben. Dieses hat die Identifikation der Bewohnerinnen und Bewohner mit ihrem Ortsteil Haindling verstärkt."

Förderverein Gortz e.V.:

„Der Förderverein Gortz e.V. hat in vorbildlicher Weise zunächst die Dorfkirche und in einem zweiten Schritt ebenfalls die angrenzende Dorfschule in Kooperation mit der Kommune vor dem Verfall gerettet. Diese Ortsbild prägenden Gebäude werden ebenso wie die angrenzenden Freiflächen seit dem für eine Vielzahl kultureller Veranstaltungen genutzt. Insbesondere die Räume der Dorfschule stehen auch den Bürgern des Orts und der umliegenden Gemeinden für eigene Veranstaltungen zur Verfügung. Es ist dem zunächst mittellosen Verein gelungen, den notwendigen Eigenanteil zur Einwerbung von Fördermitteln durch ein unkonventionelles Konzept der Vermarktung selbst hergestellter Produkte zu erwirtschaften. Die von dem Förderverein angestoßenen Aktivitäten und erzielten Ergebnisse sind ein hervorragendes Beispiel für die Möglichkeiten, die in einer kleinen Ortschaft mit 200 Einwohnern entwickelt werden können, wenn Projekte zur Schaffung einer örtlichen Infrastruktur mit Mut und Entschlusskraft, aber auch den notwendigen Netzwerkkontakten umgesetzt werden."

5. ANERKENNUNGEN

Nach einer weiteren Diskussionsrunde erhalten fünf Einsendungen mit folgenden Begründungen der Jury je eine mit 1 000 Euro versehene Anerkennung:

Dorfakademie Höhenland:

„In der Dorfakademie Höhenland engagieren sich die rein ehrenamtlich agierenden Vereinsmitglieder vorrangig für die Bereitstellung pädagogischer Angebote insbesondere für Kinder und Jugendliche sowie sozial benachteiligte Personengruppen unter Integration behinderter Menschen. Die Verbesserung der Bildungs- und Lebenschancen im ländlichen Raum als Entgegnung auf Abwanderungsprozesse sowie der Abbau von Bildungsbenachteiligung stehen im Mittelpunkt. Herausragend ist das soziale, von großer Verantwortung für die gemeinschaftliche Entwicklung getragene und in vielfältige Netzwerke eingebundene Engagement."

Kulturlandschaft Halbinsel Mönchgut:

„Der 140 Mitglieder zählende Förderverein ist ein Netzwerkknoten unterschiedlichster Akteure für die vielfältigen zukunftsweisenden Aktivitäten in der kleinen Ostseegemeinde. Beispielhaft wird mit dem Museumskomplex ein identitätsstiftendes Zeugnis der gebauten Umwelt für Einheimische und Touristen weiterentwickelt und im Ort platziert. Durch die konsequente Einbindung von Kindern und Jugendlichen in den Prozess wird deren Bewusstsein und Engagement, sich für die Kulturwerte ihrer Heimat einzusetzen, gefördert und trägt sie zu einer langfristigen Stärkung des Gemeinwesens bei."

KuKuNaT e.V.:

„Das Projekt basiert auf einer genial einfachen Idee und führt zu einem breiten Engagement der Ortsbevölkerung.Durch den niederschwelligen Ansatz kann sich jede/r entsprechend den individuellen Fähigkeiten als KünsterIn einbringen; dies schließt ausdrücklich auch die Beteiligung von Menschen mit Behinderung mit ein. Die innovative Auseinandersetzung mit Kunst schafft neue Kommunikationsformen und stärkt die Dorfgemeinschaft in bemerkenswerter Weise. Hervorzuheben ist auch das private Engagement der Initiatorin und darüber hinaus die Bereitschaft der Dorfbewohner, ihre Privaträume für das Projekt zur Verfügung zu stellen."

Schwarzwurzel:

„Das Projekt schafft örtliche Identität, die viele Ortsbewohner als Akteure einbindet. Es gelingt durch eine konstruktive Auseinandersetzung mit der Geschichte des Ortes das Heimatgefühl zu stärken. Dies wird maßgeblich durch die Nutzung von leer stehenden Gebäuden als Spielstätten unterstützt. Durch die Einbindung von professionellen Schauspielern und Projektbegleitern gelingt es, die Potentiale der Ortsansässigen in bemerkenswerter Weise zu aktivieren. Die Jury sieht durch den Aufbau der Vereinsstruktur eine gute Chance zur Verstetigung des Projekts."

Denkmal Kultur-Mestlin e.V.:

„Ziel des Vereins „Denkmal Kultur-Mestlin e.V." ist die Erhaltung und Nutzung des denkmalgeschützten Ensembles „Sozialistisches Musterdorf Mestlin" durch Kunstausstellungen und unterschiedlichste Veranstaltungen. Dieser unverkrampfte Umgang mit den steinernen Zeitzeugen der DDR-Zeit wird von den Akteuren auch als Motor zur Aktivierung und Sanierung des Orts, zur Erhöhung seiner Attraktivität und damit auch zur Verbesserung und Stabilisierung der Arbeits- und Einkommenssituation gesehen. Mit der Nutzung des Kulturhauses als Zentrum regionaler und überregional ausgerichteter Aktivitäten, vor allem auch unter Einbeziehung Jugendlicher, füllt der Verein mit viel Mut das Objekt mit neuen Inhalten."

Außerdem wird die **Ländliche Akademie Krummhörn** mit einer Sonderanerkennung ausgezeichnet:

"Die Ländliche Akademie Krummhörn - LAK erhält eine Sonderanerkennung für die bildungs- und kulturpolitischen Aktivitäten in der Gemeinde Krummhörn. Dem Verein mit ca. 600 Mitgliedern ist es gelungen ein vielfältiges kulturelles, kunsthandwerkliches und musikalisches Kursangebot für Jung und Alt in den 19 Ortsteilen zu etablieren. Die Angebote werden nunmehr seit 30 Jahren dezentral in örtlichen Gebäuden in den Ortsteilen und unter Mitwirkungen der Bewohner organisiert. Dabei wird besonderer Wert auf die regionale Geschichte der Gemeinde gelegt. Das Angebot macht die LAK zu einem unverzichtbaren Bildungsträger in der Region. Die Qualität seiner Veranstaltungen ist überregional bekannt."

Alle Beiträge werden als positive und wegweisende Beispiele für die Wettbewerbsaufgabe „Bildung, Kunst und Kultur in kleinen Gemeinden als Schlüsselfaktoren für die zukünftige Entwicklung" gewürdigt. Die Jury ist einheitlich der Meinung, dass alle besichtigten Einsendungen zu Recht in die Engere Wahl aufgenommen wurden. Herr Dr. Krämer verweist an dieser Stelle auf die Absicht der Wüstenrot Stiftung, alle Einsendungen der Engeren Wahl in die Dokumentation der Wettbewerbsergebnisse aufzunehmen. Des Weiteren sollen besonders vorbildliche Projekte, die nicht in die Auswahl der 20 Projekte aufgenommen worden sind, ebenfalls in die Dokumentation aufgenommen werden, die Jurymitglieder können hier Vorschläge machen. Dies wird von der Jury ausdrücklich begrüßt.

Die Vorsitzende Frau Elisabeth Herzog-von der Heide bedankt sich abschließend bei den Jurymitgliedern für die intensive und konstruktive Sitzung und gibt die Leitung der Sitzung an Herrn Dr. Krämer als Vertreter der auslobenden Wüstenrot Stiftung zurück.

Herr Dr. Krämer bedankt sich im Namen der Wüstenrot Stiftung ebenfalls bei den Jurymitgliedern und bei den Vertretern der Vorprüfung. Die Ergebnisse des Wettbewerbs werden durch die Wüstenrot Stiftung dokumentiert. Das Protokoll der beiden Jurysitzungen wird zur Transparenz des Verfahrens und zur Nachvollziehbarkeit der Entscheidungen in der Buchdokumentation der Wettbewerbsergebnisse veröffentlicht.

Weimar, den 24.02.2012

Das Preisgericht

_____
BM'in Elisabeth Herzog-von der Heide
Vorsitzende

_____ _____
BM Klaus Börngen   Beatrix Drago

_____ _____
Dr. Stefan Krämer   Roswitha Rüschendorf

_____ _____
Dr. Ulrike Scherzer   Prof. Dr. Hildegard Schröteler-von Brandt

Vorprüfung:

_____ _____
Dieter Kreuz   Sabine Wenng

_____
Anja Wenninger

BERLIN, 14. SEPTEMBER 2012

Ansprache der Juryvorsitzenden zur Preisverleihung

BÜRGERMEISTERIN ELISABETH HERZOG-VON DER HEIDE, LUCKENWALDE

Sehr geehrter Herr Prof. von Lucius, meine sehr geehrten Damen und Herren,

ich möchte zunächst ein bisschen aus dem Nähkästchen des Preisgerichts plaudern, ganz konkret die unterschiedlichen Gemütslagen schildern, denen ein Jurymitglied in diesem Wettbewerbsverfahren ausgesetzt war:

Phase 1: Geschmeichelt sein, weil die Wüstenrot Stiftung einen für würdig befunden hat, als Preisrichter zu fungieren.

Phase 2: Ungläubiges Staunen über sage und schreibe 295 eingereichte Beiträge. Offenbar hat die Wüstenrot Stiftung in ihrem ausgelobten Wettbewerb ein Thema aufgegriffen, das in der Luft liegt. Knapp 300 Initiativen, Vereine oder Ortsgemeinschaften brennen darauf, ihre Erfahrungen zum Thema „Bildung, Kunst und Kultur in kleinen Gemeinden" beizusteuern. Aus der gesamten Republik – in geradezu räumlicher Idealverteilung – kamen die Zusendungen.

Phase 3: Hingerissen sein von der Vielfalt, die in den 295 Beiträgen dargeboten wird.

Phase 4: Wachsende Zweifel darüber, ob es angesichts der Fülle und der Qualität der Einsendungen gelingen kann, den einzelnen Bewerbungen gerecht zu werden.

Phase 5: Überwindung der Zweifel, aufgrund der beeindruckenden Leistungen der Vorprüfung, die die Fülle des Materials sorgfältig gesichtet und verantwortungsvoll komprimiert hat. Und Respekt vor den sehr unterschiedlichen Persönlichkeiten und ihrer breit gefächerten Fachkompetenz, die als Mitjuroren in das Preisgericht berufen wurden. Hervorzuheben ist ihre Unermüdlichkeit, Ernsthaftigkeit und ihre Freude am offenen, kontroversen und konstruktiven Meinungsaustausch. Denn fast jede Bewerbung fand – ohne dass dies abgesprochen war – einen Fürsprecher und Anwalt, der nachdrücklich die Güte seines „Klienten" hervorzuheben wusste und verteidigte. Deshalb bin ich sicher, dass allen Bewerbungen die gebotene Aufmerksamkeit entgegengebracht wurde.

„Ehrungen, das ist, wenn die Gerechtigkeit ihren guten Tag hat", so formulierte Konrad Adenauer. Die heute anstehenden Auszeichnungen stehen auch unter diesem Motto. Und ich behaupte ganz selbstbewusst: Die Gerechtigkeit hat ihren guten Tag, weil die Jury mit ihrer Entscheidung der Gerechtigkeit den Weg bereitet hat.

Elisabeth Herzog-von der Heide

Beatrix Drago, Klaus Börngen, Dr. Ulrike Scherzer

Damit bin ich in der Phase 6: Sie steht für Überzeugung. Denn ich habe keinen Zweifel daran, dass wir mit den Preisträgern, die wir heute auszeichnen, tatsächlich auch die Besten würdigen. Erwähnt werden muss, dass sich in sehr vielen eingereichten Beiträgen Elemente finden lassen, die als beispielgebend wert zu schätzen sind. Die 21 Projekte, die in der Begleitbroschüre zur Ausstellung beschrieben sind, sind bester Beleg. Ich kann Ihnen die Lektüre nur ans Herz legen. Nutzen Sie sie als Steinbruch kluger und phantasievoller Ideen mit Nachahmungsfaktor.

Prämiert sind nun aber die neun Bewerbungen, die im Hinblick auf ihre – oft verblüffende – Projektidee, im Hinblick auf ihre Umsetzung und im Hinblick darauf, wie die Einreicher das Werden und Wirken ihres Projektes einem Außenstehenden vermitteln konnten, am meisten überzeugten. Am Beispiel der drei Spitzenreiter möchte ich darstellen, was das Besondere ausmacht. Ich möchte zunächst aus den Begründungen der Jury zitieren, als erstes für den Sieger Oberhembach:

„Der Kern ist zunächst klein – drei engagierte Bürgerinnen von Oberhembach gründeten 2001 das Projekt Kunst im Dorf. Heute bringt dieses Ereignis das ganze Dorf auf die Beine und bewegt zum Mitmachen. Rund um den Kunststadel präsentierten im Jahr 2011 insgesamt 38 Oberhembacher Künstler/innen sich und ihre Werke an unterschiedlichen Stätten und auf vielerlei Weise. Viele andere Bewohner unterstützen die Veranstaltung als Einzelpersonen oder über ihre Vereine, beispielsweise durch die Bereitstellung ihrer privaten Häuser und Gärten oder die Mithilfe bei der Organisation. Die Seebühne gehört dabei den jungen Oberhembachern. Sie übernehmen mit selbst inszenierten Tanzprogrammen einen von den Zuschauern besonders geschätzten Programmhöhepunkt.

Die Eigeninitiative der Dorfgemeinschaft umfasst längst auch viele weitere Belange und Aufgaben, sei es die aktive Verantwortung für den öffentlichen Raum, sei es die kreative Suche nach einem Pächter für die leer stehende Dorfwirtschaft („Dorf sucht Wirt" als Casting-Show). Sie ist Ansprechpartner und Ideengeber für die Gemeinde.

Ausgehend von dem Projekt „Kunst im Dorf" ist so eine neue Interpretation traditioneller Dorfgemeinschaft entstanden, die bewusst auf formale Organisationsstrukturen verzichtet. Sie steht allen Bewohnern für ihre eigene Form der Mitwirkung offen und wird von ihnen aktiv unterstützt…"

Soweit zu Oberhembach.

Mit einer Auszeichnung wird der Förderverein Gortz e.V. bedacht, mit folgender Begründung:

„Der Förderverein Gortz e.V. hat in vorbildlicher Weise zunächst die Dorfkirche und in einem zweiten Schritt ebenfalls die angrenzende Dorfschule in Kooperation mit der Kommune vor dem Verfall gerettet. Diese Ortsbild prägenden Gebäude werden ebenso wie die angrenzenden Freiflächen seitdem für eine Vielzahl kultureller Veranstaltungen genutzt. Insbesondere die Räume der Dorfschule stehen auch den Bürgern des Orts und der umliegenden Gemeinden für eigene Veranstaltungen zur Verfügung. Es ist dem zunächst mittellosen Verein gelungen, den notwendigen Eigenanteil zur Einwerbung von Fördermitteln durch ein unkonventionelles Konzept zur Vermarktung selbst hergestellter Produkte zu erwirtschaften.

Die vom Verein angestoßenen Aktivitäten und erzielten Ergebnisse sind ein hervorragendes Beispiel für die Möglichkeiten, die in einer kleinen Ortschaft mit 200 Einwohnern entwickelt werden können, wenn Projekte zur Schaffung einer örtlichen Infrastruktur mit Mut und Entschlusskraft, aber auch den notwendigen Netzwerkkontakten umgesetzt werden."

Die zweite Auszeichnung geht an den Verein „Eiskeller Haindling e.V.". Ihm schreibt die Jury folgendes ins Stammbuch:

„Der Verein wird ausgezeichnet für sein mehrjähriges Engagement für das Gemeinwesen. Mit dem Aus- und Umbau des Eiskellers zu einem Cafe und Dorfladen wurde ein neuer Treffpunkt für Jung und Alt geschaffen.

Mit den Kulturveranstaltungen wie beispielsweise den thematischen Ortsführungen, Musikveranstaltungen und Malkursen wurden neue Freizeitimpulse im Dorf gesetzt. Über das alle drei Jahre stattfindende „Nacht- und Nebelfest" ist der Ort inzwischen überregional bekannt. Die Aktivitäten werden durch das gemeinsame „Anpacken" aller Vereine und der Bewohner, ein gutes Miteinander und eine unbürokratische Arbeitsteilung gesichert. Die Gemeinde stellt dafür den Eiskeller unentgeltlich zur Verfügung. Neben der Eigenfinanzierung der Projekte werden auch Eine Welt Projekte unterstützt.

Der Verein Eiskeller Haindling e.V. wird für sein gemeinnütziges Engagement ausgezeichnet. Die vielfältigen Angebote fördern das soziale Miteinander und die Gemeinschaft. Durch die Übernahme der verschiedenen Aufgaben durch die Vereinsmitglieder wird die Verantwortung auf mehrere Schultern gelegt, und der kulturellen Entwicklung werden neue Impulse gegeben. Dies hat die Identifikation der Bewohnerinnen und Bewohner mit ihrem Ortsteil Haindling verstärkt."

Ich habe mir die Frage gestellt, ob man aus den drei genannten Vorzeigeprojekten allgemeingültige Erfolgsfaktoren heraus kristallisieren kann. Dabei ist ja eine denkbare Methode, zunächst nach gemeinsamen Nennern zu suchen.

Sehe ich mir die drei Preisträger an, dann kann ich im Hinblick auf statistische Werte eines ausmachen: alle drei Dörfer haben weniger als 300 Einwohner.

WER HAT IN DEN DÖRFERN DEN STEIN INS ROLLEN GEBRACHT?

Ideenzünder sind erst einmal wenige: in Oberhembach drei engagierte Bürgerinnen, in Gortz sind es zwei Zugezogene – übrigens kein seltener Fall, dass Neuankömmlinge etwas als Besonderes erkennen, das von Alteingesessenen aufgrund der Macht der Gewohnheit als alltäglich und unaufregend kaum wahrgenommen wird.

WAS BEWIRKTE DIE INITIALZÜNDUNG?

Manchmal ging es darum, ein für die Dorfgeschichte bedeutsames Gebäude zu retten, z.B. in Gortz die Dorfkirche, die seit dem 15. Jhd. das Dorfbild prägt, über Jahrzehnte hinweg aber sicher nicht mehr das geistige Leben des Ortes bestimmte und deren Verfall nun drohte.

In Haindling drohte dem ehemaligen außer Funktion geratenen Eiskeller der Abriss, um Platz für einen Buswendeplatz zu schaffen.

In Oberhembach drohte nichts.

Versucht man, diese Erkenntnisse in eine Formel zu gießen, so käme folgendes dabei heraus: „Je kleiner ein Ort ist, je weniger eine Idee haben, umso größer der Erfolg." – eine völlig absurde These. Deshalb Hand aufs Herz: eigentlich gibt es keine naturwissenschaftliche Gesetzmäßigkeit, die sich aus Oberhembach, Gortz und Haindling ableiten lässt.

Prof. Dr. Wulf D. v. Lucius, Vorstandsvorsitzender der Wüstenrot Stiftung

ICH BIETE IHNEN STATTDESSEN FOLGENDES REZEPT AN:

Man nehme Menschen mit Visionen, die ausnahmsweise einmal nicht das tun, was Helmut Schmidt empfiehlt. Sie gehen nämlich nicht zum Arzt, sondern sie gehen auf ihre Mitbewohner zu und bewegen sie, mitzumachen. Ich kann mir vorstellen, dass es Ausdauer, Beharrungsvermögen und Überzeugungskraft verlangt, Mitstreiter zu gewinnen und diese bei der Stange zu halten. Je dicker das zu bohrende Brett ist – etwa den Verfall eines Gebäudes aufzuhalten, es zu sanieren und es dann dauerhaft kulturell zu bespielen –, umso größer wird am Anfang die Skepsis der anderen sein. Sich dann nicht entmutigen zu lassen, Spott zu ertragen und in seinem freundlichen Sendungsbewusstsein nicht nachzulassen, überzeugend – auch durch eigenes Vorbild – zu sein, das ist das, was in meinen Augen die erfolgreichen Bildungs-, Kunst- und Kulturpioniere ausmacht. Ihre kluge Strategie ist es, nicht nur für das Jenseits und das große Ziel zu arbeiten, sondern getreu dem Motto „Der Weg ist das Ziel" sich zwischenzeitlich immer wieder Erfolge zu organisieren. Denn sie wissen, nichts ist erfolgreicher als der Erfolg. Er beflügelt zu neuen Taten, er zieht neue Mitstreiter an und hält die alten bei der Stange. Nicht von ungefähr sind deshalb besondere Höhepunkte in Gestalt von Festen oder Festivals im Kalender verankert: im Oberhembach ist es die Kunstschau „Kunst im Dorf", um die sich alles dreht. In Gortz sind es die Jazzkonzerte in der Kirche – umkränzt von Märkten rund um die Kirche. In Haindling zieht das alle drei Jahre stattfindende Nacht- und Nebelfest tausende Besucher an.

Die Initiatoren und ihre Mitstreiter schotten sich nicht ab. Sie geben kein enges Korsett vor, sondern einen so weiten Rahmen, dass die Mitwirkungsinteressenten ihre eigene Form der Beteiligung bestimmen können und Platz für die Realisierung eigener Ideen finden. Und sie legen dabei gesteigerten Wert darauf, auch für die junge Generation attraktiv zu sein.

Sie klappern und sie suchen auch das Miteinander mit ihren Kommunalverwaltungen mit dem Ziel eines verlässlichen arbeitsteiligen Vorgehens, z.B. wenn die Kommune für die Betriebskosten und die Gebäudeunterhaltung aufkommt.

Sie schaffen sich so stabile Strukturen, dass sie auch einmal Nackenschläge einstecken können und in den Mühen der Ebene bestehen.

Es geht ihnen nicht darum, dort einzuspringen, wo sich der Staat zurückzieht – oder darum, sich sogenannte freiwillige Aufgaben überhelfen zu lassen. Diese Ausgangslage war in keinem der drei genannten Fälle gegeben

Es geht um keine leidige Pflicht, sondern es geht um die Freude, in der Gemeinschaft etwas für die Gemeinschaft – und damit auch für sich selbst – zu tun, das eigene Umfeld zu gestalten, auch

Die Ausstellung zum Wettbewerb

Anja Wenninger, Sabine Wenng, Marie Neumüllers

wenn oder gerade weil sich die Rahmenbedingungen ändern. Es geht um gewonnenes Selbstvertrauen, um das Verliebtsein in das Gelingen und um die Erkenntnis, in Verantwortung für die Gemeinschaft die eigenen Geschicke in die eigenen Hände zu nehmen.

Das Preisgericht hat den Oberhembachern in seiner Begründung auch noch folgende Passage zugedacht:

> „Die Jury ist davon überzeugt, dass die Dorfgemeinschaft auch zukünftig neue Projekte und neue gemeinsame Aktionen aufgreifen wird. Denn die Lebendigkeit, der Optimismus und die positive Stimmung im Ort basieren auf den erreichten Erfolgen und der Überzeugung, durch eigene Vielfalt, Kreativität und kollektive Aktionen eine Lösung für wichtige Aufgaben und Probleme finden zu können."

Meine Damen und Herren, wenn der so beschriebene Oberhembacher Virus um sich greift, dann ist mir um diese Republik nicht bange.

Damit komme ich zu Phase 7: Ich hoffe es!

Im Laufe der Preisverleihung stellten sich die Vereine und Orte selbst kurz vor

102 DER WETTBEWERB

I. DIE ZUKUNFT VON KLEINEN GEMEINDEN

II. DIE ANGEBOTE

III. ZWÖLF THESEN

IV. DER WETTBEWERB

V. PROJEKTDOKUMENTATION

ANHANG

PREIS

Kunst im Dorf
Pyrbaum, Ortsteil Oberhembach

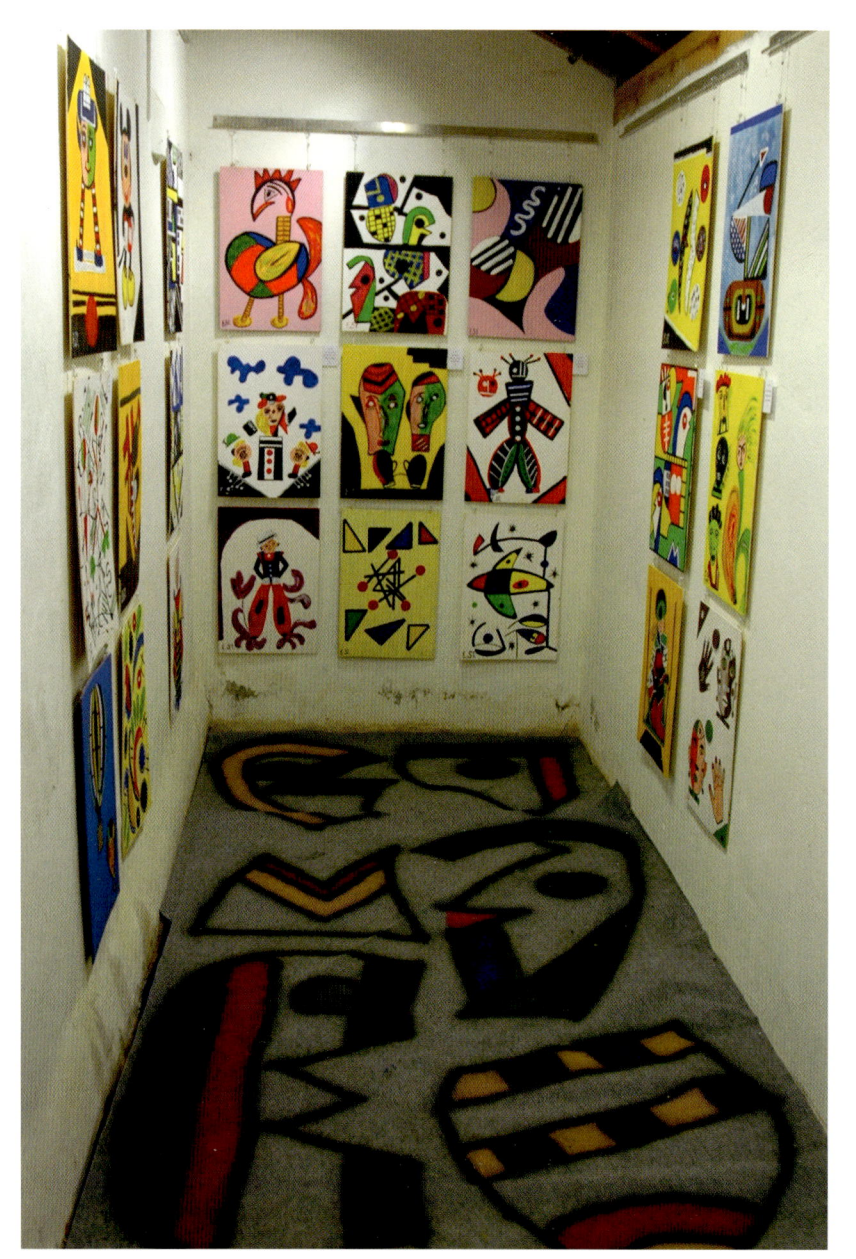

Künstlerische Begegnungen bei Kunst im Dorf

Kunst im Dorf, Kunst im Alltag

BEGRÜNDUNG DER JURY

„Der Kern ist zunächst klein – drei engagierte Bürgerinnen von Oberhembach gründeten 2001 das Projekt KUNST IM DORF. Heute bringt dieses Ereignis das ganze Dorf auf die Beine und bewegt zum Mitmachen. Rund um den Kunststadel präsentierten im Jahr 2011 insgesamt 38 Oberhembacher Künstler/innen sich und ihre Werke an unterschiedlichen Stätten und auf vielerlei Weise. Viele andere Bewohner unterstützen die Veranstaltung als Einzelpersonen oder über ihre Vereine, beispielsweise durch die Bereitstellung ihrer privaten Häuser und Gärten oder die Mithilfe bei der Organisation.

Die Seebühne gehört dabei vor allem den jungen Oberhembachern. Sie übernehmen mit selbstinszenierten und selbstverantworteten Tanzprogrammen einen von den Zuschauern besonders geschätzten Programmhöhepunkt.

Die Eigeninitiative der Dorfgemeinschaft umfasst längst auch viele weitere Belange und Aufgaben, sei es die aktive Verantwortung für den öffentlichen Raum, sei es die kreative Suche nach einem neuen Pächter für die leer stehende Dorfwirtschaft („Dorf sucht Wirt" als Casting-Show). Sie ist Ansprechpartner und Ideengeber für die Gemeinde.

Ausgehend von dem Projekt KUNST IM DORF ist so eine neue Interpretation traditioneller Dorfgemeinschaft entstanden, die bewusst auf formale Organisationsstrukturen verzichtet. Sie steht allen Bewohnern für ihre je eigene Form der Mitwirkung offen und wird von ihnen aktiv genutzt.

Austellung im Kunststadel

Auftritt der eigens gegründeten KiD-Band im Kunststadel

Die Jury ist davon überzeugt, dass die Dorfgemeinschaft auch zukünftig neue Projekte und neue gemeinsame Aktionen aufgreifen wird. Denn die Lebendigkeit, der Optimismus und die positive Stimmung im Ort basieren auf den erreichten Erfolgen und der Überzeugung, durch eigene Vielfalt, Kreativität und kollektive Aktionen eine Lösung für wichtige Aufgaben und Probleme finden zu können."

DER ORT

Oberhembach ist ein Ortsteil der bayerischen Marktgemeinde Pyrbaum und liegt ca. 25 Kilometer südöstlich von Nürnberg. Die Marktgemeinde hat insgesamt rund 5 600 Einwohner, in Oberhembach leben knapp 280 Personen. Aufgrund der Nähe zum Großraum Nürnberg-Fürth-Erlangen arbeiten dort viele Oberhembacher. Aber auch in Pyrbaum gibt es eine Reihe von Unternehmen; beispielsweise in der Metallbearbeitung, im Maschinenbau, der Druck- und Klebetechnik, der Elektrotechnik sowie im Glasbau.

DIE INITIATIVE

Die Idee und jährliche Organisation der Veranstaltung „Kunst im Dorf" geht von drei künstlerisch engagierten Bürgerinnen aus Oberhembach aus. Ihr Grundgedanke war, die Oberhembacher Bürger dazu zu motivieren, sich kreativ und künstlerisch zu betätigen. Die Veranstaltung „Kunst im Dorf" wurde das erste Mal im Jahr 2001 durchgeführt. Die Beteiligten sind nicht in einer Rechtsform organisiert.

DAS PROJEKT

Den drei Initiatorinnen des Projektes „Kunst im Dorf" war das künstlerische und kreative Potential der Dorfbewohner bewusst. Deshalb wollten sie ihnen eine Plattform schaffen, ihre künstlerischen Fähigkeiten organisiert einzubringen und so das Engagement der Oberhembacher zusätzlich zur Mitwirkung in bereits ansässigen Vereinen noch zu erweitern.

Jedes Jahr haben nun die Einwohner von Oberhembach die Möglichkeit, ihr künstlerisches Schaffen bei „Kunst im Dorf" einem breiten Publikum zu zeigen. Seit dem ersten Fest ist das Motto der Veranstaltung „Kunst made in Oberhembach", d.h. es werden ausschließlich Projekte von Künstlern präsentiert, die in Oberhembach wohnen oder von dort stammen. Die Art der Kunst ist völlig offen und es entsteht eine Mischung aus Malerei, Kunsthandwerk, Holz- und Töpferarbeiten, Fotografie, bildender und darstellender Kunst (Musik, Gesang, interaktive Computeranimation, Videoinstallation, Poesie, Tanz und Artistik). Voraussetzung für eine Ausstellung ist, dass die Kunstwerke im Rahmen der Kunsttage erstmals und (in der Reihe der Kunsttage) insgesamt nur einmal ausgestellt werden. Die Kombination der unterschiedlichen Kunstwerke und der Künstler wird durch die drei Initiatorinnen vorgenommen. Außerdem gibt es noch eine so genannte KiD-Band, die nur anlässlich der Kunsttage auftritt (zu Beginn und am Ende).

Anfang jedes Jahres werden alle Dorfbewohner ab 14 Jahren von den Initiatorinnen eingeladen, Kunstprojekte zu der Veranstaltung „Kunst im Dorf" beizusteuern. Anschließend werden mit den Interessierten die Vorbereitungen getroffen: ein Prospekt entwickelt, Listen mit den Exponaten erstellt und schließlich eine Woche vor der Veranstaltung mit den Aufbauarbeiten begonnen. Begleitet werden diese Aktivitäten von intensiver Öffentlichkeitsarbeit. Die Ausstellungsorte bei „Kunst im Dorf" erstrecken sich über das gesamte Dorf. Hauptschauplatz ist der in Privatbesitz befindliche Kunststadel mit seinem ausgebauten Dachgeschoss, welcher – obwohl auch noch landwirtschaftlich genutzt – dann als Atelier und Ausstellungsraum dient. Er wurde mit einfachen Mitteln und in Eigenleistung renoviert und mit Unterstützung der Gemeinde und ansässiger Unternehmen ausgestattet.

Auch der im Rahmen der Dorferneuerung unter Mitwirkung der Bürger neu gestaltete Dorfplatz mit einer „Seebühne" und einem Mehrzweck-Buswartehäuschen wird einbezogen. Hier treten die aus der eigenen „Jugendabteilung" stammenden Jugendlichen mit eigenständig konzipierten Tanz- und Artistikprogrammen sowie Musikgruppen auf. Außerdem stellen viele Oberhembacher ihre Garagen und Gärten als Ausstellungs- und Aktionsflächen zur Verfügung, spendieren Strom oder Wasser und stellen Toiletten auf. Die Versorgung der Besucher der Veranstaltung mit Speisen und Getränken übernehmen die Bäckerei und ein Catering-Unternehmen am Ort.

Ausstellung mit musikalischer Begleitung　　　　　„Mistkäfer"

Zu „Kunst im Dorf" kommen jeweils insgesamt mehrere hundert Besucher. Dabei arbeiten die Initiatorinnen eng mit den Vereinen des Ortes zusammen: Die Freiwillige Feuerwehr kümmert sich um Verkehrs- und Parkplatzregelung, der Gartenbau- und Heimatpflegeverein um das Erscheinungsbild des Ortes.

Auch außerhalb der Veranstaltung „Kunst im Dorf" ist der Kunststadel ein wichtiger Treffpunkt des Ortes; beispielsweise anlässlich des neu eingeführten, an historische Traditionen anknüpfenden Weihnachtsspiels. Auch andere Veranstaltungen von Vereinen finden dort statt und – im Rahmen des Ferienprogramms der Gemeinde Pyrbaum – Malkurse für Kinder.

Bis zum Jahr 2008 haben die Initiatorinnen das Fest selbst und aus dem Erlös aus dem Verkauf von Speisen und Getränken finanziert. Inzwischen müssen die Aussteller eine kleine Gebühr zahlen, ein Eintrittspreis soll auch in Zukunft nicht verlangt werden. Eine finanzielle Unterstützung durch die Gemeinde erfolgt nicht; Dienstleistungen seitens des Bauhofes werden jedoch zur Verfügung gestellt.

ERGEBNISSE UND WIRKUNGEN

Den drei Initiatorinnen ist es im Laufe der Jahre gelungen, fast alle Oberhembacher in die Veranstaltung einzubeziehen. Viele entdecken ihre eigene Kreativität, viele wollen zur Gemeinschaft etwas beitragen und engagieren sich bei der Vorbereitung oder Durchführung der Veranstaltung. Im Jahr 2011 haben sich beispielsweise 38 Oberhembacher/innen mit eigenen Werken an der „Kunst

Filmvorführungen bei Kunst im Dorf

Auftritt der (Jugend-)Artistikgruppe auf der „Seebühne"

im Dorf" beteiligt. Durch die gezielte Integration von Jugendlichen ist dabei auch der Generationenmix gewährleistet. Für jeden Neubürger ist die Veranstaltung eine gute Gelegenheit, den Ort kennen zu lernen, für die „Alteingesessenen" eine Stärkung ihres Zusammengehörigkeitsgefühls.

Insgesamt hat die Veranstaltung „Kunst im Dorf" den Zusammenhalt der Dorfgemeinschaft nachhaltig gestärkt, die Kommunikation untereinander gefördert und Initiativen für andere Projekte angeregt. Resoluter und zuversichtlicher als zuvor begreifen sich nun die Oberhembacher als Akteure bei der Gestaltung des eigenen Lebensraums und als Ideengeber für seine künftige Entwicklung.

So wurde beispielsweise ein Arbeitskreis „Zukunft Dorf" gegründet, in dem die ihren Ort betreffenden Wünsche und Anregungen der Bürger gesammelt und gebündelt werden. Der Dorfplatz samt Spielplatz wurde neu gestaltet, ein Mehrzweck-Buswartehäuschen erbaut. Bei privat organisierten Aktionen werden auch die öffentlichen Flächen im Dorf wie selbstverständlich mitgepflegt. Und sogar die Dorfwirtschaft konnte revitalisiert werden: Über ein Casting „Dorf sucht Wirt", an dem sich die gesamte Bevölkerung mit Unterstützung der Gemeinde beteiligt hatte, wurde für die Dorfwirtschaft unter rund 20 Bewerbungen ein neuer Pächter gefunden.

Kooperationsbeziehungen gibt es seit einiger Zeit mit der Initiative „Kulturgrenze West", einem Kulturverein in Pyrbaum, der Theaterstücke entwickelt hat, die im Kunststadl aufgeführt werden. Der Kunststadel selbst ist nicht mehr auf die Funktion eines Ateliers und Ausstellungsraumes beschränkt, sondern ein Treffpunkt für alle geworden, wo Vereine, Bürgerinitiativen etc. ihre Sitzungen abhalten – Zentrum eines lebendigen Dorfes.

AUSZEICHNUNG

Dorfkirche und Alte Dorfschule Gortz

Beetzseeheide, Ortsteil Gortz

Open-Air Konzert an der Dorfkirche

Ausstellung in der renovierten alten Schule

BEGRÜNDUNG DER JURY

„Der Förderverein Gortz e.V. hat in vorbildlicher Weise zunächst die Dorfkirche und in einem zweiten Schritt ebenfalls die angrenzende Dorfschule in Kooperation mit der Kommune vor dem Verfall gerettet. Diese Ortsbild prägenden Gebäude werden ebenso wie die angrenzenden Freiflächen seitdem für eine Vielzahl kultureller Veranstaltungen genutzt. Insbesondere die Räume der Dorfschule stehen auch den Bürgern des Orts und der umliegenden Gemeinden für eigene Veranstaltungen zur Verfügung. Es ist dem zunächst mittellosen Verein gelungen, den notwendigen Eigenanteil zur Einwerbung von Fördermitteln durch ein unkonventionelles Konzept der Vermarktung selbst hergestellter Produkte zu erwirtschaften. Die von dem Förderverein angestoßenen Aktivitäten und erzielten Ergebnisse sind ein hervorragendes Beispiel für die Möglichkeiten, die in einer kleinen Ortschaft mit 200 Einwohnern entwickelt werden können, wenn Projekte zur Schaffung einer örtlichen Infrastruktur mit Mut und Entschlusskraft, aber auch den notwendigen Netzwerkkontakten umgesetzt werden."

DER ORT

Der Ort Gortz gehört zur Gemeinde Beetzseeheide im Landkreis Potsdam-Mittelmark in Brandenburg. Die Gemeinde entstand im Jahr 2002 aus einem Zusammenschluss der zuvor selbstständigen Gemeinden Butzow, Gortz und Ketzür. Die Gegend rund um das 220-Einwohner-Dorf ist landwirtschaftlich geprägt, dank der einmaligen Landschaft des Havellands spielt auch der Fremdenverkehr eine wichtige Rolle.

Dorfkirche und Alte Schule vor der Renovierung

Sanierte Dorfschule

In der Ortsmitte von Gortz prägten lange Jahre die Kirche und die Dorfschule das Ortsbild. Die Kirche des Dorfes wurde Ende des 15. Jahrhunderts in spätgotischem Stil erbaut, Anfang des 19. Jahrhunderts wurde vom Orgel-Baumeister Adam Eifler eine Orgel hinzugefügt. Die Schule in Gortz wurde um 1800 gebaut und bis ca. 1950 genutzt, später wurde ein Kindergarten in dem Gebäude untergebracht, seit 2005 stand die Schule dann leer. Beide Gebäude stehen in unmittelbarer Nachbarschaft zueinander und waren vom Verfall bedroht.

DER VEREIN

Der „Förderverein Gortz" wurde 2001 gegründet und ist laut Satzung zur Förderung des Denkmalschutzes und der Kultur in der Region verpflichtet. Derzeit hat der Verein rund 40 Mitglieder.

DAS PROJEKT

Die Initiatoren des Fördervereins waren 1990 aus Berlin nach Gortz gezogen. Zu dieser Zeit befand sich das Gebäudeensemble aus Kirche und Schule in einem desolaten Zustand. Deshalb gründeten die beiden „Neubürger" gemeinsam mit anderen Dorfbewohnern den Förderverein und versuchten, möglichst viele weitere Dorfbewohner zu gewinnen.

Ziel des Vereins war zunächst die Sanierung der Dorfkirche und deren Orgel. Die Sanierung des Turms der Dorfkirche wurde durch Mittel der Oetker-Stiftung, der Deutschen Stiftung Denkmalschutz sowie der Kirchengemeinde zusätzlich zu den Eigenmitteln des Vereins finanziert. Heute ist die Sanierung der Dorfkirche zu weiten Teilen abgeschlossen und der Verein hat einen Nutzungsvertrag mit der Kirchengemeinde für 25 Jahre. Er verpflichtet sich im Gegenzug, die Kirche in dieser Zeit zu erhalten und eventuell notwendige weitere Sanierungsmaßnahmen durchzuführen. Die Betriebskosten für den Unterhalt der Kirche werden vom Verein übernommen. Veranstaltet werden regelmäßig Konzerte, Theatervorstellungen und weitere Veranstaltungen in der Kirche, auf dem Gelände der Kirche sowie in der inzwischen hinzugekommenen, ebenfalls sanierten ehemaligen Dorfschule. Denn nach der Sanierung der Kirche konnte der Förderverein ein zweites Projekt in Angriff nehmen: die Sanierung der Dorfschule, um das attraktive Ensemble von Kirche und Schule zu vervollständigen. Im Rahmen des Integrierten Ländlichen Entwicklungskonzepts konnten hierfür erfolgreich Fördermittel beantragt werden, den notwendigen Eigenanteil der Gemeinde übernahm teilweise der Förderverein. Auf den Verein entfielen bei der Sanierung anteilig die Schaffung eines neuen Erweiterungsanbaus, die Elektrik und die gesamte technische Gebäudeausstattung; die Gemeinde hat die Sanierung und Modernisierung des Gebäudes selbst, des Daches und der Fenster übernommen.

Im Inneren der Kirche während der Renovierungsarbeiten

Die zur Sanierung der beiden Gebäude erforderlichen Mittel konnte der Verein vor allem durch den Erlös aus Veranstaltungen erwirtschaften, welche regelmäßig in der Kirche stattfinden. Konzerte werden meist von Märkten begleitet, auf welchen neben dem Umsatz aus Speisen und Getränken in den vergangenen Jahren auch mehrere tausend Gläser selbst hergestellter Holunderblütensirup und -marmelade verkauft wurden, u.a. auf einem Berliner Weihnachtsmarkt. Des Weiteren hat der Verein Einnahmen durch kunsthistorische Führungen und Spenden.

In der Dorfkirche finden heute vor allem Jazz-, Soul- und Pop-Konzerte statt. Dank der guten Kontakte des Vereins zu internationalen Künstlern gelingt es, die Veranstaltungen zu prominenten Ereignissen zu machen, die Besucher aus der ganzen Region einschließlich Berlin anlocken. In unregelmäßigen Abständen werden in der Kirche auch Gottesdienste abgehalten.

Die Dorfschule wird für dorfgemeinschaftliche Aufgaben z.B. als Bibliothek oder Versammlungsraum für Gruppen und Vereine sowie für kulturelle Veranstaltungen und kleinere Konzerte genutzt. Ihre Räume können zudem von Bürgern des Ortes oder der Nachbargemeinden für Veranstaltungen angemietet werden.

In Zukunft sollen spezielle Angebote für Kinder und Jugendliche wie Mal- oder Mikroskopier-Kurse entwickelt werden; außerdem soll ein Beamer angeschafft werden, um Vorträge mit Bildern zu unterstützen. Somit sollen gerade jüngere Dorfbewohner angesprochen und zum Mitmachen gewonnen werden. Aber auch speziell für die älteren Bewohner des Dorfes will der Verein Angebote schaffen.

Theater in der Kirche

Open-Air Konzert an der Dorfkirche

ERGEBNISSE UND WIRKUNGEN

Der Förderverein hat seine Arbeit zunächst mit der Sanierung und dem Erhalt der Dorfkirche begonnen. Hinzu kamen dann kulturelle Aktivitäten, gemeinsame Veranstaltungen und vielfältige Angebote im Rahmen einer regionalen Kulturführung (Ausflüge, Führungen, Präsentationen usw.). Das leer stehende und für den Abriss vorgesehene alte Dorfschulhaus wurde dann genutzt, um ein räumliches Ensemble zu schaffen, das nicht nur für die kulturellen Veranstaltungen des Vereins bessere Rahmenbedingungen ermöglicht, sondern auch neue Angebotsformen für die Dorfgemeinschaft bietet. Aus Mitteln des Vereins wurden auch ein neuer Spielplatz an der Kirche / der alten Schule geschaffen.

Mit dem Abschluss der Sanierung der beiden Gebäude wird der Verein seine Finanzierungsstrukturen nicht verändern; stattdessen ist vorgesehen, die Eigenmittel, die sich vor allem aus Eigenleistungen der Vereinsmitglieder ergeben, zukünftig für eine Angebotsausweitung hinsichtlich der älteren Menschen des Dorfes und der Jugendlichen zu nutzen. Der Verein will sich in diesem Sinne als Dienstleister und als Finanzquelle (Finanzierungsmaschine) für Angelegenheiten der Dorfgemeinschaft entwickeln.

Spielplatz am Gebäudeensemble Kirche / alte Schule

Bühne neben der Kirche für Open-Air Veranstaltungen

AUSZEICHNUNG

Eiskeller Haindling
Geiselhöring, Ortsteil Haindling

Cafésonntag im Eiskeller

Der Eiskeller vor dem Umbau

BEGRÜNDUNG DER JURY

„Der Verein wird ausgezeichnet für sein mehrjähriges Engagement für das Gemeinwesen.
Mit dem Aus- und Umbau des Eiskellers zu einem Café und Dorfladen wurde ein neuer Treffpunkt für Jung und Alt geschaffen.

Mit den Kulturveranstaltungen wie beispielsweise den thematischen Ortsführungen, Musikveranstaltungen und Malkursen wurden neue Freizeitimpulse im Dorf gesetzt. Über das alle drei Jahre stattfindende „Nacht- und Nebelfest" ist der Ort inzwischen überregional bekannt.
Die Aktivitäten werden durch das gemeinsame „Anpacken" aller Vereine und der Bewohner, ein gutes Miteinander und eine unbürokratische Arbeitsteilung gesichert.
Die Gemeinde stellt dafür den Eiskeller unentgeltlich zur Verfügung. Neben der Eigenfinanzierung der Projekte werden auch Eine Welt Projekte unterstützt.

FAZIT:
Der Verein Eiskeller Haindling e.V. wird für sein gemeinnütziges Engagement ausgezeichnet. Die vielfältigen Angebote fördern das soziale Miteinander und die Gemeinschaft. Durch die Übernahme der verschiedenen Aufgaben durch die Vereinsmitglieder wird die Verantwortung auf mehrere Schultern verlegt, und der kulturellen Entwicklung wurden neue Impulse gegeben. Dies hat die Identifikation der Bewohnerinnen und Bewohner mit ihrem Ortsteil Haindling verstärkt."

Historische Führungen durch das Dorf   Traditionelle Veranstaltung im Dorf: Frauentragen

DER ORT

Der Ort Haindling gehört zur Stadt Geiselhöring, die im niederbayerischen Landkreis Straubing-Bogen in der Region Labertal liegt, ca. 35 Kilometer südöstlich von Regensburg, und insgesamt knapp 7 000 Einwohner hat. Der Ortsteil Haindling beheimatet rund 200 Bürger; viele von ihnen wohnen verteilt auf Höfe und Weiler in der Umgebung. Ortsbildprägend für Haindling sind die Kirchtürme der Marien- und Kreuzkirche; das kleine Dorf ist einer der ältesten Wallfahrtsorte in Bayern und noch heute ein beliebtes Ziel von Pilgern, die im Sommer zu Fuß oder mit Bussen dorthin kommen.

DER VEREIN

Der Verein „Eiskeller Haindling e.V." wurde im Juni 2004 gegründet. Zweck des Vereins ist der Erhalt des ehemaligen Eiskellers – früher für die Einlagerung von Eis zur Bierkühlung von der Gaststätte genutzt – sowie seine Nutzung als Café und kleiner „Eine Welt Laden". Laut Satzung sind die Förderung von kulturellen Aktivitäten, der Heimatpflege und -kunde sowie des traditionellen Brauchtums und der Entwicklungshilfe zentrale Ziele. Der Verein hat derzeit 60 Mitglieder, sowohl aus dem Ort wie auch aus der Stadt Geiselhöring, welche sich alle ehrenamtlich im Verein engagieren.

DAS PROJEKT

Nachdem in den 1990er Jahren sowohl die Gaststätte als auch der kleine Lebensmittelladen den Betrieb eingestellt hatten, gab es in Haindling für die Dorfbewohner kaum mehr Begegnungsmöglichkeiten. Im Zuge der Renovierung und des Umbaus eines im Ortskern befindlichen Schulgebäudes zu einem Gemeinschaftshaus mit Veranstaltungsräumen im Jahr 2003/2004 sollte der gegenüberliegende Eiskeller abgerissen und durch einen Buswendeplatz für Wallfahrer ersetzt werden.

Auf private Initiative hin wurde mit dem Ziel, das Dorf neu zu beleben, ein Nutzungskonzept für den Eiskeller erarbeitet. In ihren Augen bot der Eiskeller optimale Voraussetzungen für einen neuen Treffpunkt der Dorfbewohner. In dem Gebäude sollten sowohl ein kleines Café und ein „Eine Welt Laden" entstehen als auch durch kulturelle Angebote für alle Altersgruppen die Kontakte unter den Bürgern gefördert werden.

Dieses Nutzungskonzept fand positive Resonanz bei der Stadt Geiselhöring, die den Eiskeller grundlegend sanierte und dem Verein kostenlos zur Verfügung stellte.

Eine Aktivität des Vereins ist die Organisation des Cafébetriebs und des „Eine Welt Ladens". Das Café wird ehrenamtlich von den Vereinsmitgliedern jeden Sonntag geöffnet. Im „Eine Welt Laden" werden regionale Erzeugnisse und Produkte aus fairem Handel verkauft. Diese Aktivitäten haben den ehemaligen Eiskeller zur neuen Ortsmitte für die Bürger gemacht, zu einem Treffpunkt für Jung und Alt und auch für Wallfahrer und Besucher des Dorfes.

Ein weiterer Teil der Vereinsarbeit ist die Darstellung und Weitergabe der Dorfgeschichte, welche durch die lange Tradition als Wallfahrtsort geprägt ist. Mitglieder des Vereins erarbeiteten eine Dorfchronik und bieten Führungen zur Geschichte der Wallfahrt und der Entwicklung des Ortes an. Die dabei vorgestellten Inhalte sind eine Mischung aus historischen Quellen, Chroniken und überlieferten Geschichten der örtlichen Bevölkerung. Sie werden in historischen Kostümen und in lokalem Dialekt angeboten. Lesungen und Konzerte, die vom Verein in den Räumen der alten Schule organisiert werden, ziehen ein Publikum aus der gesamten Region an.

Höhepunkt der Vereinsaktivitäten ist das seit 2004 alle drei Jahre stattfindende „Nacht- und Nebelfest", auf dem Künstler, Kunsthandwerker und Musiker aus der Region die Möglichkeit haben, sich zu präsentieren. Bei dem Fest wird das gesamte Dorf als Schauplatz genutzt, private Gärten und Garagen dienen als Ausstellungsflächen, auf denen die Waren der Aussteller und regionale

Besucherandrang beim Nacht- und Nebelfest

Verkaufsstand beim Nacht- und Nebelfest

Spezialitäten angeboten werden sowie musikalische Darbietungen stattfinden. Das „Nacht- und Nebelfest" zieht inzwischen über 5 000 Besucher an; um diesen Andrang zu bewältigen, arbeiten die Vereine rund um Haindling zusammen.

Den Eiskeller kann der Verein mietfrei nutzen und auch die Nebenkosten werden von der Stadt Geiselhöring übernommen; es besteht ein Nutzungsvertrag. Der Verein finanziert sich über Mitgliedsbeiträge und Einnahmen aus Veranstaltungen. Mit den Erlösen aus Café, Laden und Veranstaltungen wird zudem die Schulausbildung von acht Mädchen in Tansania finanziert (Patenschaften).

ERGEBNISSE UND WIRKUNGEN

Der Verein bietet mit seinem Eiskeller und seinen kulturellen und kulturhistorischen Veranstaltungen eine neue Beteiligungs- und Begegnungsmöglichkeit für die Bürger des Ortes. Die Verteilung der verschiedenen Aufgaben innerhalb des Vereins erfolgt nach Neigungen und Fähigkeiten; neue Aktivitäten werden in der Regel gemeinsam entschieden und umgesetzt. Je nach Interesse, Fähigkeiten, persönlichen Stärken und Lebensphasen kann man sich in den Verein einbringen, was bei den Bürgern ein neues „Wir"-Gefühl hervorruft und durch das Erleben von Gemeinschaft und örtlicher Identität die Lebensqualität steigert.

Ausdrücklich wird im Verein auch die Zusammenarbeit von Jung und Alt gefördert. Dem Verein haben sich sowohl junge Familien als auch ältere Haindlinger angeschlossen, sodass eine rege Kommunikation und Interaktion zwischen den Generationen entstanden ist. Jugendliche des Ortes übernehmen während der Öffnungszeiten des Cafés die Bedienung der Gäste und somit eine tragende Rolle im Vereinsgeschehen.

Der Verein ist nach einigen Jahren zum Mittelpunkt vieler Initiativen und Ereignisse geworden, die teilweise in enger Abstimmung mit anderen Vereinen im Ort durchgeführt werden. So gibt es beispielsweise innerhalb des Vereins auch Überlegungen zu den Möglichkeiten, ein Mehrgenerationenprojekt in einem ehemaligen landwirtschaftlichen Hof zu installieren. Der Verein dient bei solchen Gelegenheiten als Diskussionsforum für neue Ideen und für die Entwicklung der Dorfgemeinschaft. In unmittelbarer Nachbarschaft des Eiskellers gibt es auch die ehemalige Schule, die seitens der Gemeinde zu einer Begegnungsstätte und einem Veranstaltungsort umgebaut wurde. Von privater Seite aus wurde dennoch der Eiskeller als weitere Begegnungsmöglichkeit initiiert, weil die Räumlichkeiten in der Alten Schule für kleinere Begegnungen und auch für den Cafébetrieb nicht in gleicher Weise geeignet erschienen.

Heute bildet der Verein eine Alternative mit freien, informellen Strukturen bürgerschaftlichen Engagements gegenüber den traditionellen Strukturen in Vereinen und den damit verbundenen Tätigkeiten. Vor allem eine Beteiligung nach eigenem Interesse, Fähigkeiten, persönlichen Stärken und unterschiedlich intensiven Lebensphasen ermöglicht es den Vereinsmitgliedern selbst akzentuierte Beteiligungsformen umzusetzen. In verschiedenen Projekten arbeitet gezielt auch Jung und Alt zusammen. Das dabei entstehende Gefühl der Zugehörigkeit, des gegenseitigen Austausches, des Erlebens von Gemeinschaft und Identität und der mit dem Zusammenwirken, gemeinsamen Reden und dem gemeinsamen Erleben verbundene Respekt vor dem Gegenüber werden von den Vereinsmitgliedern als ein wichtiger Aspekt von Lebensqualität betrachtet. Die damit verbundene örtliche Identität wird soweit möglich auch auf die nachfolgenden Generationen übertragen, die an den verschiedenen Projekten teilnehmen. Explizites Ziel ist es, soziales Engagement zu übertragen (beispielsweise über die Patenschaften) und ein Gefühl dafür zu vermitteln, dass es Menschen in anderen Regionen deutlich schlechter geht als hier in Deutschland.

ANERKENNUNG

Pflege der Kulturlandschaft der Halbinsel Mönchgut
Göhren

Kindergruppe auf dem Museumsschiff Luise

Führung auf der Insel

BEGRÜNDUNG DER JURY

„Der 140 Mitglieder zählende Förderverein ist ein Netzwerkknoten unterschiedlichster Akteure für die vielfältigen zukunftsweisenden Aktivitäten in der kleinen Ostseegemeinde. Beispielhaft wird mit dem Museumskomplex ein identitätsstiftendes Zeugnis der gebauten Umwelt für Einheimische und Touristen weiterentwickelt und im Ort platziert. Durch die konsequente Einbindung von Kindern und Jugendlichen in den Prozess wird deren Bewusstsein und Engagement, sich für die Kulturwerte ihrer Heimat einzusetzen, gefördert und trägt zu einer langfristigen Stärkung des Gemeinwesens bei."

DER ORT

Das Ostseebad Göhren liegt am östlichsten Punkt der Insel Rügen auf der Halbinsel Mönchgut. Der Ort hat ca. 1 250 Einwohner und ist stark vom Fremdenverkehr geprägt, mit einer Vielzahl von Hotels und Pensionen im als typisch betrachteten „Seebäderstil".

Heimatmuseum

Ausstellung von alten Landmaschinen im Garten des Museums

DER VEREIN

Der „Förderverein zum Schutz, zur Pflege und weiteren Entwicklung der Mönchguter Museen e.V." wurde 1991 gegründet und hat derzeit 140 Mitglieder. In enger Kooperation mit der Kommune hat sich eine sehr breite Mitgliederbasis und ein großes Engagement der Vereinsmitglieder entwickelt. Der Verein beschäftigt zurzeit zwei feste Mitarbeiter sowie eine Reihe von Teilzeitbeschäftigten, die entweder über geringfügige Beschäftigungsverhältnisse oder über eine auf Rügen ansässige Beschäftigungsgesellschaft vom Verein angestellt werden.

DAS PROJEKT

Die Mönchguter Museen gehören zu den wenigen, noch nach dem zweiten Weltkrieg gegründeten, volkskundlichen Museen der ehemaligen DDR. Die Sammlung zeigt das Leben und Arbeiten der Mönchguter Fischerbauern, eingebettet in die Landschaft, die Geschichte und die Kultur der Halbinsel Mönchgut.

Der Förderverein hat es sich zur Aufgabe gemacht, den Museumskomplex, bestehend aus den denkmalgeschützten Gebäuden „Heimatmuseum", „Museumshof", „Rookhus" und dem Museumsschiff „Luise", zu schützen, zu pflegen und weiterzuentwickeln. Dabei geht es auch um den Erhalt der kulturellen Identität des Orts. Gegenwärtig dominiert ein eher klassisches Museumskonzept, d.h. eine Vielzahl von Exponaten wird ausgestellt; parallel dazu werden Events organisiert. Vor allem während der Urlaubssaison werden für Gäste – unter Beteiligung der Vereinsmitglieder –

Führungen, Museumsmärkte, Fischer- und Backtage sowie Schauwerkstätten angeboten. Pro Jahr werden zwischen 32 000 und 36 000 Besucher der Museen gezählt.

Im Verein sind ca. 140 Mitglieder aktiv an allen Ausstellungen, Museen und Veranstaltungen beteiligt. Insbesondere bei Veranstaltungen kommen noch weitere freiwillige Helfer hinzu, die gesonderte Beiträge leisten (beispielsweise die Backfrauen). Weitere Kooperationen bestehen mit anderen Museen auf Rügen sowie mit der Grundschule und der Regionalschule in der Nachbarschaft. Die Kooperation mit den beiden Schulen dient vor allem auch dem Ziel, möglichst frühzeitig Kinder und Jugendliche mit den Traditionen und der kulturellen Identität der Bewohner von Mönchgut vertraut zu machen und gegebenenfalls an eine eigene aktive Mitwirkung im Verein heranzuführen. Auf diese Weise soll auch die Kontinuität des Engagements im Verein gewährleistet werden und rechtzeitig dafür Sorge getragen werden, einen Generationenwechsel einleiten zu können.

Ausstellung von alten Geräten, Werkzeugen und Transportmitteln

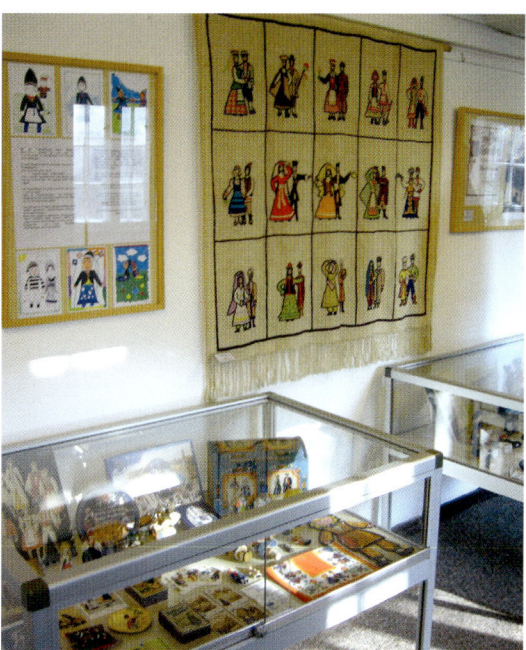

Ausstellung von Trachten

Museumsmarkt   Weihnachtsmarkt

Die Initiative für diese Art des Betriebs der Museen geht auf Einwohner von Rügen zurück (Rüganer). Ihre Intention war es vor allem, die kulturelle Identität und das Selbstverständnis der eingesessenen Bewohner zu erhalten und gegebenenfalls an die nachfolgenden Generationen weitergeben zu können.

In einem Nutzungsvertrag zwischen dem Verein und der Gemeinde Göhren ist festgelegt, dass die Gemeinde den Museumskomplex baulich erhält, die laufenden Kosten übernimmt und dem Verein die Gebäude zur kostenlosen Nutzung überlässt. Der Verein hat sich im Gegenzug dazu verpflichtet, mit Hilfe von Spenden, Veranstaltungserlösen und Eintrittsgeldern den Museumskomplex zu bewirtschaften, zu pflegen und zu entwickeln. Ergänzend dazu gibt es auch noch eine Finanzierung durch eine Umlage unter den benachbarten Gemeinden, deren Tourismusgäste ebenfalls die Museen nutzen. Einmal pro Jahr veranstaltet der Verein auch einen Ausflug für die eigenen Mitglieder, der sich in der Regel auf andere Projekte bezieht, die zur eigenen Weiterbildung und zum Vergleich mit anderen Konzepten besucht werden.

ERGEBNISSE UND WIRKUNGEN

Ein wesentlicher Punkt in der Zielsetzung und in den Ambitionen des Vereins ist der Erhalt der Identität der Bevölkerung von Mönchgut. Die vielfältigen Aktivitäten des Vereins und die Museen, die an die eigene kulturelle Identität erinnern, sind eine wichtige Säule für den Erhalt und für die Pflege dieses Selbstverständnisses. Gerade unter der Bedingung einer in der Saison quantitativ sehr übermächtigen Anzahl von Gästen sowie einer ständigen Präsenz von Saisonarbeitskräften erscheint es wichtig, die ursprüngliche und eigenständige kulturelle Identität der Rüganer und hier insbesondere der Bewohner der Halbinsel Mönchgut zu erhalten. Die in den Museen festgehaltenen kulturellen Traditionen und Eigenheiten werden beispielsweise auch dafür verwandt, die eigenständige, kleinteilige, historisch gewachsene Siedlungsstruktur von Göhren zu erhalten. So werden allen Neubürgern, die eine Sanierung bestehender Gebäude oder den Neubau von Gebäuden planen, historische Fotos von Göhren in den Museen gezeigt, um ihnen einen Anhaltspunkt und eine Orientierung für den Wiederaufbau bzw. den Neubau von Häusern zu geben. Die Bürgermeisterin von Göhren führt auf diese Initiative zurück, dass die heutige kleinteilige Struktur von Göhren gesichert werden konnte und die Realisierung großer Gebäude ausgeblieben ist.

Die Zusammenarbeit zwischen Verein und Gemeinde in Göhren ist ein besonders gelungener Ansatz zum Erhalt und zur Weiterentwicklung einer regionalen Identität. In einem Umfeld, das ganz wesentlich durch die Ausrichtung auf den Tourismus geprägt ist, gelingt es dem Verein mit seinen vier Museen und zahlreichen Veranstaltungen eine Brücke zu schlagen zwischen dem Bedürfnis, Eigenständigkeit und eigene kulturelle Traditionen zu erhalten und diese zugleich als einen attraktiven Bestandteil einer Urlaubsregion vielen Gästen näher zu bringen. Die enge Kooperation zwischen dem Verein und den Schulen in der Nachbarschaft schafft die Voraussetzungen dafür, dass auch jüngere Rüganer die kulturelle Tradition und Eigenständigkeit der Halbinsel Mönchgut kennen und schätzen lernen. Zugleich versucht der Verein auf diese Art und Weise, die Verjüngung der eigenen Mitglieder und den Generationenwechsel innerhalb des Vereins vorzubereiten.

ANERKENNUNG

Dorfakademie Höhenland
Höhenland, Ortsteil Wölsickendorf

Theatergruppe

Gemeinsames Anlegen eines Beetes

BEGRÜNDUNG DER JURY

„In der Dorfakademie Höhenland engagieren sich die rein ehrenamtlich agierenden Vereinsmitglieder vorrangig für die Bereitstellung pädagogischer Angebote insbesondere für Kinder und Jugendliche sowie sozial benachteiligte Personengruppen und der Integration von Menschen mit Behinderung.

Die Verbesserung der Bildungs- und Lebenschancen im ländlichen Raum als Entgegnung auf Abwanderungsprozesse sowie der Abbau von Bildungsbenachteiligung stehen im Mittelpunkt. Herausragend ist das soziale, von großer Verantwortung für die gemeinschaftliche Entwicklung getragene und in vielfältige Netzwerke eingebundene Engagement."

DER ORT

Träger der Dorfakademie ist der Verein „Landblüte e.V.", der seinen Sitz im Ortsteil Wölsickendorf der Gemeinde Höhenland hat. Höhenland liegt in Brandenburg, ca. 40 Kilometer nordöstlich von Berlin, hat rund 1 100 Einwohner und ist 2002 aus einem Zusammenschluss der Gemeinden Leuenberg und Steinbeck entstanden (die Gemeinde Wölsickendorf-Wollenberg wurde 2003 eingemeindet).

Erkundung des Waldes

Karatekurs für Kinder

DIE TRÄGER / INITIATOREN

Der Verein „Landblüte e.V." wurde 1996 gegründet, hat ca. 40 Mitglieder und seit 2004 seinen Sitz in Höhenland. Die Dorfakademie gibt es seit dem Jahr 2009. In ihrem Veranstaltungsplan gibt es Angebote für Kinder, Jugendliche und junge Erwachsene sowie Reitstunden mit pädagogischer Ausrichtung, Eltern-Kind-Seminare und Sportgruppen.

DAS PROJEKT

Nach der Wende wurden Grundschule, Hort, Kindergarten und Kinderkrippe der Gemeinde geschlossen; auch der Sportplatz und das Sportgebäude konnten nicht erhalten werden. Ausgedünnte Fahrpläne der öffentlichen Verkehrsmittel machen es für die Höhenländer/innen schwierig, gesellschaftliche und kulturelle Angebote in anderen Orten wahrzunehmen. Jugendlichen, vor allem auch jungen Frauen, fehlen Ausbildungsmöglichkeiten in der Region, sodass sie in zunehmend großer Zahl von dort abwandern.

Die schlechte Nahverkehrsanbindung der Gemeinde und die damit zusammenhängenden langen Fahrzeiten der Kinder und Jugendlichen zu den Schulen führen zu massiven Bildungsnachteilen. Dies möchte der Verein durch seine Angebote ausgleichen. Die Projektidee war, die Teilhabemöglichkeiten von Kindern, Jugendlichen und jungen Erwachsenen am Ort zu stärken, ihre Potenziale zu wecken und bewusst zu machen und so die Lebensbedingungen im ländlichen Raum attraktiver zu gestalten.

Die Dorfakademie bietet ein umfangreiches Programm an Vorträgen und Workshops für Kinder und Jugendliche an. Dabei bringen Bürgerinnen und Bürger ihr Wissen als ehrenamtliche Dozenten ein; die Kinder und Jugendlichen selbst können sich als Assistenten und als Mitglieder in Projekten engagieren und somit bei der Planung und Durchführung der Veranstaltungen mitwirken. Durch die Zusammenführung von Kindern und Jugendlichen unterschiedlicher sozialer und ethnischer Herkunft sollen soziale Kompetenzen und die Übernahme von Verantwortung geschult werden.

Jugendliche und Erwachsene werden durch gut organisierte Bewerbertrainings und eine intensive Begleitung während der ersten Arbeitswochen an ihre Aufgaben herangeführt. Eltern-Kind Seminare oder gesellige Veranstaltungen wie Diaabende oder Filmvorführungen ergänzen die Angebote.

Die Angebote richten sich vor allem an Kinder aus ökonomisch schwachen Familien; entsprechend stellt auch die Ernährung ein zentrales Thema in den verschiedenen Angeboten der Dorfakademie

Kreativwerkstatt

Besuch auf einem Bio-Bauernhof

Tanzworkshop   Gemeindezentrum

dar. Insgesamt werden rund 80 Veranstaltungen pro Jahr durchgeführt; die Jugendlichen werden dabei bewusst auch als eine Möglichkeit des Zugangs zur mittleren Altersgruppe der Bevölkerung betrachtet.

Für die Veranstaltungen der Dorfakademie kann der Verein das Gemeindezentrum, ein ehemaliges Gutshaus aus dem 15. Jahrhundert, unentgeltlich nutzen. Allerdings ist dessen Raumangebot wegen fehlender Innensanierung (Heizung, Elektroausstattung, Boden) vor allem im Winter nur eingeschränkt nutzbar.

Der Verein finanziert sich durch Mitgliedsbeiträge, Eintrittsgelder bei Veranstaltungen und Seminaren und den Verkauf eigener Produkte (u.a. Marmelade). Neben der Bereitstellung des Gemeindezentrums beteiligt sich die Gemeinde zusätzlich mit einem kleinen Geldbetrag an dem Projekt.

ERGEBNISSE UND WIRKUNGEN

Die Dorfakademie Höhenland ist in Verbindung mit den anderen Angeboten des Vereins Landblüte ein entscheidender Baustein in der Fortsetzung der traditionell hohen Identifikation der Bewohner mit ihrem Wohnort. Zugleich erfüllt die Dorfakademie den Anspruch, über einen Beitrag zur leichten Zugänglichkeit von Bildung die generell niedrigeren Bildungschancen von Jugendlichen im ländlichen, strukturschwachen Raum zu verbessern. Nach einer ersten Phase mangelnder Unterstützung erhält die Akademie inzwischen auch ideelle und finanzielle Begleitung durch die Gemeinde.

Die Dorfakademie Höhenland hat dazu beigetragen, den Ort nach der Schließung von Grundschule, Hort und Kindergarten zu stabilisieren und für die Bewohnerschaft (vor allem Kinder, Jugendliche und junge Familien) ein Zentrum für Aktivitäten zu schaffen.

Besonders hervorzuheben sind die Bemühungen um die Begleitung von Jugendlichen bei der Berufswahl, die Unterstützung bei Bewerbungen und bei der Anpassung an betriebliche Anforderungen.

Um ihre Ideen und Ziele zu verwirklichen, arbeitet der Verein eng mit der Gemeinde Höhenland und auch anderen Partnern zusammen und kann so die Vorteile von Netzwerken nutzen. Beispielsweise bietet der Verein in einer Behinderteneinrichtung Kochkurse an und darf im Gegenzug die Fahrzeuge dieser Einrichtung benutzen.

ANERKENNUNG

Alles, nicht nur: Theater
Mestlin

Freiwilliger Arbeitseinsatz im Foyer des Kulturhauses Mestlin

Frühere Nutzung des Kulturhauses, Jugendweihe im Jahre 1962

BEGRÜNDUNG DER JURY

„Ziel des Vereins „Denkmal Kultur Mestlin e.V." ist die Erhaltung und Nutzung des denkmalgeschützten Ensembles „Sozialistisches Musterdorf Mestlin" durch Kunstausstellungen und unterschiedlichste Veranstaltungen. Dieser unverkrampfte Umgang mit den steinernen Zeitzeugen der DDR-Zeit wird von den Akteuren auch als Motor zur Aktivierung und Sanierung des Orts, zur Erhöhung seiner Attraktivität und damit auch zur Verbesserung und Stabilisierung der Arbeits- und Einkommenssituation gesehen. Mit der Nutzung des Kulturhauses als Zentrum regionaler und überregional ausgerichteter Aktivitäten, vor allem auch unter Einbeziehung Jugendlicher, füllt der Verein mit viel Mut das Objekt mit neuen Inhalten."

DER ORT

Die Gemeinde Mestlin liegt in Mecklenburg-Vorpommern im Landkreis Ludwigslust-Parchim, ca. 35 km südöstlich von Schwerin, mit derzeit rund 830 Einwohnern.

Zu DDR-Zeiten war der Ort zu einem sozialistischen Musterdorf ausgebaut worden, das einzige realisierte Vorhaben dieser Art in der DDR. Dabei wurde ein Dorfplatz mit einem heute als Denkmal geschützten Gebäudeensemble geschaffen, zu dem auch das 1956/1957 errichtete Kulturhaus gehört, das für politische, kulturelle und sportliche Veranstaltungen genutzt wurde.

DER VEREIN

Der Verein „Denkmal Kultur Mestlin" wurde 2008 von einer Bürgerinitiative gegründet; Vereinsmitglieder sind jedoch ausschließlich Zugezogene, die nach der Wende nach Mestlin gekommen waren.

Ziel des Vereins „Denkmal Kultur Mestlin" ist die Erhaltung, Sanierung und Nutzung des denkmalgeschützten Ensembles „Sozialistisches Musterdorf Mestlin". Das Kulturhaus und dessen Nutzung soll Motor zur Aktivierung und Sanierung des Ortes, zur Erhöhung von dessen Attraktivität und damit auch zur Verbesserung und Stabilisierung der Arbeits- und Einkommenssituation am Ort werden. In ersten Schritten hat der Verein, in Zusammenarbeit mit der Bürgerschaft, wesentliche Teile des Hauses wieder nutzbar gemacht. Für die Nutzung des Hauses zahlt der Verein der Gemeinde eine symbolische Pacht von einem Euro.

Aktuell hat der Verein ca. 15 aktive Mitglieder, die sich auch vor Ort engagieren und ca. weitere zehn Fördermitglieder, die sich vor allem an einzelnen Aktionen beteiligen. Die Fördermitglieder bilden auch einen erweiterten Kreis von Beratern und Kooperationspartnern für gesonderte Veranstaltungen, die unter Leitung der Vereinsmitglieder stattfinden. Bei den Arbeitseinsätzen, die als ehrenamtliches Engagement zur Revitalisierung und Rettung des Kulturhauses in den vergangenen Jahren durchgeführt wurden, wirken auch ortsansässige Handwerker und viele Freiwillige mit, so dass der Kreis der bei verschiedenen Gelegenheiten aktiv Beteiligten größer ist als der Kreis der Mitglieder und Fördermitglieder.

Ausstellungseröffnung Landwirte im Widerstand

Kunstausstellung im Kulturhaus

DAS PROJEKT

Zu DDR-Zeiten war die Gemeinde Mestlin aufgrund ihrer Stellung als „Sozialistisches Musterdorf" eine mit Theatersaal, Bibliothek und Versammlungsräumen im Kulturhaus gut ausgestattete Gemeinde. Außerdem gab es eine Gaststätte, ein Hotel, einen Konsum, eine Polytechnische Oberschule und einen großen Kindergarten.

Heute, 30 Jahre nach der Wende, sind von den rund 1 200 Einwohnern noch 800 übrig, viele sind in Rente oder arbeitslos. Das Durchschnittsalter der Bevölkerung liegt bei weit über 50 Jahren, jede vierte Wohnung steht leer. Die ehemalige Oberschule, für über 400 Schüler ausgelegt, ist heute eine Grundschule mit 60 Schülern, der Kindergarten ist inzwischen geschlossen, genauso die Gaststätte, das Hotel und der Konsum.

Zielsetzung des Vereins ist es, neben der baulichen Instandsetzung und Wiederbelebung des Kulturhauses auch die sozialen und kulturellen Angebote im Ort zu verbessern, und das Kulturhaus wieder in das dörfliche Leben zu integrieren. So finden im Ausstellungsbereich des Kulturhauses häufig Ausstellungen von Werken regionaler und überregionaler Künstlerinnen und Künstler statt. Durch regelmäßige Veranstaltungen wie Feste, Märkte und gesellige Treffen für Senioren soll das dörfliche Gemeinschaftsleben gestärkt werden. Für Jugendliche aus dem Ort und der Region wurde eine Theatergruppe eingerichtet – als Gegengewicht und präventives Angebot zu den neonazistischen, insbesondere auf Jugendliche gerichteten Aktivitäten in der Region. In Planung sind eine Geschichtswerkstatt und der Aufbau von Theater- und Konzertveranstaltungen in Festivalform.

Kunstausstellung im Kulturhaus

Besucher im ehemaligen Hörsaal

Bühne im Kulturhaus für Veranstaltungen und Aufführungen

Eingang Kulturhaus

Die durch die Veranstaltungen erwirtschafteten Einnahmen dienen dem Erhalt, der Sanierung und der Nutzung der denkmalgeschützten Gebäude in Mestlin. Hinzu kommen die Mitgliedsbeiträge und Spenden aus dem überregionalen Freundeskreis des Vereins. Renovierungsarbeiten werden unter Mitwirkung von Freiwilligen aus dem Dorf durchgeführt.

Infolge der Initiative des Vereins hat zwischenzeitlich auch das Landesdenkmalamt Mecklenburg-Vorpommern das Kulturhaus und die umliegenden Gebäude als Gesamtensemble anerkannt und unterstützt das Vorhaben des Vereins zur Revitalisierung und zukünftigen Nutzung des Kulturhauses vor allem als Kulturstätte. Als ein großer Erfolg wird betrachtet, dass das Kulturhaus und das umliegende Ensemble im Jahr 2011 als national bedeutsames Kulturerbe anerkannt wurden. Dieser Schritt ist entscheidend für den Erhalt von Fördermitteln und die weitere auf Förderkonzepten bezogene Revitalisierung des Kulturhauses. Der Verein hat mit der Gemeinde Mestlin einen Pachtvertrag abgeschlossen der die Grundlage dafür bietet, mit verschiedenen Angeboten das Kulturhaus inhaltlich zu nutzen.

Die Vereinsmitglieder gehen davon aus, dass die baukulturelle Bedeutung und Vergangenheit des Kulturhauses auch zukünftig und gegebenenfalls auch nach Abschluss der konkreten baulichen Revitalisierung des Gebäudes eine wichtige Säule in der Arbeit des Vereins bilden wird. Die Auseinandersetzung mit dieser historischen Bedeutung wird auch als eine wichtige Bildungsaufgabe vor allem in der Zusammenarbeit mit Schulen und Jugendlichen betrachtet.

ERGEBNISSE UND WIRKUNGEN

Durch seine Größe übersteigt das Kulturhaus Mestlin die Möglichkeiten einer kleinen Gemeinde bei weitem und nach der Wende konnte es bisher nur schwer in das dörfliche Leben integriert werden. Mit der Nutzung des Kulturhauses als Zentrum regional und überregional ausgerichteter Aktivitäten knüpft der Verein in anderer und neuer Form an die ursprüngliche Funktion des Kulturhauses an. Durch die Beteiligung der Bürgerinnen und Bürger an Veranstaltungen, aber auch an der baulichen Instandsetzung wird das Kulturhaus wieder stärker in die Mitte des dörflichen Lebens gerückt und kann künftig zu einer zentralen Stätte für Kunst und Kultur in der Region werden.

Mestlin und die Arbeit des Vereins ist ein Beispiel für bürgerschaftliches Engagement und für eine private Verantwortungsübernahme zum Erhalt eines baukulturellen Erbes. In einer Situation, in der die administrative Zuständigkeit (Denkmalschutz) nicht in der Lage war, die notwendigen und geeigneten Schritte zum Erhalt des Kulturhauses in die Wege zu leiten, hat der Verein sowohl ein inhaltliches Konzept als auch eine Nutzungsvision entwickelt. Diese Vision wird nach dem ersten Erfolg der Anerkennung des Kulturhauses als Kulturerbe von nationaler Bedeutung nun gemeinsam mit den zuständigen Behörden weiter entwickelt.

Angesichts der immensen Herausforderungen, die ein Gebäude dieser Größe für eine Gemeinde mit weniger als 1 000 Einwohnern bedeutet, ist der Verein als absoluter Glücksfall für die Gemeinde zu betrachten; seine Leistungen und die erreichten Ergebnisse aus den vergangenen Jahren sind beeindruckend, auch wenn oder gerade weil sie nur erste Schritte auf einem sehr langen Weg zur dauerhaften Revitalisierung und Nutzung des Kulturhauses sein können.

ANERKENNUNG

KuKuNaT e.V.
Hahnstätten, Ortsteil Netzbach

„KuKuNaT macht blau"   „KuKuNaT macht blau"

BEGRÜNDUNG DER JURY

„Das Projekt basiert auf einer genial einfachen Idee und führt zu einem breiten Engagement der Ortsbevölkerung. Durch den niederschwelligen Ansatz kann sich jeder entsprechend den individuellen Fähigkeiten als Künstler einbringen; dies schließt ausdrücklich auch die Beteiligung von Menschen mit Behinderung mit ein.

Die innovative Auseinandersetzung mit Kunst schafft neue Kommunikationsformen und stärkt die Dorfgemeinschaft in bemerkenswerter Weise.

Hervorzuheben ist auch das private Engagement der Initiatorin und darüber hinaus die Bereitschaft der Dorfbewohner, ihre Privaträume für das Projekt zur Verfügung zu stellen."

DER ORT

Die Gemeinde Netzbach liegt im Taunus, acht Kilometer südlich von Limburg an der Lahn, und hat rund 400 Einwohner. In den letzten 50 Jahren hat sich die Struktur des Ortes stark verändert: Im Unterschied zu früher gibt es nur noch wenige landwirtschaftliche Betriebe, die Gastwirtschaft und der Dorfladen wurden geschlossen. Die meisten Dorfbewohner pendeln zu ihren Arbeitsstätten in der Region und zunehmend in das Rhein-Main-Ballungszentrum. Diese Veränderungen spüren auch die örtlichen Vereine, die zunehmend über Mitgliedermangel klagen.

Besucher des Farbenfestes

Schminkaktion bei „KuKuNaT scheint gelb"

DIE INITIATIVE

Die Kunst-Kultur-Naturwerkstatt KuKuNaT wurde 2004 gegründet. Die Werkstatt bietet ein Seminarprogramm in bildender Kunst für Kinder, Familien und Erwachsene sowie Fortbildungsseminare für Lehrer/innen und Erzieher/innen an. Seit 2006 wird alle zwei Jahre ein Kunstfest veranstaltet, bei welchem Laien- und etablierte Künstler ihre Werke präsentieren.

DAS PROJEKT

Die Gründerin von KuKuNaT e.V. rief erstmals 2006 ein Farbenfest „KuKuNat macht Blau" ins Leben, um den gesamten Ort in eine gemeinsame Veranstaltung einzubinden. Ziel des Festes war es, einen Marktplatz der Kulturen aufzubauen, auf dem insbesondere die Interessen von Kindern und Jugendlichen beachtet werden sollten. Ausdrücklich wurden auch Menschen mit Behinderungen einbezogen.

Bei den Farbenfesten (bisher Rot, Blau und Gelb) stellen Künstler – Laien wie Professionelle – in Bauernhofscheunen und Bürgerhäusern ihre auf die jeweilige Farbe bezogenen Malereien, Skulpturen oder Installationen aus. Auch (andere) Dorfbewohner tragen zu den Festen bei, indem sie ihre Gärten und Häuser farblich passend gestalten oder sich als Standpersonal engagieren und organisatorisch helfen. Durch solch breite Beteiligung der Bürger entsteht ein neues Gemeinschaftsgefühl und es wächst die persönliche Identifikation mit dem eigenen Ort.

„KuKuNaT scheint gelb", Vorführung von Samba-Trommlern   Ausstellung von Kunstprojekten und alten landwirtschaftlichen Geräten

Mit den Festtagen verbunden ist auch ein kunstpädagogisches Konzept; Ziel ist vor allem die Integration unterschiedlicher Ansprüche und unterschiedlicher Niveaus von Kunst. Es geht um die Integration und gemeinsame Aktion von Laien, ausgebildeten Künstlerinnen und Künstlern, Menschen unterschiedlicher Altersgruppen, Einheimischer und Tagesbesucher usw. Im Vordergrund stehen außerdem das gemeinschaftliche Erleben von Kunst, die Teilhabe an einem künstlerischen Ereignis, die Stärkung der Toleranz für unterschiedliche Formen von künstlerischen Beiträgen und Auffassungen sowie der Abbau von Schwellen beim Zugang zu eigenen künstlerischen Fähigkeiten. Die Festtage sollen auch zur eigenen künstlerischen Auseinandersetzung mit dem jeweilgen Motto anregen. Die individuellen Beiträge befinden sich auf sehr unterschiedlichem künstlerischem Niveau, weshalb auch für die Aufnahme der Beiträge in die Festtage keine künstlerischen Kriterien angelegt werden. In diesem Sinne wird auch besonderer Wert auf die Integration von behinderten Menschen in die Festtage gelegt.

Die Bürgerinnen und Bürger von Netzbach beteiligen sich auf unterschiedliche Art und Weise an den Festtagen. Ortsansässige Künstler und Vertreter selbständiger Berufe bieten für die Festtage ihre spezifischen Kenntnisse und Dienstleistungen an. So wird beispielsweise in gemeinsamen Aktionen gefilzt (mit einer ansässigen Frau, die sich auf Filzen spezialisiert hat) oder eine Kosmetikerin übernimmt und leitet Schminkkurse unter dem Motto der jeweiligen Farbe der Festtage. Viele Anwohner schmücken auch Straßen und Häuser in der jeweiligen Farbe; insgesamt entstehen viele unterschiedliche Bühnen und Ereignisse, an deren Gestaltung und Vorbereitung die

„KuKuNaT sieht rot"

Kinder beteiligen sich an der Schaffung von Kunstwerken

örtliche Bevölkerung mitwirkt und für die sie eigene Räumlichkeiten zur Verfügung stellt. Spezielle Angebote zielen auch auf die Einbeziehung von Jugendlichen (Musik). Ein weiteres Beispiel für die Mitwirkung der Bevölkerung war im Jahr 2008 (rot) die vollständige Ausgestaltung eines Schuppens (Traktorgarage) mit rotem Stoff anlässlich der Festtage.

Die Ausstellungen von Kunstobjekten werden ergänzt durch solche von alten landwirtschaftlichen Geräten sowie ein literarisches und musikalisches Programm. Auch können sich die Besucher des Festes selbst kreativ betätigen, z.B. Papier schöpfen, Filzen, Malen oder Färben, gemeinsam Kunstwerke schaffen.

Mittlerweile kommen 1 000 bis 1 500 Besucher zu dem Fest. Das Kunstfest 2012 trägt den Titel: „KuKuNaT ergrünt so grün".

Finanziell wird die Veranstaltung von privaten Sponsoren und dem Land Rheinland-Pfalz („Kultursommer") unterstützt. Besucher erwerben für drei Euro eine „Mitmach-Karte". Dank der Kooperation mit anderen Institutionen wird dem Verein auch immer wieder verschiedene Ausrüstung unentgeltlich zur Verfügung gestellt.

Stelzenläufer untermalen das Farbenfest

Gemeinsames Kunstwerk der Besucher des Farbenfestes

ERGEBNISSE UND WIRKUNGEN

Das Farbenfest ist zu einem Kulturfest geworden, an dem sich die Vereine der Gemeinde sowie Schulen, Behinderteneinrichtungen und Kindergärten beteiligen. Das Fest vereint nicht nur junge und alte Menschen, Neuzugezogene und Alteingesessene, sondern auch die Ortsansässigen mit Menschen aus der gesamten Region. Durch die Beteiligung vieler Menschen mit unterschiedlichen Fähigkeiten wird die künstlerische Betätigung zu einem besonderen Gemeinschaftserlebnis und stärkt zugleich die persönliche Identifikation mit dem eigenen Ort.

ANERKENNUNG

Volkstheater Schwarzwurzel
Steinach (Thüringen)

Steinacher betrachten gemeinsam alte Fotos in einer ehemaligen Fabrik   Probe zum Volkstheater Schwarzwurzel in der alten Bahnhofshalle

BEGRÜNDUNG DER JURY

„Das Projekt schafft örtliche Identität, die viele Ortsbewohner als Akteure einbindet. Es gelingt durch eine konstruktive Auseinandersetzung mit der Geschichte des Ortes das Heimatgefühl zu stärken. Dies wird maßgeblich durch die Nutzung von leerstehenden Gebäuden als Spielstätten unterstützt.

Durch die Einbindung von professionellen Schauspielern und Projektbegleitern gelingt es, die Potenziale der Ortsansässigen in bemerkenswerter Weise zu aktivieren. Die Jury sieht durch den Aufbau der Vereinsstruktur eine gute Chance zur Verstetigung des Projekts."

DER ORT

Die Stadt Steinach, die heute noch knapp 4 300 Einwohner zählt, liegt am Südhang des Thüringer Schiefergebirges im Landkreis Sonneberg. Bis in die 1960er Jahre hinein wurde die Stadt durch eine lange Periode des Schieferabbaus und der Griffelproduktion sowie eine starke Spielzeug- und Glasindustrie geprägt; zu dieser Zeit zählte sie rund 10 000 Einwohner. Vor allem durch die Einführung neuer Schreibgeräte, teilweise auch durch die Randlage im geteilten Deutschland, ist die industrielle Produktion in Steinach bereits zu Zeiten der DDR nahezu zum Erliegen gekommen. Heute ist die Stadt, die nahe der Skiarena Silbersattel liegt, vor allem ein beliebtes Ziel für Wintersporttouristen.

Wandbild mit Schiefermaterialien

Ein mit Glas und Schiefer gestalteter Pavillon auf dem Marktplatz

DIE TRÄGER / INITIATOREN

Initiiert wurde die Projektreihe „Schwarzwurzel" von Mitgliedern des „kollektiv.mai". Hierbei handelt es sich um eine Gruppe von Architektur- und Kunstschaffenden, Stadtplanern und Kulturwissenschaftlern, überwiegend aus Berlin, die sich mit der kulturellen Bedeutung von städtischen und ländlichen Räumen auseinandersetzen. Zwei der Ideengeber und Kernakteure des Projekts stammen aus Steinach, sind jedoch für ihr Studium in andere Städte gezogen, wo sie heute auch arbeiten und wohnen. Als Organisationsrahmen für die Fortsetzung der Projektreihe wurde 2010 der „Kulturverein Schwarzwurzel e.V." gegründet.

DAS PROJEKT

Die Stadt Steinach ist nach wie vor von einem umfassenden Strukturwandel betroffen, der sowohl die Arbeitswelt als auch das Kulturleben am Ort beeinträchtigt. Vor allem die jüngere Generation (20 bis 40 Jahre) zieht für Ausbildung und Erwerbstätigkeit in andere Städte. Kulturelle Angebote, insbesondere für Kinder und Jugendliche, sind insgesamt nur sehr spärlich vorhanden.

An dieser Stelle setzt das Projekt „Schwarzwurzel" an, das 2010 von einer Architektin und ihrem ehemaligen Professor ins Leben gerufen wurde. Ziel des Projektes ist, die ansässigen Bürger der Stadt zur Auseinandersetzung mit den Themen Heimat, Regionalität, Arbeit und Identität zu motivieren. Der Name des Projekts nimmt gezielten Bezug auf die wirtschaftliche und regionale Prägung – „schwarz" wie Schiefer, dessen Abbau zu den historischen Ursachen der Besiedelung dieser Landschaft gehört – und auf die Arbeit unter Tage – „wurzel" als Synonym für die Verankerung in der Erde als Grundlage der daraus gewonnenen Identität.

Ein Hauptanliegen der ersten Projektrunde 2010 war es, mit künstlerischen Aktivitäten eine Auseinandersetzung mit dem Wandel der Stadt und den damit verbundenen Auswirkungen auf das Leben und Wohnen anzustoßen und zu gestalten. Dies sollte in reger, dialogorientierter Zusammenarbeit mit den Bürgern erfolgen, insbesondere mit Jugendlichen und mit dem Ziel, die Kommunikation zwischen den Generationen zu fördern.

Im ersten Projekt „Schwarzwurzel 2010" befassten sich 15 externe Kunstschaffende eine Woche lang in offenen Ateliers (Ort: eine ehemalige, jetzt leerstehende Fabrik für Christbaumschmuck) mit verschiedenen künstlerischen Ideen, die von Steinacher Bürgern in Workshops entwickelt worden waren. Ihre alltägliche Lebenswelt sollte auf diese Weise einen Eingang in die Kulturarbeit finden. Am Ende konnte eine Ausstellung mit elf verschiedenen Kunstobjekten realisiert werden, die von Malerei über Fotografie bis zu Film und Installation reichten.

Nach der positiven Resonanz auf „Schwarzwurzel 2010" hatten sich die Initiatoren entschlossen, die begonnene kulturelle Arbeit fortzusetzen und in der Stadt weiter zu etablieren. Als Format wurde das Theater gewählt und im Juli 2011 ein Kulturverein als Träger des „Volkstheater Schwarzwurzel" gegründet. Zehn Tage haben im Jahr 2011 professionell Theaterschaffende aus Berlin und

Aufführung des Volkstheaters auf dem Marktplatz

Künstler in Zusammenarbeit mit Kindern aus Steinach

Bochum zusammen mit den Steinacher Bürgern geprobt und eine gemeinsame Aufführung gestaltet, in der Szenen, Dialoge und Geschichten von den Laienschauspielern selbst erarbeitet worden waren.

Das Ensemble der aktiven Theaterschaffenden bestand aus ca. 25 Personen in unterschiedlichem Alter, darunter sehr viele Jüngere. Die Spielorte des Volkstheaters wurden über die ganze Stadt verteilt; darunter waren ungewöhnliche Spielstätten wie der alte Bahnhof, ein verlassenes Wohnhaus oder der Marktplatz. Ergänzend zum Volkstheater gab es ein Begleitprogramm mit einer Ausstellung, mit Filmvorführungen zum Thema Heimat und einem Mundartabend.

Die „Schwarzwurzel-Tage" haben schnell nicht nur örtliche, sondern auch regionale Bedeutung und Vernetzung erlangt, die im Jahr 2012 noch ausgebaut werden soll. Außerdem wird angestrebt, die Zahl der aktiven Teilnehmer am Volkstheater durch die Kooperation mit zwei Schulen und Freizeiteinrichtungen weiter zu steigern. In diesen Schulen sollen ebenfalls künstlerische Projekte stattfinden, deren Ergebnisse dann bei Theateraufführungen ausgestellt werden.

Die Finanzierung des Projekts „Schwarzwurzel" erfolgt durch Fördermittel aus dem Fonds Soziokultur und der Kulturstiftung des Freistaats Thüringen und durch weitere Fördermittel des Landkreises Sonneberg und aus dem Kulturfonds der Stadt. Auch Unternehmen aus der Region beteiligen sich während der Projektwoche durch Geld- oder Sachspenden (z.B. Lebensmittel).

Proben im Saal der alten Fabrik

„Geschichtsschieferhaus" – Das Haus wurde von Kindern bemalt

Das Publikum wechselt zwischen den Aufführungsorten

Leerstehendes Wohngebäude, welches zum Kulturhaus werden soll

ERGEBNISSE UND WIRKUNGEN

Es handelt sich nicht um eine im Ort gewachsene Initiative, sondern um eine Art von Transferprojekt. Dennoch weist es eine zentrale lokale Verankerung auf, da zwei Initiatoren des Projekts eigene Wurzeln in Steinach haben. Sie bringen als Stadtplaner und Architekten ihr Wissen und ihre Erfahrungen in das Projekt „Schwarzwurzel" ein. Das Bekannte und das Alltägliche werden aus verschiedenen Blickwinkeln betrachtet, damit die Bürger die vielfältigen Potentiale ihrer Stadt besser erkennen können. Dabei wurde eine Auseinandersetzung mit den Themen Heimat, Regionalität, Arbeit und Identität erreicht. Insbesondere Jugendliche konnten in die künstlerischen Aktivitäten und das Volkstheater eingebunden werden; sie bilden auch die größte Gruppe der Schauspieler des Volkstheaters. Durch das Einbeziehen alter, teilweise leer stehender Gebäude wurde außerdem ein stärkeres Bewusstsein für die räumlichen und strukturellen Veränderungen in der Stadt und deren Auswirkungen geschaffen.

SONDERANERKENNUNG

Ländliche Akademie Krummhörn – LAK
Krummhörn

Theaterstück mit Jugendlichen

„Schimpfwörter" – Aufführung des Kindertheaters

BEGRÜNDUNG DER JURY

„Die Ländliche Akademie Krummhörn – LAK erhält eine Sonderanerkennung für die bildungs- und kulturpolitischen Aktivitäten in der Gemeinde Krummhörn.

Dem Verein mit ca. 600 Mitgliedern ist es gelungen, ein vielfältiges kulturelles, kunsthandwerkerisches und musikalisches Kursangebot für Jung und Alt in den 19 Ortsteilen zu etablieren. Die Angebote werden nunmehr seit 30 Jahren dezentral in örtlichen Gebäuden in den Ortsteilen und unter Mitwirkungen der Bewohner organisiert.

Dabei wird besonderer Wert auf die regionale Geschichte der Gemeinde gelegt. Das Angebot macht die LAK zu einem unverzichtbaren Bildungsträger in der Region. Die Qualität seiner Veranstaltungen ist überregional bekannt."

Aufgrund dieser spezifischen Angebote in den einzelnen Ortsteilen entspricht die LAK in besonderer Weise den Kriterien des Wettbewerbs und erhält eine Sonderanerkennung, obwohl die auf der Ebene der Gesamtgemeinde mit 13 000 Einwohnern angesiedelte Trägerschaft die Grenze von 5 000 Einwohnern übersteigt.

Abtanzball 2011

Abtanzball 2011

DER ORT

Krummhörn ist eine Gemeinde im Landkreis Aurich in Niedersachsen und zählt rund 13 000 Einwohner. Die ostfriesische Gemeinde besteht aus 19 Ortschaften, die bis zur Gebietsreform 1972 selbständige Gemeinden waren. Die Gemeinde ist durch Landwirtschaft, Tourismus und teilweise Fischerei geprägt; viele Bewohner pendeln jedoch zu ihren Arbeitsstätten in die umliegenden Städte. Seit einigen Jahren ziehen vor allem ältere Menschen aus Nordrhein-Westfalen nach Krummhörn, um hier ihren Ruhestand zu verbringen.

DIE TRÄGER / INITIATOREN

Der Verein „Ländliche Akademie Krummhörn" wurde 1982 gegründet und hat derzeit rund 600 Mitglieder, davon sind ca. zwei Drittel Kinder und Jugendliche. Ziel des Vereins ist die Bereitstellung eines auf den ländlichen Raum bezogenen Angebots für Kinder, Jugendliche und Erwachsene im künstlerischen und handwerklich-technischen Bereich.

Der Verein wird von vier hauptamtlichen Mitarbeiterinnen und Mitarbeitern geleitet, zusätzlich gibt es noch ca. 20 Honorarkräfte, die in die Projektvorhaben eingebunden sind. Ebenso gibt es Fördermitglieder (20-25 Personen), die den Verein finanziell unterstützen.

Der Jahresetat der Akademie umfasst ca. 200 000 Euro; 70 000 Euro (davon) werden von der Gemeinde Krummhörn übernommen. Die restliche Summe wird durch Mitgliedsbeiträge (ebenfalls ca. 70 000 Euro), Zuwendungen, Einnahmen aus Veranstaltungen und Förderungen gebildet.

DAS PROJEKT

Die LAK wurde 1982 durch einen Kreis um Prof. Hans-Jürgen Tabel (Fachhochschule Emden) gegründet. Er suchte ein neues Arbeits- und Ausbildungsfeld für seine Studierenden im Bereich Soziokultur und Musikausbildung. Zunächst wurde ein Projekt im Ortsteil Pilsum aufgebaut, in dem ein dezentrales Angebot vor Ort für Kinder, Jugendliche und Erwachsene entstehen sollte, das nicht nur die Vermittlung von Musik zum Ziel hatte, sondern darüber hinaus auch eine Stärkung von Selbstbewusstsein und Sozialkompetenz. Mit Unterstützung der Gemeinde wurde das Angebot nach und nach auch in andere Ortsteile hineingetragen und um weitere Inhalte erweitert. Die dezentrale Struktur lässt sich heute nicht mehr für alle Ortsteile in gleichem Maße aufrechterhalten. Zugleich führen die veränderten Mobilitätsmöglichkeiten auch dazu, dass Angebote in einem Ortsteil in der Regel auch von Bewohnern anderer Ortsteile wahrgenommen werden. Auf diese Weise erweitern und vermischen sich die Teilnehmer der einzelnen Angebote und es entsteht zunehmend eine reale Ebene von Kontakt und Gemeinschaft in der Verwaltungsgemeinde Krummhörn.

Zur Zeit der Gründung waren in der Gemeinde typische Probleme des ländlichen Raumes spürbar. Durch Neubaugebiete und touristische Feriensiedlungen wurden die Dörfer zersiedelt, die meisten Menschen arbeiteten in den umliegenden Städten, und auch die Jugendlichen mussten, um auf weiterführende Schulen gehen zu können, lange Fahrtwege in Kauf nehmen. Tagsüber fand somit kaum dörfliches Leben statt.

Theaterproben

Keramikkurs für Kinder

Heute sind in den Ortsteilen zahlreiche künstlerische, musikalische und handwerkliche Angebote für Kinder, Jugendliche und Erwachsene vorhanden. So soll erreicht werden, dass das dorfgemeinschaftliche Leben ein weiteres verbindendes Element erhält und gleichzeitig die Chancen für Kinder und Jugendliche auf dem Bildungs- und Arbeitsmarkt gestärkt werden.

Beispiele für aktuelle Projekte/Inhalte: Im Jahr 2012 wird als ein Großprojekt der Akademie das 500-jährige Jubiläum der Riesumer Orgel gefeiert. Wie die Mehrzahl der Projekte ist auch dieses Vorhaben stark innerhalb des Ortsteils und seiner Bewohner verwurzelt. Zugleich soll es aber auch an die historische Bedeutung des Orgelkaufes erinnern, der als ein wichtiges Zeugnis für die „Friesische Freiheit" gilt. Die Orgel wurde damals von friesischen Bauern eigenständig gekauft (ohne in der Kirche als Orgel genutzt zu werden) und ist von daher ein wichtiges Zeugnis für den Unabhängigkeitswillen der friesischen Bauern. Das Projekt soll die Ortsgemeinde Riesum stärken, aber auch an die Identität als Friesen anknüpfen.

Mit ähnlichen Zielen wird über die Akademie (und auch durch die Gemeinde) das friesische Plattdeutsch gepflegt (und als Kurs angeboten). Das sogenannte Planwagen-Projekt 2010, mit dem an die große Anzahl von Auswanderern aus Friesland nach Amerika im 19. Jahrhundert erinnert wurde, erhielt in den einzelnen Ortsgemeinden je eine eigene Ausprägung und eigene Schwerpunkte. Andere Großprojekte wie verschiedene Musicals (teils auf Plattdeutsch) sind eher auf der Ebene der Kommunikation angesiedelt und richten sie an die Einwohner der Gemeinde Krummhörn insgesamt (und an externe Besucher).

Handglockenchor Campanella

Frauenchor Malle Diven

Die Ideen und Projekte der LAK werden im Beirat der Akademie diskutiert und entschieden. Die Gemeinde schlägt gelegentlich Themen vor, die Akademie entscheidet aber unabhängig. Die LAK ist ihrerseits als beratendes Mitglied im Bildungs- und Kulturausschuss der Gemeinde vertreten.

Um seine Ideen und Projekte umsetzen zu können, wird der Verein von der Gemeinde finanziell unterstützt; hinzu kommen die Einnahmen aus den Mitgliedsbeiträgen und Spenden. Großprojekte werden teilweise von der Ostfriesischen Landschaft, dem Ministerium für Wissenschaft und Kultur, dem Fonds Soziokultur und dem Landkreis Aurich gefördert. Die Ländliche Akademie Krummhörn ist in den Ortsteilen der Gemeinde verortet, d.h. der Verein hat kein zentrales Büro und auch keine eigenen Räumlichkeiten. In Zusammenarbeit mit der Gemeinde wird auf vorhandene Veranstaltungsorte in den Ortsteilen wie Pfarrsäle, Schulen oder Gaststätten zurückgegriffen.

ERGEBNISSE UND WIRKUNGEN

Insgesamt ist die LAK eine institutionalisierte Form der Übernahme aktiver bürgerschaftlicher Verantwortung für den Zusammenhalt in der Gemeinschaft, für deren Zukunftsperspektiven, Identität, Entwicklung und für das lokale Angebot von Bildung und Kultur. Die Angebote werden nicht am eigenen Interesse der LAK-Mitglieder ausgerichtet, sondern an einem für die Gemeinschaft wahrgenommenen Bedarf (Dienstleistungsfunktion). Die Unterstützung seitens der Gemeinde ist nicht umstritten; es wird versucht, Synergieeffekte zwischen den Leistungen und Angeboten der Gemeinde (und des Landkreises) und der LAK zu schaffen.

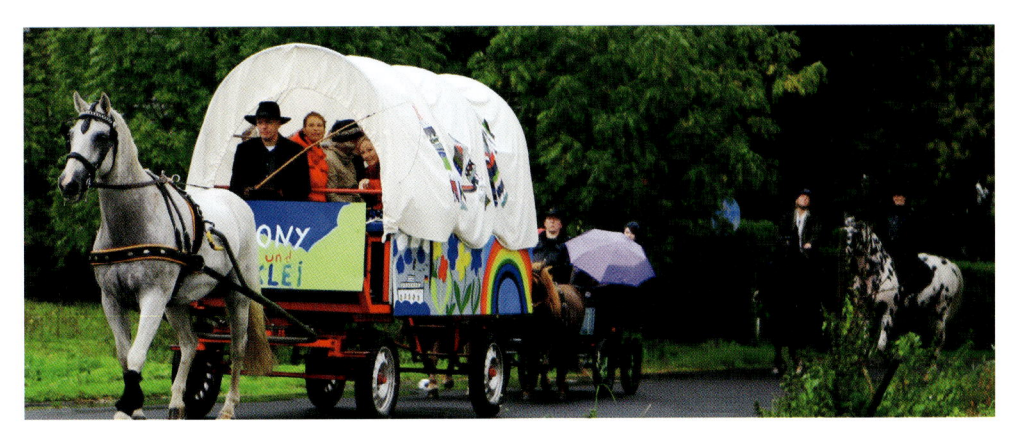

Projekt „Pony und Klei", mit einem Ponywagen wurden alle 19 Dörfer von Krummhörn besucht

ENGERE WAHL

Schloß Batzdorf
Klipphausen, Ortsteil Batzdorf

Rittersaal im Schloss Batzdorf

Musikexperiment im Rittersaal

DER ORT

Batzdorf ist ein Ortsteil der Gemeinde Klipphausen im Landkreis Meißen. Das Dorf liegt zwischen Meißen und Dresden im Meißner Hochland. In dem kleinen Ort wohnen 93 Einwohner; ortsbildprägend ist das Schloss Batzdorf aus dem 16. Jahrhundert, welches sich im Besitz des gemeinnützigen Vereins „Schloss Batzdorf e.V." befindet. Es ist ein aus mehreren Gebäuden bestehendes Ensemble, dessen Anfänge bis in das 15. Jahrhundert zurückreichen.

DER VEREIN

Der Verein „Schloss Batzdorf e.V." wurde im Jahr 1990 gegründet und ist Eigentümer des Schlosses sowie Träger der meisten künstlerischen und kulturellen Aktivitäten, die dort stattfinden. Ziel des Vereins ist es, das Schloss zu erhalten und kulturell zu beleben. Seine stimmberechtigten Mitglieder sind überwiegend Bewohner und einige wenige Personen aus der Nachbarschaft des Schlosses; daneben hat der Verein auch noch Förder- und Ehrenmitglieder.

DAS PROJEKT

Der damalige Eigentümer von Schloss Batzdorf wurde nach dem Zweiten Weltkrieg von den Alliierten enteignet; zu Zeiten der DDR stand das Schloss dann meist leer, bis ein Künstlerehepaar aus Berlin bei der Suche nach Freiraum und einer alternativen Lebensform das Gebäude als Bleibe entdeckte. Nach langwierigen Verhandlungen mit der Gemeinde erhielt das Ehepaar im Jahr 1987 einen Nutzungsvertrag für das Schloss, um dort zu wohnen und ein Atelier einzurichten.

Nach und nach zogen weitere Freunde und Bekannte ein, die Mehrzahl von ihnen ebenfalls in der Kunstbranche oder als Restaurateure tätig. Gemeinsam wurde begonnen, das Schloss zu sanieren und es als Arbeitsstätte und Wohnraum zu nutzen. Nach der Wende wurde der Verein gegründet, der 1997 das Gebäude erworben hat. Dies wurde durch zahlreiche Zuschüsse und Förderanteile sowie einen Bankkredit, der von Freunden und Bekannten finanziell getragen wurde, ermöglicht. Daraufhin folgte die durch öffentliche Fördermittel unterstützte Sanierung der Außenfassade, der Innenausbau wurde mit Krediten der KfW-Bank finanziert. Neben Wohnungen sollten Arbeitsstätten für Künstler, Restaurateure und Baufachleute geschaffen werden. Im Schloss gibt es nun acht Wohnungen, die von rund 20 Vereinsmitgliedern bewohnt werden. Zudem befindet sich in der Schlossanlage ein separater öffentlicher Bereich mit Veranstaltungsräumen, einem Foyer und einem kleinen Laden, in welchem Kräuter, Tee und Gewürze verkauft werden.

Heute gibt es im Verein drei Arten von Mitgliedern: Fördermitglieder, Ehrenmitglieder und stimmberechtigte Mitglieder. Die stimmberechtigten Mitglieder sind überwiegend die Bewohner und einige wenige Personen, die in der Nachbarschaft leben. Im Vordergrund des Vereinszweckes stehen die Erhaltung und die kulturelle Wiederbelebung des Schlosses Batzdorf. Zu den wichtigsten kulturellen Veranstaltungen gehören:

- Die Barockfestspiele, die seit rund 20 Jahren jeweils Ende August über zehn Tage hinweg stattfinden. Sie werden vom Batzdorfer Hoforchester veranstaltet, das als GmbH die Organisation übernimmt und die Räumlichkeiten vom Verein mietet. Pro Veranstaltung gibt es bis zu 200 Besucher; die Festspiele bestehen aus mehreren Bausteinen, darunter auch Theaterstücke. Die Proben und Vorbereitungen dauern bis zu vier Wochen; die Barockfestspiele sind die einzigen Veranstaltungen, für die es einen öffentlichen Zuschuss gibt.
- Die Pfingstspiele, die auch moderne künstlerische Projekte mit Performance-Anteilen umfassen.
- Kleinere kulturelle Veranstaltungen, darunter vor allem der Tag des offenen Denkmals als einem wichtigen und zentralen Ereignis im Jahreskalender.
- Der Weihnachtsmarkt am dritten Adventwochenende, zu dem im Jahr 2010 ca. 5 000 Besucher kamen. Aufgrund der immens gewachsenen Besucheranzahl musste der Weihnachtsmarkt im Jahr 2011 entfallen.

Bei der Organisation und Durchführung der Veranstaltungen arbeiten alle Bewohner des Schlosses, aber auch einige Dorfbewohner auf ehrenamtlicher Basis zusammen. Die beteiligten Künstler erhalten im Regelfall ein kleines Honorar. Die Veranstaltungen werden von der Kulturraumförderung[1] und der Gemeinde finanziell unterstützt.

---

[1] Nach der Wende sollte das Netz an kulturellen Einrichtungen der DDR erhalten werden. Nachdem die einzelnen Gemeinden für die Finanzierung der kulturellen Einrichtungen zuständig sind, diese jedoch auch von den umliegenden Gemeinden genutzt wurden, entstand der Gedanke, eine solidarische Zweckgemeinschaft zu gründen, welche mit Unterstützung des Freistaates Sachsen gemeinsam die Kultur des entsprechenden Zweckverbandes, sprich: Kulturraumes, finanziert. Im Falle des Schlosses Batzdorf ist dies der Kulturraum Meißen-Sächsische Schweiz-Osterzgebirge.

Vernissage in der Kapelle – Ausstellungseröffnung   Weihnachtsmarkt im Gewölbe

ERGEBNISSE UND WIRKUNGEN

Nach anfänglicher Distanz und deutlichen Vorbehalten auf Seiten der Dorfbevölkerung sind die Bewohner des Schlosses und ihre Aktivitäten inzwischen akzeptiert und zu einem geschätzten Bestandteil der örtlichen Identität geworden. Die Schlossbewohner beteiligen sich heute auch über die unmittelbaren Belange des Schlosses hinaus aktiv an Überlegungen zur Gestaltung von Landschaft, Wegebeziehungen und anderen Themen, die für die Weiterentwicklung der Gemeinde wichtig sind.

Schloss Batzdorf ist ein besonderes Modell für ein kollektives Wohnen in einem Schloss in Verbindung mit kulturellen und künstlerischen Veranstaltungen. Der Verein ist als gemeinnützig anerkannt, bietet jedoch zugleich auch den Bewohnern die Möglichkeit, diese besondere Vorstellung von Wohnen und Arbeiten zu realisieren. Die Revitalisierung des Schlosses als ausschließlich private Initiative war wohl die einzige Möglichkeit, dieses Gebäudeensemble zu erhalten und mit einer zukunftsfähigen Nutzung für die weitere Entwicklung zu sichern. Als letztes Projekt steht nun noch die Restaurierung des so genannten Rittersaals an, in dem jedoch bereits seit fast 20 Jahren regelmäßige Aufführungen in Zusammenhang mit den Barockfestspielen stattfinden. Innerhalb des Schlosses gibt es öffentliche Räume (einschließlich Schlosshof) und davon klar abgetrennte private Wohn- und Arbeitsbereiche.

ENGERE WAHL

Sanierung und Revitalisierung des historischen Armenspitals in Brennberg

Brennberg

Laden mit regionalen Produkten und Kunsthandwerk

Kunstausstellung im Spital

DER ORT

Die Gemeinde Brennberg liegt im sogenannten bayerischen Vorwald, nahe Straubing und Regensburg im Landkreis Regensburg und ist Mitglied der Verwaltungsgemeinschaft Wörth an der Donau. In den 62 amtlich benannten Ortsteilen der Gemeinde leben insgesamt rund 1900 Bürger.

DIE GENOSSENSCHAFT

Die „Spital eG Brennberg" wurde 2005 gegründet, um die Sanierung des ehemaligen Armenspitals in Brennberg zu finanzieren. Dabei wurde die Rechtsform der eingetragenen Genossenschaft als bestgeeignete Lösung betrachtet. Derzeit hat die Genossenschaft rund 140 Mitglieder, darunter auch den Landkreis Regensburg.

DAS PROJEKT

Die Sanierung des historischen Armenspitals in Brennberg stand bereits seit längerer Zeit auf der Liste der Aufgaben, die innerhalb der Gemeinde übernommen werden mussten. Als eine Stiftung der damaligen Burgherren im 15. Jahrhundert entstanden, stand das im 18. Jahrhundert errichtete heutige Gebäude seit den 1970er Jahren für eine längere Zeit leer. In einem Workshop zur weiteren Zukunft der Gemeinde („Wohin soll Brennberg gehen?"), an dem rund 25 Personen aus Brennberg und dem Landkreis teilnahmen, wurde die Sanierung und vor allem die zukünftige Nutzung des Armenspitals als wichtiges Thema herausgearbeitet. Für die Sanierung wurde dann eine eigene Arbeitsgruppe gegründet; in ihr wirkten teilweise andere Personen mit als in den traditionellen

Vereinsstrukturen. Darunter befanden sich Personen, die sich vor allem für die Aufgabe der Sanierung des Gebäudes interessierten, und andere Dorfbewohner, die ein Interesse an der späteren Nutzung hatten. In einer Diskussion, die sich über mehrere Jahre hinweg gezogen hat, wurde die Genossenschaft als Rechtsform gefunden. Sie diente vor allem auch dazu, die Gelder zu sammeln, die den Eigenanteil der Gemeinde bei der Sanierung entlasten sollten. Durch Veranstaltungen wie die „Spitaltage", an denen Musik- und Theaterstücke aufgeführt wurden, und auch Feste wie das Burgsilvester konnte die Genossenschaft das erste Geld erwirtschaften und damit die Sanierungsarbeiten starten, die von Dezember 2005 bis zur Wiedereröffnung im September 2007 mit Hilfe vieler Stunden ehrenamtlicher Arbeit durchgeführt wurden. Nach Abschluss der Sanierung – zwischen Gemeinde und Genossenschaft war inzwischen ein Nutzungsvertrag abgeschlossen worden – wurde der Betrieb des Spitals in Form eines Cafés, einer touristischen Informationsstelle sowie eines Verkaufsraums aufgenommen.

Jeden Sonntag ist das Spital zwischen 13 und 20 Uhr geöffnet und wird von ehrenamtlichen Mitgliedern der Spital eG bewirtschaftet, darunter auch Jugendliche und junge Erwachsene. In den zwei Gasträumen im Erdgeschoss werden dabei Spezialitäten von örtlichen Metzgereien und Bäckereien angeboten. Diese Räume (inklusive Bewirtung) können gegen Bezahlung auch von Privatpersonen für Veranstaltungen gemietet werden. Der Spitalladen im ersten Stock bietet regionale Produkte und Kunsthandwerk an, im Nebenraum ist das Büro mit Informationen über die Gemeinde und die Region untergebracht. Das Dachgeschoss des Spitals wurde so ausgebaut, dass dort auch Kunstausstellungen angeboten, Vorträge gehalten oder Seminare durchgeführt werden kön-

Ein Gastraum, der sonntags geöffnet ist

Gemeinsames Backen von regionalen Spezialitäten

Kurs „Schmieden für Groß und Klein" Fest im Spital, im Hintergund der renovierte Stadel

nen. Alle vier Wochen findet im Spital ein Seniorennachmittag statt; das Mittagessen für diese Veranstaltung wird durch ein Wirtshaus geliefert, Kaffee und Kuchen in der Regel in eigener Organisation der Senioren zur Verfügung gestellt. Das Essen kostet fünf Euro und dient vor allem dem geselligen Beisammensein und dem Austausch von Neuigkeiten. In ähnlichen Abständen wird auch ein so genanntes Elternfrühstück angeboten, das ebenfalls überwiegend dem gemeinsamen Austausch dient. In diesem Fall wird die Bewirtung seitens des Spitals übernommen. Die Räumlichkeiten im Spital können auch für 50 Euro gemietet werden; in regelmäßigen Abständen finden Geburtstagsfeiern, Feste und auch Trauungen im Spital statt, die von den Genossenschaftsmitgliedern dann auch bewirtschaftet werden.

Inzwischen wurde noch ein benachbartes Gebäude ebenfalls von der Spital eG saniert und für Feste und Veranstaltungen bereitgestellt. Der laufende Betrieb des Spitals wird durch Einnahmen des Cafébetriebs und den Verkauf regionaler Produkte finanziert, das Holz für die Heizung wird von der Gemeinde gestellt.

ERGEBNISSE UND WIRKUNGEN

Das ehemalige Armenspital stellt für viele Bürger des Ortes ein historisch wertvolles Gebäude und kommunales Identifikationsobjekt dar. Durch das Engagement, den finanziellen Einsatz und die intensive ehrenamtliche Arbeit konnte das Spital erhalten und zu einem neuen kulturellen Treffpunkt für die Brennberger umgestaltet werden. Mit ihren Veranstaltungen ist die Spital eG zu einem festen Bestandteil der dörflichen Gemeinschaft geworden.

ENGERE WAHL

Neue Lernkultur in der Kommune
Dingelstädt

Kinder pflanzen einen Baum

Kinder tanzen bei einem Fest

DER ORT

Die Stadt Dingelstädt liegt im Landkreis Eichsfeld, Thüringen, nahe der Bundesländer Hessen und Niedersachsen, und hat rund 4 700 Einwohner.

Mit über 2 000 Arbeitsplätzen gehört die Stadt zu den wichtigsten Industrie- und Gewerbestandorten der Region, über 300 Gewerbe- und Handwerksbetriebe sind heute dort ansässig; der Schwerpunkt liegt in der metallverarbeitenden Industrie.

DIE INITIATIVE

Dingelstädt nimmt an dem Modellprojekt „Neue Lernkultur in Kommunen" des Thüringer Ministeriums für Bildung, Wissenschaft und Kultur teil, das mit der Deutschen Kinder- und Jugendstiftung und dem Thüringer Institut für Lehrerfortbildung, Lehrplanentwicklung und Medien entwickelt wurde. Für die Stadt Dingelstädt stehen folgende Zielsetzungen im Mittelpunkt:

„Die Integration und Förderung aller Kinder und Jugendlichen in der Kommune, die Erhöhung der Identifikation der Kinder und Jugendlichen mit der Kommune und die Schaffung einer Atmosphäre von erfahrungsorientiertem Lernen und Handeln."

Kinder helfen bei der Verschönerung ihres Schulhofes

Plakat Jugendparlament

DAS PROJEKT

In Dingelstädt wurden vier Schulen – eine Grundschule, eine Regelschule, ein Gymnasium sowie eine Förderschule für Kinder und Jugendliche mit geistiger Behinderung – mit insgesamt ca. 1 000 Schülern im Rahmen des Projektes „Neue Lernkultur in Thüringen – lokale Bildungslandschaften" miteinander vernetzt. Es geht um einen Zusammenschluss vom Kindergarten bis zur Erwachsenenbildung; mit einbezogen ist auch die Katholische Familienbildungsstätte vor Ort, ein Familienzentrum. Das Gymnasium, das bis 1990 eine polytechnische Oberschule war, befindet sich in einem Gebäude, das einem Schwesternorden gehört.

Die Vernetzung der örtlichen Schulen und Bildungsträger, das Angebot an Partizipationsmöglichkeiten von Kindern und Jugendlichen sowie eine gezielte Kontaktpflege zu Partnern der Wirtschaft haben das Ziel, die Ausbildungs- und Weiterbildungsangebote am Standort zu verbessern. Des Weiteren soll so die Identifikation der Jugendlichen und der Familien mit dem Ort gestärkt, die Abwanderung junger Menschen verringert und der daraus resultierende Lehrlingsmangel beseitigt werden.

Bislang konnten mehrere Vorhaben verwirklicht werden:
- Eine Zukunftswerkstatt Schule – Kinder und Jugendliche entwickeln ihre Lernkultur selbst.
- Eine Zukunftswerkstatt Kommune – Wie willst Du heute und morgen in Dingelstädt und Umgebung leben?
- Ausbau einer Kinderleseecke in der Stadtbibliothek.
- Autorenlesungen vor den Schülern der Grundschule.

- Schulübergreifendes Schüler- und Jugendparlament; das Jugendparlament kann eigene Projekte initiieren und organisiert regelmäßige Ausstellungen in den Schulen sowie eine Wanderausstellung zum Projekt Neue Lernkultur. In geheimer Wahl werden neun Vertreterinnen und Vertreter bestimmt; ein Vertreter nimmt ohne Stimmrecht auch als beratendes Mitglied im Kulturausschuss der Stadt teil. Inzwischen gibt es auch bereits ehemalige Mitglieder des Jugendparlamentes, die als Erwachsene nun im Stadtrat mitwirken.
- Ausbau des Jugendclubs und der Jugendclubarbeit.
- Vernetzung der vorhandenen Bibliotheken der vier Schulen und der kommunalen Bibliothek.
- Ausbau der Kindergärten.
- Elternbildungstag 2011 in Dingelstädt (82 Teilnehmer).

ERGEBNISSE UND WIRKUNGEN

Die Stadt Dingelstädt hat im Rahmen ihrer Möglichkeiten und durch die Akquisition von Zuschüssen des Landes Thüringen eine Vernetzung der örtlichen Schulen und Bildungsträger realisiert und durch das Angebot von Partizipationsmöglichkeiten die Identifikation Jugendlicher und Familien mit der Stadt gestärkt. Durch eine gezielte Kontaktpflege zu Partnern der Wirtschaft und eine Verbesserung der Ausbildungs- und Weiterbildungsangebote am Standort soll künftig auch die Abwanderung junger Menschen und der daraus resultierende Lehrlingsmangel verringert werden.

Konzert einer Jugendband

Auftakt Eltern-Bildungstag

ENGERE WAHL

„Der Lehmschuppen"
Ausbau zur Malschule
Dötlingen

Projekt 1: Das renovierte Heuerhaus   Galerie im Heuerhaus

DER ORT

Die Gemeinde Dötlingen liegt im Landkreis Oldenburg und hat etwas mehr als 6 000 Einwohner verteilt auf 19 Ortsteile, wobei der Hauptort Dötlingen rund 1 500 Bewohner beheimatet. Die Gemeinde Dötlingen hat eine lange historische Tradition als Künstlerdorf. In der Zeit zwischen 1890 und 1935 haben sich zahlreiche Künstlerinnen und Künstler in Dötlingen angesiedelt; mit den Künstlerinnen und Künstlern in anderen Dörfern wie Worpswede wurde ein reger Austausch unterhalten. Unter den Nationalsozialisten wurde Dötlingen wohl vor allem aufgrund seines traditionellen Ortsbildes als Reichsmusterdorf ausgewählt. Die Mehrzahl der Künstlerinnen und Künstler hat in diesen Jahren Dötlingen verlassen. Erst 1970 bzw. 1975 wurde eine neue Initiative entwickelt, um an diese Tradition anzuknüpfen. Heutzutage leben wieder rund 35 Kunstschaffende in Dötlingen und es sind zahlreiche Galerien dort angesiedelt.

DIE STIFTUNG

Die „Dötlingen Stiftung" wurde 1999 von engagierten Bürgern gegründet. Ihr Ziel ist es, den Landschafts- und Naturschutz zu fördern sowie denkmalgeschützte Gebäude in der Gemeinde zu erhalten. Die Stiftung wird von drei Vorstandsmitgliedern und fünf Beiratsmitgliedern geleitet (darunter auch die Gemeinde sowie der Bürger- und Heimatverein). Unterstützung erhält die Stiftung durch den „Freundeskreis der Dötlingen Stiftung", ein loser Zusammenschluss von ehrenamtlich Tätigen. Der Freundeskreis hilft der Stiftung bei der Organisation und Durchführung von Veranstaltungen und Ausstellungen oder auch durch finanzielle Zuwendungen. In ihm engagieren sich rund 40 Personen.

DAS PROJEKT

In der Gemeinde Dötlingen spielt neben der reizvollen Landschaft, welche für die Städte Oldenburg und Bremen eine wichtige Naherholungsfunktion hat, die lange Tradition als Künstlerdorf eine große Rolle. Für die Gründer der Stiftung ist es wichtig, den nachfolgenden Generationen die Kunst und Kultur des Dorfes als sein Charakteristikum zu erhalten. Hierzu wurde ein ortsbildprägendes ehemaliges „Heuerhaus" zu einer Galerie und einem Café umgebaut („Projekt I"), der Umbau eines Lehmschuppens in zentraler Ortslage wird gerade geplant („Projekt II").

In der Galerie des „Heuerhauses" organisiert die Stiftung regelmäßig Ausstellungen von Dötlinger Künstlern, in seinem Garten und Café finden kulturelle Veranstaltungen (Konzerte und Theater) statt.

In den 1920er Jahren gab es in einer alten Fachwerkscheune eine Malschule des Künstlers Müller vom Siel, die vor allem von Bürgertöchtern aus Bremen besucht wurde. Diese alte Scheune soll nun als so genanntes Projekt II der Stiftung Dötlingen in den kommenden Jahren saniert werden. Die Stiftung beabsichtigt, die Scheune dann einer Künstlerin oder einem Künstler zur Verfügung zu stellen. Sie soll als offene Malwerkstatt und im Obergeschoss als Unterkunft in Dötlingen dienen. Das Grundstück einschließlich der Scheune befindet sich zur Zeit noch in Privatbesitz; die Gemeinde beabsichtigt im Rahmen eines Grundstückstausches dieses Grundstück gegen ein Grundstück in einem neu ausgewiesenen Baugebiet einzutauschen.

Der Ausbau der Scheune soll teilweise durch LEADER-Mittel finanziert werden; auch die Gemeinde und der Freundeskreis der Dötlingen Stiftung wollen das Projekt finanziell unterstützen.

Neben der Restauration und Nutzung der Gebäude (Projekt I und II) unterstützt die Dötlingen Stiftung kulturelle Vorhaben Dritter, wie z.B. die Beteiligung der Gemeinde am „Tag des offenen Denkmals", der Landesgartenschau, der Aktion „Unser Dorf soll schöner werden" sowie „Unser Dorf hat Zukunft". Des Weiteren arbeitet die Stiftung mit der örtlichen Schule zusammen und unterstützt deren Schüler bei Kunstprojekten. Seit 2008 zählt die Dötlingen Stiftung zu den Mitgliedern von EuroArt, der Vereinigung der europäischen Künstlerkolonien. Mit der niederländischen Partnergemeinde De Marne wird der Austausch zwischen ansässigen Künstlern gepflegt.

Die Gemeinde hat sich außerdem in der Vergangenheit bereits mit verschiedenen Projekten, darunter eine Ausstellung zum Thema Wasser, auf europäischer Ebene zusammen mit anderen Gemeinden als besonders gelungenes Beispiel für die Integration eines Dorfes in die umliegende Landschaft präsentiert.

ERGEBNISSE UND WIRKUNGEN

Die Dötlingen Stiftung verfolgt im wesentlichen zwei Ziele: den Erhalt wichtiger Bausubstanz in Form einer Sanierung und Umnutzung für kulturelle, vor allem künstlerische Zwecke, sowie das Anknüpfen an die lokale Tradition als Künstlerdorf mit dem Versuch, vor Ort nicht nur Kunst zu zeigen, sondern durch ansässige Künstlerinnen und Künstler auch entstehen zu lassen. Damit wird den anderen Elementen der Identifikation (Naturschutz, Gartenbau, Integration in die Landschaft) eine weitere Komponente hinzugefügt. In ihrer Arbeit ist die Stiftung auch über die nationalen Grenzen hinweg vernetzt, was offensichtlich ebenfalls zur Stärkung des Charakters einer auch heute wieder als Künstlerdorf zu bezeichnenden Gemeinde beiträgt.

Projekt 2: Detailansicht des zu renovierenden Lehmschuppens

Innenbereich des Lehmschuppens

ENGERE WAHL

Haus Quillo – Neue Musikvermittlung auf dem Land
Nordwestuckermark, Ortsteil Falkenhagen

Richtfest beim Umbau

Veranstaltung mit Musikern der „Landmusik"

DER ORT

Die 5 000-Einwohner-Gemeinde Nordwestuckermark mit ihren zehn Ortsteilen gibt es seit dem Jahr 2001. Sitz der gemeinsamen Gemeindeverwaltung ist der Ortsteil Schönermark. Mit über 250 Quadratkilometern Fläche ist die Gemeinde eine der 40 flächengrößten Gemeinden in Deutschland. Dank vieler Ausflugsziele und Wanderwege ist der Fremdenverkehr eine wichtige Einnahmequelle.

DER VEREIN

Der Verein „Kammerphilharmonie Uckermark e.V." wurde 2004 von drei Musikern gegründet, welche bis dahin in einem festen Ensemble in Prenzlau eingebunden waren. Aktuell hat der Verein 43 Mitglieder, die sämtlich aus den Ortsteilen der Großgemeinde stammen.

DAS PROJEKT

Die Idee für das Projekt Kammerphilharmonie entstand im Jahr 2004, stieß nach der Vereinsgründung gleich auf beachtliche Resonanz und wurde dann von den drei Musikern noch erweitert, sodass rasch der Bedarf an einem Raum entstand, der sowohl den Anforderungen als Konzert- wie auch als Theatersaal und Werkstatt gerecht werden konnte.

Zu diesem Zweck wurde eine alte Hofstelle zu einem Wohn- und Geschäftshaus ausgebaut, das auch eine Musikwerkstatt enthält, in der nicht nur musiziert wird, sondern auch – von Laien aus

Vorführung „Neue Musik"   Vorführung „Young Quillo"

der Region – Instrumente (Harfen) hergestellt werden. Mit eigenen und Mitteln aus dem LEADER-Programm wurde ein Gebäude – das Haus Quillo – erstellt, das einen Konzertsaal für ca. 100 Besucher und mehrere Nebenräume umfasst.

Der Verein bietet heute verschiedenste Musikprojekte für Jung und Alt an, darunter auch die Reihe „Neue Musik", in welcher Werke zeitgenössischer Musik erarbeitet und aufgeführt werden. Die „Kammerphilharmonie" als einziges Ensemble in ganz Brandenburg, das sich der zeitgenössischen Musik widmet, hat dafür nicht nur vor Ort ein interessiertes Publikum gewonnen.

Im Projekt „Landmusik" lernen Kinder den Umgang mit Blechblas- und Schlaginstrumenten. Die Kurse dafür finden als wohnortnahes Freizeitprogramm dezentral in den Grundschulen einiger Ortsteile der Gemeinde statt und werden dank der finanziellen Unterstützung der Gemeinde kostenlos angeboten, sodass auch Kinder aus finanziell schwachen Familien daran teilnehmen können.

Weitere Projekte des Hauses Quillo sind die Junge Opernwerkstatt, in welcher zusammen mit Jugendlichen einzelne Opernszenen einstudiert werden, sowie die Musik- und Filmarbeit mit jugendlichen und langzeitarbeitslosen Darstellern. Besonders musikalisch begabte Jugendliche präsentieren sich auf Konzerten der Reihe „Young Quillo".

Die regionale Verwurzelung des Projektes wird gezielt erweitert. Sie erfolgt durch die künstlerische Interpretation individueller Neigungen; beispielsweise in Form der Entwicklung einer Oper, die vor Ort aufgeführt wird (Aufführung mindestens einmal, eventuell mehrfach, auch an anderen

Instrumentenbaukurs

Dreh eines Musikfilms

Spielstätten). Die unterschiedlichen Bausteine, die im Quillohof heute angeboten werden, ergänzen sich in ihrer Ausrichtung. Sie bilden ein Kontinuum beginnend von einer eher „sozialen" Ausrichtung bis hin zu hohem künstlerischem Anspruch, den die Musiker an ihre eigenen Kreationen und Aufführungen von neuer Musik knüpfen. Wichtig ist grundsätzlich eine Vernetzung des Quillo-Standortes beispielsweise in die Szene der Neuen Musik mit bundesweiten Spielorten und mit vielen Partnern, die ihrerseits für Konzerte nach Quillo kommen.

Unterstützt wird das Projekt „Haus Quillo" durch die Gemeinde Nordwestuckermark, durch das Land Brandenburg, den Landkreis Uckermark, den Fonds Soziokultur und die Akademie der Künste Berlin.

ERGEBNISSE UND WIRKUNGEN

Der Quillohof ist ein Projekt, das mit mehreren Bausteinen einen Bogen schlägt von einer eher sozial orientierten Integration und Beteiligung von Jugendlichen bis zur Vernetzung und Verfestigung von ambitionierten künstlerischen Aufführungen in der Uckermark. Die Verwurzelung in der Gemeinde ist insbesondere über den Kontakt mit den Eltern der Jugendlichen inzwischen sehr gut.

Durch die verschiedenen Angebote wurde Falkenhagen zu einem weithin bekannten Veranstaltungsort für Aufführungen Neuer Musik und zudem zu einem Platz, der Kindern und Jugendlichen eine Reihe künstlerischer Betätigungsmöglichkeiten verschafft. Der Verein hat durch das breite Spektrum seiner Aktivitäten ganz wesentlich dazu beigetragen, dass ein kleiner Ort ein eigenes kulturelles Zentrum erhalten hat.

ENGERE WAHL

Hangarder Heimatstube
Neunkirchen, Ortsteil Hangard

Veranstaltungsankündigungen des Heimat- und Kulturvereins

Jährliche Veranstaltung „Eis-Nostalgie"

DER ORT

Der Ort Hangard ist ein Stadtteil der Kreisstadt Neunkirchen (Saar). Bei der Gebiets- und Verwaltungsreform 1974 wurde der kleine Ort in die Stadt Neunkirchen eingemeindet.

DER VEREIN

Der Heimat- und Kulturverein Hangard wurde 1988 gegründet. Als Ziele des Vereins wurden die Förderung der Heimatpflege und der Heimatkunde, des kulturellen und sportlichen Wirkens und die Pflege der Städte-Partnerschaft Hangard mit Eschenberg (Frankreich) festgelegt. Der Verein hat gegenwärtig rund 60 Mitglieder.

DAS PROJEKT

Auf der Suche nach einem Lager für Vereinsmaterialien des Heimat- und Kulturvereins stieß der neu gewählte Vorstand im Jahr 2004 auf den ehemaligen Eiskiosk, der sich jedoch in einem desolaten Zustand befand. Wegen dessen Lage und Geschichte beschloss der Verein, dass der Eiskiosk zu einem neuen Treffpunkt für die Hangarder Bürger werden sollte: das Projekt „Hangarder Heimatstube" entstand. In Anbetracht des Bedeutungsverlusts von Hangard durch seine Eingemeindung in die Kreisstadt Neunkirchen und seiner abnehmenden Bevölkerung wollte der Heimat- und Kulturverein hier einen Platz schaffen, mit dessen Hilfe die kulturelle Identität des Ortes besser bewahrt und die lokale Gemeinschaft gefördert werden könnte.

Die Eisbude vor dem Umbau

Die Eisbude während des Umbaus

Mit dem Eigentümer des ehemaligen Eiskiosks wurde zunächst ausgehandelt, dass der Verein das Gebäude die nächsten zehn Jahre mietfrei nutzen kann; im Gegenzug übernahm der Verein die Sanierung des Kiosks. Innerhalb eines Jahres wurde mit der Arbeit zahlreicher Ehrenamtlicher das Gebäude renoviert und im Jahr 2005 bei einer Einweihungsfeier den Bürgern vorgestellt.

Seit der Fertigstellung der „Heimatstube" finden dort regelmäßig kommunikative Aktivitäten statt: Jeden Donnerstag ist sie der Treffpunkt für die Hangarder Bürger, dazu gibt es immer wieder Veranstaltungen wie Dichterlesungen, Trommelkurse oder Vernissagen. Zu den wichtigsten Ereignissen gehört die „Eis-Nostalgie" im Juni. Hierbei handelt es sich um ein Fest, in dessen Rahmen die Kinder des Kindergartens und die Grundschüler aus der Schule als Anerkennung ihrer Mitwirkung am Nikolausmarkt kostenlos Eis erhalten. Damit wird angeknüpft an die historische Nutzung der Heimatsstube als so genannte „Eisbud". Gemeint ist damit die Eis-Verkaufsstelle, die vielen älteren Bürgerinnen und Bürgern aus Hangard noch in Erinnerung ist. Darüber hinaus wirkt der Heimat- und Kulturverein – in Zusammenarbeit mit anderen Vereinen – auch bei der Gestaltung von diversen Veranstaltungen im Ort (wie etwa Nikolausmarkt und Hangarder Dorffest) mit.

Ideen und Vorhaben des Heimatsvereins werden grundsätzlich im Vorstand diskutiert und gemeinsam entschieden. Das Großprojekt für das Jahr 2012 ist die Anfertigung eines Buches mit dem Titel „Hangarder Geschichten". Es soll einen Umfang von ca. 150 Seiten haben und vom Hangarder

Kulturverein herausgegeben werden. Zu den Inhalten gehören Geschichten (von Hangarder Bürgern verfasst oder zu Ereignissen in der Geschichte von Hangard passend wie z.B. zu einem Grubenunglück), Gedichte, Fotos alter Glasplatten-Negative (ca. 50), eine Liedersammlung, ein Familienverzeichnis und eine Erinnerung an die Kriegstoten von Hangard.

Den Unterhalt der Heimatstube und die Organisation der Veranstaltungen finanziert der Verein durch Mitgliedsbeiträge und Spenden.

ERGEBNISSE UND WIRKUNGEN

Die Voraussetzungen für die Arbeit des Heimat- und Kulturvereins in Hangard waren schwierig. Um einen Ort für Begegnungen und kleinere Veranstaltungen zu schaffen, haben die Vereinsmitglieder in vielen Stunden ehrenamtlicher Arbeit an markanter Stelle im Ort ein leerstehendes Gebäude renoviert und für diese Zwecke nutzbar gemacht. Trotz geringem Budget ist es dem Verein gelungen, ein kulturelles Angebot zu etablieren, das die Dorfgeschichte revitalisiert und die Identifizierung der Bürger mit ihren Ort stärkt. Die Revitalisierung und Sanierung der alten „Eisbud" an einer prominenten Stelle der Gemeinde hat zugleich auch ein leer stehendes Gebäude mit neuem Leben erfüllt.

Das Innere der Eisbude nach dem Umbau

Vernissage einer Malerin

ENGERE WAHL

Zukunft Haunetal
Haunetal-Wehrda

DER ORT

Der Ortsteil Wehrda ist mit knapp 700 Einwohnern einer der 15 Ortsteile der Marktgemeinde Haunetal, welche insgesamt etwas mehr als 3 000 Einwohner umfasst. Bekannt ist das Dorf in der Region durch seine Landschaft und zahlreiche Sehenswürdigkeiten, die einigen Wandertourismus an den Ort locken.

DER VEREIN

Gegründet wurde der Verein im Jahre 1983 als „Verein zur Förderung kulturellen und kommunikativen Lebens in der Provinz auf der Langen Wiese e.V.", um in der Scheune eines bäuerlichen Anwesens mitten im Dorf regelmäßig Kunstausstellungen zu zeigen. Im gleichen Jahr fand eine erste Ausstellung in der „KulturScheune" statt. Ein wichtiger Schwerpunkt war von Beginn an die Zusammenarbeit mit einer benachbarten Schule (Haunetal Schule). Die Schülerinnen und Schüler der Schule haben Angebote entwickelt und auch kleine Betriebe gegründet, die dazu dienen sollten, mehr Leben im Ort zu erhalten. Ziel der Vereinsgründung war es auch, ein kommunikatives Zentrum zu schaffen, Traditionen aufzugreifen, aber auch neue Impulse zu setzen. Mit Hilfe von generationenübergreifenden Bildungsangeboten, künstlerischen Aktivitäten und kulturellen Angeboten sollte das Ortszentrum stabilisiert und revitalisiert, die örtliche Gemeinschaft weiterentwickelt und das Miteinander der Generationen gefördert werden. Ebenso wurde darauf hingearbeitet, dass auch andere Orte eigene Dorfgemeinschaftshäuser errichten.

Gegenwärtig hat der Verein ca. 40 Mitglieder, von denen zehn bis zwölf aktiv mitarbeiten. In den 15 Ortsteilen der Gemeinde gibt es insgesamt neun Dorfgemeinschaftshäuser, die teilweise jedoch unter einer gewissen Leerstandsproblematik leiden. Die Nachwuchsförderung ist deshalb ein wichtiger Bestandteil und ein Ziel der Arbeit in den einzelnen Dorfgemeinschaftshäusern und beim Verein.

DAS PROJEKT

Aufgrund ihrer Bauweise ließen die Räume zunächst nur den Sommerbetrieb zu, doch im Rahmen eines Dorferneuerungsprogramms 1996/97 wurden die Scheune und das Anwesen unter aktiver Beteiligung der Bürger zu einer Ganzjahreseinrichtung umgebaut. Im Wohnhaus und der Scheune sind nun ein Veranstaltungssaal, ein Café, Tagungsräume, eine öffentliche Bibliothek, ein Dorfladen und eine Technikwerkstatt untergebracht.

2004 fand die „KulturScheune Lange Wiese" in der Hermann-Lietz-Schule einen Kooperationspartner. Ein zu diesem Zweck gegründetes Schülerunternehmen übernahm fortan den Betrieb des

Cafés und des kleinen Dorfladens. Darüber hinaus werden von ihm Veranstaltungen organisiert, Räumlichkeiten vermietet und das Projekt „Haunetal online" durchgeführt. Mit der Schule, dem Dorf Wehrda und dem Lauftreff Haunetal wird seit 2009 zu Gunsten der Kinderkrebshilfe ein Benefizlauf und das Dorfevent „Wehrda rennt" organisiert.

Im September 2006 wurde die „KulturScheune Lange Wiese" als eines der ersten Mehrgenerationenhäuser[1] ausgewählt. Beworben hatte sich der Verein um diese Förderung, weil seine Mitglieder darin eine Chance für die Markgemeinde Haunetal sahen, die Weichen für die zukünftige Entwicklung der Gemeinde zu stellen.

---

[1] *Das Aktionsprogramm Mehrgenerationenhäuser hatte seinen Ursprung in Niedersachsen. Dort initiierte Ursula von der Leyen als niedersächsische Familienministerin die Förderung von Mehrgenerationenhäusern im Sinne offener Nachbarschaftstreffpunkte. In solchen Häusern sollen familienorientierte Aktivitäten und Dienste für Jung und Alt vor allem ehrenamtlich angeboten werden. Darüber hinaus sollen sie das Miteinander der Generationen und die Hilfe zur Selbsthilfe fördern.*

Das Lesezimmer ist einladend und kinderfreundlich eingerichtet

Hinter dem Gebäude gibt es Platz für Freiluftveranstaltungen

Im Laufe der Zeit wurden in diesem Projekt eine Reihe verschiedener Angebote entwickelt: Das Wohnhaus wird für Kreativ-Aktivitäten von Kindern und Jugendlichen und das Kunstschulprogramm genutzt. In der Scheune findet im Sommer ein kulturelles Programm mit Liederabenden, Filmveranstaltungen, Lesungen oder Ausstellungen statt, außerdem gibt es gesonderte Einzelveranstaltungen wie Rockfestivals. Wöchentlich trifft sich die Big Band Haunetal, um in dem Gebäude zu proben; die Kinderbücherei „Schatzinsel", von ehrenamtlichen Frauen aus dem Dorf betreut, ist jeden Montag geöffnet. In der Technikwerkstatt können Kinder, Jugendliche und Erwachsene an ihren Fahrrädern, Rasenmähern oder auch Mopeds herumschrauben.

Dank des sozialpädagogischen Hintergrunds einiger seiner Mitglieder ist der Verein auch in der Lage, andere Initiativen in Bildungs- und Erziehungsfragen zu beraten und sein Erfahrungswissen an sie weiterzugeben.

Mit dem Projekt „Zukunft Haunetal" werden Vereine, Institutionen, Unternehmen und engagierte Bürger/innen der Gemeinde zusammengeführt und kooperativ miteinander verbunden. So entstehen in den 15 einzelnen Ortsteilen z. B. Konzepte dafür, wie durch haushaltsnahe Dienstleistungen die Vereinbarkeit von Familie und Beruf erleichtert werden könnte.

Die Finanzierung der Sanierung des Anwesens gelang mithilfe des Dorferneuerungsprogramms, die der aktuellen Angebote geschieht durch das Aktionsprogramm „Mehrgenerationenhäuser". Weitere finanzielle Unterstützung kommt von Mitgliedsbeiträgen, Sponsoren und von Erlösen aus Veranstaltungen.

ERGEBNISSE UND WIRKUNGEN

Die Kulturscheune ist ein bereits 30 Jahre existierendes Projekt, das unterschiedliche Zielsetzungen verfolgt. Ursprünglich als Schwerpunkt im Bereich der Jugendsozialarbeit entstanden, gehört heute vor allem die Vernetzung der unterschiedlichen Ortsteile und die Aufrechterhaltung eines regen gemeinschaftlichen Lebens zu den Zielen. Ein Teil der Neuorientierung ist auf die Zielsetzungen des Mehrgenerationenhausprogramms zurückzuführen; ein anderer Teil geht auf die kontinuierliche Anpassung von Inhalten und Strukturen an veränderte Bedürfnisse zurück. In der Kulturscheune wird heute das bürgerschaftliche Interesse an einer starken gemeinschaftlichen Orientierung zwischen den verschiedenen Ortsteilen erkennbar.

ENGERE WAHL

Kunst in und um Kröte
Waddeweitz, Ortsteil Kröte

Ausstellungsraum

Eröffnung der Veranstaltung Kunst in und um Kröte

DER ORT

Der 44-Einwohner-Ort Kröte ist Teil des Dorfes Dickfeitzen, eines 1972 eingemeindeten Ortsteils der Gemeinde Waddeweitz. Waddeweitz liegt im Wendland, im niedersächsischen Landkreis Lüchow-Dannenberg, der stark agrarisch geprägt ist. Allgemeinen Bekanntheitsgrad erlangte die Gegend rund um das Dorf Kröte durch das Atommülllager Gorleben und die Protestbewegung gegen die Atomenergie.

DER VEREIN

Kunst in und um Kröte gibt es seit mehr als 20 Jahren. Die ersten Aktionen sind im Zusammenhang mit dem Veranstaltungsprogramm „Kulturelle Landpartie" im Landkreis Lüchow-Dannenberg entstanden. Die Veranstaltungen finden in jedem Jahr zwischen Himmelfahrt und Pfingsten statt, dauern also zwölf Tage. In der Anfangszeit waren es zunächst nur wenige Orte im Landkreis, an denen Veranstaltungen stattgefunden haben. Heute sind es ca. 90 Orte mit ganz unterschiedlichen Konzepten und Ausrichtungen, die gemeinsam das Programm „Kulturelle Landpartie" tragen.

In Kröte begannen die ersten Kunsttage mit drei Ausstellungen (Weberin, Tischler, Künstlerin). Diese Aktionen entwickelten sich in den Folgejahren durch gemeinsame Gespräche mit Nachbarn und Freunden zu einem eigenständigen Dorffest, das in seiner Ausrichtung und Organisation von nahezu allen Bewohnern aktiv mitgetragen wird. Im Jahr 2007 entstand der Verein „KVAK e.V. – Förderverein für Kulturelle Veranstaltungen und Ausstellungen in und um Kröte".

DAS PROJEKT

Heute stehen die Veranstaltungen in Kröte in jedem Jahr unter einem neuen Thema, das mit einem eigenständigen Konzept und einer eigenständigen inhaltlichen Ausrichtung gesondert bearbeitet wird. Es bietet auch die Möglichkeit, sich mit gezielten künstlerischen Beiträgen zu beteiligen. Mit dieser Ausrichtung bildet das Projekt „Kunst in und um Kröte" eine Besonderheit innerhalb der Kulturellen Landpartie, weil sich andere Gemeinden und Standorte nicht in der gleichen Richtung entwickelt haben. Ein Grundmerkmal der kulturellen Landpartie ist allerdings, dass die Beiträge der einzelnen Initiativen und an den einzelnen Standorten grundsätzlich in eigener Regie entwickelt und organisiert werden; insofern ist es jedem Partner innerhalb der informellen Vereinigungen selbst überlassen, welche Art von Beitrag zur kulturellen Landpartie geleistet wird. Die Veranstaltungen in Kröte sind dabei der einzige Baustein des Gesamtprogramms, der explizit auf künstlerische Beiträge ausgerichtet ist. Eine finanzielle Unterstützung erfolgt in der Regel durch den Landkreis, der bisher jeden Antrag auf Zuschuss positiv bewilligt hat. Ein Teil der Zuwendung wird auch über den „Lüneburger Landschaftsverbund" geleistet, der aus einem Verbund mehrerer Landkreise besteht. Die finanzielle Zuwendung des Landkreises erfolgt als Unterstützung aus dem persönlichen Budget des Direktors der Samtgemeinde Lüchow, die aus sehr vielen einzelnen Ortsteilen besteht. Ein weiteres Ziel des „KVAK" ist es, die Attraktivität der Region für die jüngere Bevölkerung zu stärken und insbesondere Freiberufler und Künstler für den Landkreis zu gewinnen bzw. dort zu halten.

Im Jahr 2010 wurde ein Sonderprojekt veranstaltet, das den Titel „Ökologie und Kunst = Transformationen" getragen hat. Es bestand aus der künstlerischen Arbeit mit einem ökologischen Dämmstoff. Die Ausstellung wurde außer in Kröte im Rahmen der Kulturellen Landpartie auch in Kassel (Landkreisverwaltung), in Essen (VHS) und in Dortmund (Messe Creativa) gezeigt.

Grundsätzlich erfolgt die Finanzierung der Veranstaltungen neben kleineren Zuschüssen durch den Verkauf speziell hergestellter Produkte und Erzeugnisse mit Kunstbezug, den Verkauf von Buttons im Rahmen der Kunsttage und eine kostenneutrale Organisation durch einen breiten Kreis aktiv beteiligter Menschen aus Kröte und dem Förderverein. So ist es insbesondere die Mitwirkung des ganzen Dorfes, die eine logistische Bewältigung von bis zu 2 000 Besuchern am Pfingstwochenende erlaubt (Bewirtung, Parkplatzorganisation usw.).

Der hohe Zuspruch aus der Bevölkerung wird als ein Beleg für die Bedeutung und die Möglichkeiten einer Identifikation in einem Landkreis betrachtet, der ansonsten unter ganz anderen Vorzeichen (Gorleben) bundesweit bekannt ist. Kunst bietet dieses Potenzial bereits seit einiger Zeit, da sowohl der Landkreis als auch die Region Wendland ein in den vergangenen Jahrzehnten gewachsener und beliebter Standort für Künstler und Kunsthandwerker sind. Zu Zeiten der innerdeutschen Grenze bot der grenznahe Raum günstige Entfaltungsmöglichkeiten für die selbstän-

Café während einer Veranstaltung

Besucher der Veranstaltung

dige Tätigkeit von Künstlern und Kunsthandwerkern, die sich hier auch größere Räume und Ateliers leisten konnten. Die kulturelle Landpartie hat dann immer weitere Künstlerinnen und Kunsthandwerker ins Wendland geführt, woraus dann ein Milieu der gegenseitigen Befruchtung und Weiterentwicklung entstanden ist.

ERGEBNISSE UND WIRKUNGEN

Für die Dorfgemeinschaft in Kröte bedeuten die Veranstaltungen und Ausstellungen einen wichtigen Beitrag für eine neue Form der Identität, eine Basis für gemeinsame Aktionen und gemeinsames Leben und über das traditionelle Dorffest zum Abschluss der Kunsttage eine Gelegenheit zum gegenseitigen Austausch und Feiern aller Einwohner. Auf diese Weise sind die Aktionen in der dörflichen Gemeinschaft verwurzelt und es ergibt sich auch eine Chance, die jüngere Bevölkerung mit einzubeziehen. Es ist erklärtes Ziel des Fördervereins, die Attraktivität der Region und des Landkreises für die jüngere Bevölkerung zu stärken und insbesondere Freiberufler und Künstler, die in der Ausübung ihrer Arbeit örtlich ungebunden sind, wieder für den Landkreis zurückzugewinnen bzw. zu halten. Der Erfolg der Förderung der dörflichen Gemeinschaft zeigt sich auch daran, dass die über die Kunstveranstaltungen gelebte Gemeinschaft inzwischen auch die Basis für weitere gemeinsame Projekte liefert, die nichts mit Kunst, sondern mit den allgemeinen Aufgaben und Entwicklungsperspektiven der Dorfgemeinschaft zu tun haben (Energiekonzept wie BHKW, Ackernutzung usw.).

Kröte ist in diesem Sinne ein gutes Beispiel für eine gewachsene und ständig weiter entwickelte, gemeinschaftlich getragene neue Interpretation des nachbarschaftlichen, dörflichen Zusammenhalts.

ENGERE WAHL

Altes Rathaus Schöckingen
Stadt Ditzingen, Ortsteil Schöckingen

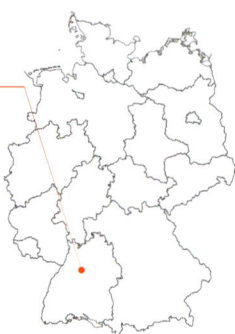

Lesung Caritas Lewandowski

Zuschauer bei einer Veranstaltung

DER ORT

Schöckingen ist mit rund 1 800 Einwohnern der kleinste Ortsteil der Stadt Ditzingen im Landkreis Ludwigsburg. Im Ortskern des Dorfes befinden sich das gleichnamige Schloss und das alte Rathaus. Fachwerkhäuser bestimmen das Ortsbild. Wirtschaftlich wird die Stadt Ditzingen durch Maschinenbau sowie das Verlags- und Druckgewerbe geprägt.

DER VEREIN

Im Rahmen eines Agenda-Prozesses wurden von den Bürgern des Ortes in fünf moderierten Sitzungen Nutzungsempfehlungen für das in der Ortsmitte gelegene ehemalige Rathaus erarbeitet. Aus diesen Workshops entstand der Arbeitskreis „Altes Rathaus Schöckingen" (AKARS), ein (nicht eingetragener) gemeinnütziger Verein, der aus zehn bis zwölf Mitgliedern besteht und mit der Gemeinde einen Nutzungsvertrag für das „Alte Rathaus" abgeschlossen hat. Das Netzwerk der Beteiligten, das heute über den Arbeitskreis Altes Rathaus Schöckingen das Kultur- und Veranstaltungsprogramm organisiert, hat sich erst im Laufe des Beteiligungsprozesses gebildet. Es wurde von der Stadt Ditzingen als verlässlicher Ansprechpartner anerkannt, dem die Verantwortung und inhaltliche Ausgestaltung des Programmes übertragen werden konnte.

DAS PROJEKT

Das „Alte Rathaus" ist ein Gebäude aus dem 18. Jahrhundert und wurde lange Zeit als volkskundliches Museum genutzt (auch die Gemeindebibliothek war darin untergebracht); mit dessen Integration in das Heimatmuseum der Stadt Ditzingen wurde das „Alte Rathaus" funktionslos, sollte aber als kulturelles Zentrum erhalten bleiben.

In einer Vereinbarung mit der Stadt wurde festgelegt, dass der Arbeitskreis von der Stadt einen jährlichen Zuschuss erhält und die Stadt den Unterhalt und notwendige Umbauten des Gebäudes übernimmt. Im Gegenzug ist der Arbeitskreis verpflichtet, eine geeignete Nutzung des Gebäudes zu gewährleisten. Ein wichtiger Bestandteil der Vereinbarungen zwischen Arbeitskreis und Stadt Ditzingen besteht darin, dass der Verein eine eigenständige Finanzierungsverantwortung übernimmt und sich beispielsweise auch selbstständig um entsprechende Einnahmen und Sponsoren kümmert. Informelle Kooperationsbeziehungen bestehen unter anderem mit dem Kulturkreis Weissach und anderen Initiativen im Großraum Stuttgart.

Die Nutzung des alten Rathauses basiert heute auf drei Säulen: den Kulturveranstaltungen in Ergänzung zur weiterhin bestehenden Bibliothek, dem Internetcafé mit dem Schwerpunkt der Beratung und Schulung von Älteren sowie dem Café, das einmal pro Woche und begleitend zu den Veranstaltungen geöffnet hat. Pro Jahr gibt es in einem Raum für rund 70 Personen etwa zehn Großveranstaltungen, zu welchen neben Dorfbewohnern auch Besucher aus dem Großraum Stuttgart kommen. Durch thematisch wechselnde Ausstellungen wird zudem die ursprüngliche Funktion des Gebäudes als Museum erhalten.

Ziel des Arbeitskreises ist es, das „Alte Rathaus" als Treffpunkt und Veranstaltungsort für kulturell Interessierte zu gestalten und es zudem zu einem offenen Haus auch für andere Vereine und Bürgerinitiativen zu machen.

Finanziert werden die Aktivitäten des Arbeitskreises, abgesehen von der finanziellen Unterstützung der Gemeinde, durch Einnahmen aus Veranstaltungen und Beiträge von Sponsoren.

ERGEBNISSE UND WIRKUNGEN

Das Konzept des Arbeitskreises „Altes Rathaus Schöckingen" überzeugt inhaltlich ebenso sehr wie die Kooperation auf Augenhöhe zwischen dem Arbeitskreis und der Stadt Ditzingen. Es ist in dieser Form ein vorbildliches Beispiel für die Art der Zusammenarbeit zwischen bürgerschaftlichem Engagement und Stadtverwaltung, die durch gegenseitigen Respekt, Anerkennung und Kompetenzübertragungen zu einem erheblichen Gewinn für die gesamte Bevölkerung führen kann. Die Eigenständigkeit und die Identität von Schöckingen, dem kleinsten Stadtteil der Stadt Ditzingen, werden durch das alte Rathaus gestärkt.

Gebäudeensemble Altes Rathaus

Cafébetrieb im Alten Rathaus

ENGERE WAHL

Kunst auf's Land
Schönecken

Außenansicht des Alten Amtes

Kunstgalerie im Alten Amt mit Ausstellung

DER ORT

Schönecken ist Teil der Verbandsgemeinde Prüm im Eifelkreis Bitburg-Prüm, Rheinland-Pfalz, und hat rund 1 500 Einwohner. Der Ort ist eingebettet in das Tal der Nims, oberhalb befindet sich die Ruine der Burg Schönecken. Traditionell ist seine wirtschaftliche Struktur durch das Handwerk geprägt; außerdem ist Schönecken ein anerkannter Fremdenverkehrsort.

DER VEREIN

Der Kulturkreis „Altes Amt Schönecken e.V." ist ein eingetragener, gemeinnütziger Verein. Seine wichtigsten Projekte und Ausstellungen werden im alten Amtshaus in Schönecken gezeigt. Der Kulturkreis belebt auf diese Art und Weise das alte Amtshaus mit wechselnden Ausstellungen und sorgt gleichzeitig dafür, dass die Öffnungszeiten für andere Angebote erweitert werden. Hierzu gehört insbesondere die ständige Ausstellung mit Museum des Handwerkervereins, der im Obergeschoss des Amtshauses seine Räume hat. Der Handwerkerverein hat maßgeblich an der Sanierung des alten Amtshauses mitgewirkt und deshalb seine ständigen Ausstellungsräume erhalten. Außerdem werden vom Kulturkreis bzw. von seinen Mitgliedern noch die Artothek in unmittelbarer Nachbarschaft des alten Amtshauses geführt sowie wechselnde Ausstellungsräume, auch in der Öffentlichkeit, genutzt.

Der Kulturkreis hat zurzeit ca. 30 aktive Mitglieder, die überwiegend aus dem Ort selbst stammen. In der Mehrzahl handelt sich dabei um ältere Menschen, die bereits in die Nacherwerbsphase eingetreten sind.

Mehrzweckraum Schönecken

Parkaktivitäten

DAS PROJEKT

Bei seinen Kunstpräsentationen legt der Kulturkreis besonderen Wert auf stilistische und thematische Vielfalt. Neben internationaler Bildender Kunst wird Kunsthandwerk gezeigt (auch Einheimische haben Gelegenheit, ihre künstlerischen Arbeiten vorzustellen), eine Schaufenster-Galerie betrieben und marktähnliche Museumstage mit Vorführung künstlerischer Techniken organisiert.

Daneben verfolgt der Verein das Ziel, im Ort einen Skulpturenweg einzurichten; bisher wurden vier Großskulpturen aufgestellt. An deren feierlicher Einweihung werden andere Vereine, speziell der Handwerkerverein und der Musikverein, beteiligt.

Eine regelmäßige Unterstützung erhalten die Ausstellungen des Kulturkreises dann, wenn sie in den „Kultursommer Rheinland-Pfalz" aufgenommen werden. Dessen jeweiliges Thema wird zwar von der Landesregierung vorgegeben, die Auswahl der Künstler und Kunstwerke erfolgt aber durch den Kulturkreis.

ERGEBNISSE UND WIRKUNGEN

Die Aktivitäten der „Kulturkreises Altes Amt" sind mittlerweile über Schönecken hinaus bekannt und stellen für diese Gemeinde ein wichtiges Alleinstellungsmerkmal dar. Die anhaltende Präsenz von Kunst und die Berichterstattung darüber, vor allem im Sommer jedes Jahres, tragen zur weiteren Profilierung des Ortes in der öffentlichen Wahrnehmung bei.
Durch die Aktivierung bürgerschaftlichen Engagements der Einheimischen und die Einbindung anderer örtlicher Vereine wird auch ein Beitrag zur Identifizierung der lokalen Bevölkerung mit ihrem Ort geleistet.

Skulptur am Skulpturenweg

Skulptur am Skulpturenweg

ENGERE WAHL

Kunsttage Winningen
Winningen

Besucher vor einer Skulptur mit Pfählen aus dem Weinanbau

Eine Skulptur von Uwe Esser, die mit Licht und Farbe spielt

DER ORT

Winningen liegt an der Mosel nahe Koblenz. Das Dorf gehört zur Verbandsgemeinde Kobern-Gondorf im Landkreis Mayen-Koblenz (Rheinland-Pfalz) und beheimatet rund 2 500 Einwohner. Traditioneller Wirtschaftsfaktor des Ortes ist der Weinanbau und der damit verbundene Fremdenverkehr. In Winningen sind über 40 Weinanbaubetriebe und zahlreiche kleine Weinstuben ansässig.

DER VEREIN

Die Idee der „Kunsttage Winningen" wird von einem aktuell zehnköpfigen Team des Vereins „Kunsttage Winningen e.V." getragen. Er wird von über 60 Helferinnen und Helfern im Alter von 15 bis 77 Jahren unterstützt.

DAS PROJEKT

Die ersten Kunsttage in Winningen wurden 2008 veranstaltet und sollen nun alle zwei Jahre stattfinden.

Sie sind entstanden mit dem Ziel, eine Erweiterung des Profils und der Wahrnehmung von Winningen in der Öffentlichkeit und bei der eigenen Bevölkerung herbeizuführen. Sie sind eine bewusste Ergänzung, obwohl sie in ihren Inhalten und künstlerischen Präsentationen immer wieder auch Anknüpfungspunkte zum Thema Wein, zur Weininfrastruktur (Weingüter als Ausstellungsorte) und zum Selbstverständnis der Gemeinde als einem Weinbauort aufweisen. Die Konzentrati-

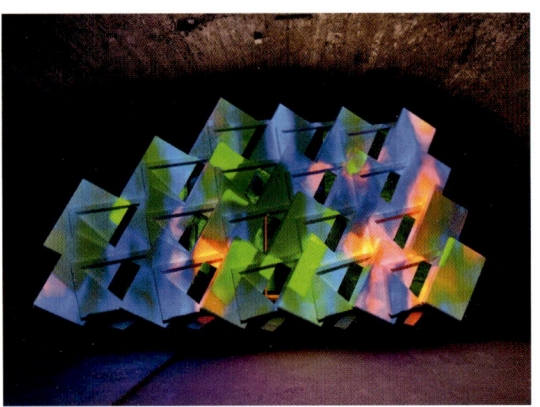

Der Künstler Stephan Horch bei den Vorbereitungen für eine Skulptur   Fertige Horch-Skulptur mit Licht bestrahlt

on und Begrenzung auf ein Wochenende entsteht auch aus der Art der Nutzung der „normalen Orte" in Winningen, die nur für diese begrenzte Zeit genutzt werden können. Sie werden durch die Bevölkerung zur Verfügung gestellt, was in der Regel mit einem erheblichen Aufwand verbunden ist. So werden beispielsweise Weinkeller ausgeräumt, private Gärten vorbereitet und zur Verfügung gestellt oder auch die evangelische Kirche geleert, in der die normalerweise verwendeten Sitzbänke entfernt werden.

An den Kunsttagen wirken ca. 60 Personen aus Winningen aktiv mit, die vor allem in die Organisation der Kunsttage eingebunden sind (Aufsicht, Kartenverkauf, Informationen, Bewerbung). Die Kunsttage bieten eine Vielzahl von individuellen Beteiligungsmöglichkeiten für eine Mitwirkung der örtlichen Bevölkerung. Insbesondere die Winzer vor Ort unterstützen die Kunsttage, indem sie neben den Räumlichkeiten auch Material zur Verfügung stellen. Dies wird beispielsweise beim Land Art Projekt 2012 der Fall sein, für das in der Vorbereitung heute bereits viele alte Rebstöcke und Weinbergpfosten gesammelt werden.

Die Kunsttage Winningen haben bereits bei ihrer ersten Durchführung im Jahr 2008 eine sehr große Resonanz hervorgerufen. Dies liegt zum einen an der professionellen Öffentlichkeitsarbeit, die aus dem Team heraus geleistet wird, und zum anderen an der Vernetzung und an den Qualifikationen, die über die einzelnen Mitglieder in das Team eingebracht werden. Der hohe Qualitätsanspruch an Kunst und Künstler/innen hatte zunächst auch dazu geführt, dass die ursprünglich im Jahr 2006 bereits für 2007 geplanten Kunsttage erst im Jahr 2008 erstmals durchgeführt werden konnten.

Die Auswahl sowohl der Kunst als auch der Künstlerinnen und Künstler erfolgt durch das Kunsttageteam, das hierzu auch auf Messen reist, Kontakte mit anderen Ausstellungsorten knüpft oder Künstlerinnen und Künstler vor Ort besucht, um sich einen eigenen Eindruck zu bilden. Die Finanzierung der Kunsttage erfolgt hauptsächlich durch Spenden und im Jahr 2010 durch einen Zuschuss aus dem „Kultursommer Rheinland-Pfalz".

ERGEBNISSE UND WIRKUNGEN

Die Kunsttage Winningen sind ein sehr ambitioniertes Projekt, das durch ein engagiertes Team auf einem hohen Niveau durchgeführt wird. Zu diesem hohen Niveau gehört auch die professionelle Öffentlichkeitsarbeit, die gezielte Ansprache und Einbindung der örtlichen Bevölkerung, die Ausrichtung auf die Ergänzung des Profils der Gemeinde und die Vernetzung mit Kunstinteressierten aus überregionaler Nachbarschaft. Aufgrund der engen Verbindung und Kooperation mit der Gemeinde ist davon auszugehen, dass die Kunsttage Winningen zumindest auf struktureller und organisatorischer Ebene fest verankert sind. Die frühzeitige Integration auch jüngerer Bürgerinnen und Bürger in das Team erweckt den Eindruck, als ob eine Fortführung der Kunsttage auch nach dem Ausscheiden der Personen, die sie initiiert haben, zu erwarten ist. Außerdem zeigt die hohe Mitwirkungsbereitschaft vieler Beteiligter, dass die Winninger Kunsttage auch in der örtlichen Bevölkerung angekommen sind und einen erheblichen Beitrag zum Selbstverständnis und zum Stolz der Bewohner leisten.

Kunst im Raum ...

und auf Grünflächen in Winnigen

ENGERE WAHL

Theater vom Dorf für das ganze Land
Zielitz

DER ORT

Zielitz ist eine Gemeinde im Landkreis Börde in Sachsen-Anhalt, Mitglied der Verbandsgemeinde Elbe-Heide und hat rund 1 900 Einwohner. Wirtschaftlich ist der Ort durch den Kalisalzabbau geprägt (das Kaliwerk ist seit 1973 in Betrieb); auch von der Nähe zu Magdeburg profitiert Zielitz insofern, als die Einwohnerzahlen stabil sind und auch neue Wohngebiete ausgewiesen werden können.

DER VEREIN

Der Verein „Holzhaustheater Zielitz e.V." wurde im Jahr 2000 gegründet und ist als gemeinnützig anerkannt. Rund 25 Erwachsene und 40 Kinder sind Mitglieder des Vereins.

DAS PROJEKT

Die Idee, in Zielitz Theater zu spielen, ergab sich aus dem beruflichen Hintergrund der Vereinsgründer. Zunächst entstand aus privaten Vorführungen Interesse bei Nachbarn und Freunden. Daraus entwickelte sich dann der Plan, mit Kindern und Erwachsenen Theaterstücke einzustudieren und aufzuführen und schließlich einen Theaterverein zu gründen – ein wichtiger Schritt, um eine Zusammenarbeit mit der Gemeinde zu ermöglichen.

Im Laufe der Jahre konnte der Verein zahlreiche Inszenierungen mit Kindern, Jugendlichen und auch Erwachsenen in der Gemeinde veranstalten. Die künstlerische Leitung des Vereins, die Auswahl der Stücke oder ihr Verfassen und die Probenleitung obliegen einer Theaterwissenschaftlerin im Verein. Sie führt auch die mittlerweile gegründete Schauspielschule für Kinder und Jugendliche, an der zurzeit über 40 Schüler verschiedener Altersgruppen das Theaterspielen lernen.

Der Verein nutzt als Kooperationsprojekt verschiedene Räume im Mehrgenerationenhaus MGH von Zielitz (Kooperation mit der Kita auf dem gleichen Stockwerk, Probenraum, mehrere Fundus-Räume). Das MGH wird noch bis zum Jahr 2013 gefördert; danach werden diese Räume vermutlich entfallen, wobei jedoch eine Fortsetzung der Kooperation mit der Kita geplant ist. Die Vorführungen des Theaters finden in einer sogenannten Raumerweiterungshalle (REH) statt, die noch aus Zeiten der DDR stammt. Sie wurde von den Vereinsmitgliedern in Eigenregie saniert und mit dem notwendigen Equipment ausgestattet. Für den inzwischen vorhandenen Zulauf an Zuschauern und für Aufführungen mit einer Gruppe von Schauspielern ist die REH jedoch zu klein. Außerdem sind die Betriebskosten, die vom Verein getragen werden, sehr hoch. Der Mietvertrag zwischen dem Verein und der Gemeinde, der dem Verein die mietkostenfreie Nutzung im Gegenzug zur Sanierung und Erhaltung ermöglicht, ist inzwischen ausgelaufen. Nach der Übersiedelung des Theaters in eine modernisierte und erweiterte alte Schulturnhalle wird die REH voraussichtlich abgerissen und der Platz von der Gemeinde als Bauland verkauft.

In Vorbereitung ist eine alte Schulturnhalle, die modernisiert und um ein Foyer als neuem, vorgelagertem Eingangsbereich erweitert werden soll. Durch den Neubau eines Schul- und Bildungszentrums sind die bisherigen Räumlichkeiten der Schule frei geworden. Die Gemeinde beabsichtigt, sie neuen Nutzungen zuzuführen. Als erster Abschnitt ist die Modernisierung und Erweiterung der Turnhalle vorgesehen, für die seitens der Gemeinde unter Bezug auf die Nutzung durch das Theater ein LEADER-Antrag gestellt wurde. In Verbindung mit dieser Förderung soll das Theater einen neuen Aufführungsraum sowie die notwendigen ergänzenden Räumlichkeiten erhalten (Foyer, Toiletten, Probenräume, Künstlergarderobe, Büro). Eventuell wird auch eine alternierende Nutzung des Hauptraums durch andere Gruppen oder für Veranstaltungen der Gemeinde erfolgen.

Ein wichtiger, auch regional wirksamer Schwerpunkt sind die sogenannten Kalimandscharo-Festspiele, die 2012 zum 13. Mal stattfinden. Sie gehen auf eine Anfrage zurück, ein Theaterstück zur historischen Figur des Prinzen Louis Ferdinand von Preußen zu schreiben, der in einem Nachbarort eine Geliebte hatte und der eine historische Rolle in einer in der Nähe von den Preußen gegen Napoleon verlorenen Schlacht hatte. Für diese Inszenierung kam nur ein großflächiger Spielort in Frage, der sogenannte Kaliberg (Betriebsstätte, Halde der Kali-Werke). In Abstimmung mit den Kali-Werken wurden die Festspiele entwickelt, die heute ein großes Stammpublikum haben. Die Kali-Werke unterstützen die Festspiele organisatorisch (Planierung der Spielstätte auf ca. 40 m Höhe, Sicherung der Spielstätte, Parkplatz, Fahrdienst für Behinderte, Starkstromleitung, Feuerwehr). Die Kali-Werke organisieren auch die Toiletten zu einem günstigen Firmenmietpreis; die Mietkosten werden allerdings vom Verein getragen. Zu den Festspielen auf dem Kaliberg kommen regelmäßig ca. 3 000 Besucher aus einem Umkreis von 50 Kilometern. Die Kali-Werke haben dem Theater außerdem einen Pick-up zur Verfügung gestellt, der für Transportzwecke benötigt wird, u.a. zu den anderen Spielstätten. Regelmäßige Aufführungen finden in einem Vierseithof mit Kulturscheune in einem benachbarten Ort und im Kulturhaus von Tangermünde statt. Bis vor wenigen Jahren gab es auch regelmäßig auf dem Weihnachtsmarkt in Magdeburg „Aufführungen mit Kindern"; dieses Engagement wurde jedoch aufgrund der schwierigen räumlichen Rahmenbedingungen inzwischen aufgegeben. Unregelmäßig werden außerdem kleinere Auftritte bei Familienfeiern in der Region wahrgenommen.

Ein weiteres Projekt des „Holzhaustheaters" sind die Märchenspiele. Hieran beteiligen sich Kinder im Alter zwischen acht und fünfzehn Jahren; Erwachsene und Senioren helfen bei den Aufführungen mit. Die Stücke werden auch in der Region rund um Zielitz gezeigt. Außerdem unterstützt der Verein gemeinnützige Organisationen wie die Kinderhilfsorganisation Plan international.

ERGEBNISSE UND WIRKUNGEN

Das Holzhaustheater in Zielitz ist ein Beispiel für eine erfolgreiche private Theaterinitiative, die sich nicht nur auf die Inszenierung von Stücken konzentriert, sondern auch die Nachwuchsförderung zum Ziel hat. Dabei geht es sowohl um den Nachwuchs für das eigene Theaterensemble als auch um die Stärkung des Selbstbewusstseins von Kindern und Jugendlichen, deren sprachliche Fähigkeiten, den Aufbau von Bindungen und die Förderung der Kommunikation und Kooperation. Der geplante Umbau einer Turnhalle wird die Aktivitäten des Holzhaustheaters weiter fördern und dazu beitragen, dass Zielitz einen kulturellen Mittelpunkt dauerhaft sichern kann.

Kalimandscharofestspiele 13. Juli 2007 – Uraufführung Olsenbande durch das Holzhaustheater Zielitz

Kalimandscharofestspiele – Bühne auf dem Kaliberg

I. DIE ZUKUNFT VON KLEINEN GEMEINDEN

II. DIE ANGEBOTE

III. ZWÖLF THESEN

IV. DER WETTBEWERB

V. PROJEKTDOKUMENTATION

ANHANG

Liste der Wettbewerbsbeiträge

PLZ / Ort	Thema	Träger	Kurzbeschreibung
POSTLEITZAHLEN			
01587 Riesa	„LandART" Belebung der kulturellen Infrastruktur für Risaer Ortsteile	Kulturschleuder e.V., Kulturwerkstatt „Art"	Mithilfe des Projekts LandART soll trotz der Eingemeindung von mehreren Dörfern in die Stadt Riesa die kulturelle und soziale Infrastruktur durch die Zusammenarbeit mit Künstlern und Handwerkern erhalten werden.
01623 Leuben-Schleinitz	unverzagt – gewagt – gewonnen	Förderverein Schloss Schleinitz e.V.	Die Tätigkeit des Vereins ist die ständige Erweiterung und Präsentation der Sammlung ländlichen Brauchtums in einem ehemaligen Getreidespeicher in ehrenamtlicher Arbeit.
01665 Batzdorf	Schloß Batzdorf	Schloß Batzdorf e.V.	Kulturelle Veranstaltungen mit verschiedenen Höhepunkten im Jahr werden vom Verein im Schloss durchgeführt und führen zu einer Wiederbelebung der Gemeinde.
01844 Neustadt	Leben auf dem Land – Lebendig und mobil	Arbeiter-Samariter-Bund Ortsverband Neustadt e.V. – Mehrgenerationenhaus	Durch den Aufbau von Kommunikationstreffs in den Ortsteilen Rückersdorf, Oberottendorf, Longenwolmsdorf und Polenz soll der Austausch und das Miteinander von Generationen, aber auch von Nachbarschaften gefördert werden.
01848 Hohnstein OT Ulbersdorf	Vom Ulbersdorfer Märchenturm	Stadtverwaltung Hohnstein gemeinsam mit Märchenturm Ulbersdorf e.V.	Auf Initiative eines Einwohners wurde ein altes Travohäuschen in einen Märchenturm umgestaltet und ist nun Treffpunkt für alle Generationen, es werden Feste und Lesungen durchgeführt, ein Märchenweg ist in Planung.
01896 Pulsnitz	Revitalisierung ehemaliger Schlossgrundstücke	CV Oberlichtenau e.V. cv-aktiv reiseDienst e.V.	Betrieb eines Projekts „Israel in Sachsen" mit mehreren Grundstücken und Gebäuden mit dem Ziel, Besuchern das Erleben christlicher Feiertage zu vermitteln.
01920 Nebelschütz	Soziokulturelles Zentrum am Krabatstein	Tauchclub e.V., Museum Westlausitz, Sozialwerkstatt Kamenz, Netzwerk für Kinder- und Jugendarbeit e.V.	Ein alter Steinbruch wurde von der Gemeinde aufgekauft. Das Gelände soll nun gezielt zum „soziokulturellen Zentrum am Krabatstein" gestaltet werden, einem erlebnisorientierten Bildungsangebot.

01990 Ortrand	Dorftheater	Amt Ortrand, Gemeinde Kroppen	Das Dorftheater Kroppen führt jedes Jahr ein Lustspiel auf.
03130 Hornow-Wadelsdorf	Heimatpflege, Brauchtumspflege und Kultur	Heimatverein Hornow-Wadelsdorf e. V.	Im örtlichen Schloss Hornow werden regelmäßige kulturellen Veranstaltungen angeboten und ein Seniorentreff wurde gegründet.
03185 Heinersbrück	600 Jahrfeier Heinersbrück – Spiegelbild von Bildung, Kunst und Kultur in der Gemeinde	Gemeinde Heinersbrück	Der Ort Heinersbrück ist sorbisch geprägt, was bei den Veranstaltungen der ötlichen KITA, der Jugendgruppen und Vereinen gepflegt wird.
03205 Saßleben	Gutskapelle Reuden	Förderverein Gutskapelle Reuden e. V.	Verfallene Gutskapelle wurden vom Förderverein restauriert und wird für kulturelle Veranstaltungen wie Konzerte, Vorträge, Ausstellungen und Kinderfeste genutzt.
03222 Lübbenau	Wiederherstellung und Erhaltung verlustig gegangener Flächen der Kulturlandschaft Spreewald	Verein zur Erhaltung und Förderung des Spreewalderdorfes Lehde e. V.	Der Verein hat es sich zum Ziel gemacht, verlustig gegangene Flächen der historischen Kulturlandschaft wiederherzustellen, zu erhalten und landschaftspflegerisch zu betreuen.
03229 Altdöbern	Internationale Jugendbauhütte Gartendenkmalpflege im Schlosspark Altdöbern	Internationaler Jugendgemeinschaftsdient Landesverein Brandenburg e. V.	Jugendliche sanieren und revitalisieren in einem freiwilligen Jahr die historische Gartenanlage der Gemeinde Altdöbern.
04617 Treben	Rittergutensemble Treben	Gemeinde Treben	Das Herrenhaus und zwei weitere Gebäude des Ritterguts befinden sich in gemeindlichen Besitz. Sie wurden renoviert und der öffentlichen Nutzung zugeführt.
04639 Ponitz	„Frischer Wind in alten Mauern"	Förderverein Renaissanceschloss Ponitz e. V.	Im Bestand gefährdetes und leerstehendes Schloss wird durch einen Verein nach und nach wiederbelebt. Dazu werden, um die Sanierungsarbeiten zu finanzieren, kulturelle Veranstaltungen wie Konzerte oder Aufführungen durchgeführt.
04688 Mutzschen	Künstlergut Prösitz	Stammverwaltung Mutzschen	In einem ehemaligen Bauernhof ist das Künstlergut Prösitz entstanden, in welchem Künstler mit Stipendien, Arbeitsplatz und -material ausgestattet werden. Zudem werden auch Seminare und Kurse für Gruppen angeboten.
04720 Zschaitz-Ottewig	Neugestaltung des Naherholungszentrum „Am Burgberg"	Gemeinde Zschaitz-Ottewig	Weiterentwicklung eines Naherholungszentrums zur Nutzung für kulturelle Zwecke.

PLZ / Ort	Thema	Träger	Kurzbeschreibung
04936 Schlieben	Projekt „Kirchenstraße Elbe-Elster"	Verein Wald- und Heideland e.V.	Kirchen werden thematisch und topographisch durch Wege verbunden, Bürger engagieren sich durch ehrenamtliche Arbeit als Kirchenführer.
04936 Stadt Schlieben	„Tag der Ausbildung"	Amt Schlieben für Stadt Schlieben	Jedes Jahr wird für die Schüler der Schliebener Schulen eine Ausbildungsmesse organisiert, um ihnen Berufe, Ausbildungsplätze und Berufsanforderungen nahe zu bringen.
06193 Ostrau	Schloss Ostrau	Ostrauer Kulturverein e.V.	Während der Renovierung des Schlosses Ostrau und auch nach Abschluss wurden zahlreiche kulturelle Veranstaltungen wie Lesungen, Theateraufführungen, Kunstausstellungen, Konzerte und Feste durchgeführt.
06193 Wettin-Löbejün	Carl-Loewe-Museum mit Tonträgersammlung	Stadt Wettin-Löbejün	Mit Hilfe des Landes Sachsen-Anhalt und der Stadt Wettin-Löbejün wurde das Geburtshaus von Künstler Johann Gottfried Carl Loewe saniert und zu einem Museum umgebaut.
06333 Hettstedt OT Walbeck	Tierpark Walbeck	Trägerverein „Tierpark Walbeck" e.V.	Veranstaltungen im Tierpark. Zentrale Projekte dienen der Umweltbildung, Information und Erholung, insbesondere für Kinder, Familien und Schulklassen.
06429 Nienburg (Saale)	1050-Jahr-Feier der Stadt Nienburg (Saale)	Stadt Nienburg (Saale)	Um die 1050-Jahr-Feier der Stadt vorzubereiten und durchzuführen, wurde der „Verein zur Förderung der Kultur und Denkmalpflege sowie Heimatpflege der Stadt Nieburg e.V." gegründet.
06449 Aschersleben	Burg Freckleben	Heimatverein Freckleben e.V.	Der Heimatverein hat es sich zum Ziel gesetzt, die Burganlage Freckleben vor dem weiteren Verfall zu schützen und die Funktion eines kulturellen Treff- und Anziehungspunkt in der Region zu stärken.
06686 Lützen OT Muschwitz	Bilder-Buch-Dorf? Dorf-Bilder-Buch!	Interessensgemeinschaft zum Erhalt der Dorfkirche Muschwitz	Interessensgemeinschaft führt Projekt durch, in dem die älteren Bürger im Dorf den Jüngeren durch Fotos, Briefe und Erinnerungsstücke die Geschichte des Dorfes nahe bringen.
06846 Kleinkühnau	Kreativzentrum des Kultur- und Heimatvereins Kleinkühnau	Gemeinnütziger Verein	Alte Schule wurde zum „Kreativzentrum" umgebaut mit Angeboten aus den Bereichen Begegnung, Kommunikation, Bildung und Information. Auch bietet es Platz für die unterschiedlichen Vereine der Gemeinde.

06847 Dessau-Roßlau OT Kochstedt	Heimathaus Kochstedt	Heimatverein „zu Hause in Kochstedt" e.V.	Der Heimatverein will durch die ehrenamtliche Hilfe der Vereinsmitglieder ein leerstehendes Gebäude zum Vereinshaus umbauen, um weiterhin seine Veranstaltungen zur Stärkung der Dorfgemeinschaft sowie den Jugendtreff zu erhalten.
06888 Zahna-Elster OT Dietrichsdorf	Dietrichsdorf – unser Dorf hat Zukunft!	Lebendiges Dietrichsdorf e.V.	Engagierte Bürger schlossen sich zu einem Verein zusammen und übernahmen die Trägerschaft des Kindergartens, ebenso werden verschiedene Veranstaltungen zur Traditionspflege oder Dorffeste organisiert.
06888 Luth. Wittenberg OT Seegrehna	Förderverein Hofgestüt Bleesern e.V.	Förderverein Hofgestüt Bleesern e.V.	Der Verein hat sich zur Aufgabe gemacht das alte, architektonisch wertvolle Hofgestüt zu renovieren und zu erhalten sowie eine Herberge mit Gastronomie und einen Lehr- und Erlebnispfad aufzubauen.
06889 Kropstädt	Kulturscheune Kropstädt	Lutherstadt Wittenberg	Restaurierung des westlichen Gutshofgebäudes zu einer Kulturscheune zu einem Ort für kulturelle Veranstaltungen und Feste.
07334 Kamsdorf	Kunst in Kamsdorf	private Initiative, Arbeitskreis „Kunst in Kamsdorf"	Arbeitskreis „Kunst in Kamsdorf" veranstaltet Ausstellungen und deren Eröffnung, Lesungen, Konzerte und Vorträge im Kunstraum Kamsdorf, welcher sich im emeindehaus befindet.
07387 Gräfendorf	Von der Schule zum Dorfzentrum – Kultur aus dem und für das Dorf	Gemeinde Krölpa	Um ein altes Schloss vor dem Leerstand zu bewahren, wird es als Schule und auch als Dorfzentrum mit Räumen für Veranstaltungen und Versammlungen genutzt.
08309 Eibenstock	Bandonion	Bandonionverein Carlsfeld	Das Bandonion wurde früher in Carlsfeld gebaut, die Tradition wird durch das Orchester des Bandonionvereins fortgeführt.
08340 Schwarzenberg	Erlebnishof Herrenhof zu Erla	Stadt Schwarzenberg unterstützt den Erwerber/ Eigentümer/Betreiber Herrn Geuter des ehemals städtischen Objekts	Ein ehemaliger, derzeit ungenutzter Herrenhof soll zu einer mittelalterlichen Erlebnisgastronomie in Zusammenhang mit erlebbaren, handlungsorientierten altem Handwerk und Handel für Familien und Schulklassen umgenutzt werden.
09244 Lichtenau OT Auerswalde	Dorfgalerie Auerswalde – Kunst und Kultur vor der Haustür	Dorfgalerie Auerswalde e.V.	In der Gemeinde haben engagierte Bürger eine Galerie etabliert, die auch als Treffpunkt für Kunst- und Kulturinteressierte dient.

PLZ / Ort	Thema	Träger	Kurzbeschreibung
09619 Voigtsdorf	Schaffung eines Vereins-Domizil	Verein „Land und Leute Voigtsdorf" e.V.	Der Verein wurde gegründet, um die Landschaft zu pflegen, mitzugestalten sowie Bildungs- und Kulturangebote im Ort zu organisieren.
10000			
14621 Schönwalde-Glien OT Dorf	„Kreativbogen Schönwalde"	kreativ e.V.	Zunächst wurde der Verein von Hobbykünstlern gegründet und stellte ihre Bilder aus und veranstaltete Malkurse. Allmählich wuchs der Verein zum kulturellen Mittelpunkt des Ortes an, es werden nun auch Literaturkreise, Theater- und Sportgruppen angeboten.
14778 Beetzseeheide OT Gortz	Förderverein Gortz e.V.	Förderverein Gortz e.V.	Sanierung und Widerbelebung eines Gebäudeensembles aus Dorfkirche und Schule als Veranstaltungsort für Konzerte, Lesungen oder Theateraufführungen.
14822 Borkheide	Der Besondere Abend	Gemeinde Borkheide, Amt Brück	Vier bis fünf mal im Jahr treten in der Gemeinde junge und namhafte Künstler aus dem Bereich der klassischen Musik auf.
14929 Treuenbrietzen OT Klausdorf	Die Klausdorfer Kirche als Kirche, Kunst- und Kulturstätte und Bürgerhaus	Förderverein zum Erhalt der Klausdorfer Kirche e.V.	Erhalt des Kirchengebäudes in Klausdorf in seiner baulichen, kulturhistorischen Substanz und Nutzung als gemeinnützige Kultur-, Veranstaltungs- und Versammlungsstätte.
15324 Letschin	Netzwerk „Lernen im Oderbruch" LiO	Gemeinde Letschin	Netzwerk will Bildung im ländlichen Raum verbessern und optimiert die Übergänge zwischen den Bildungseinrichtungen.
15518 Berkenbrück	Förderung aktiver Beteiligungskultur	Arbeitsstelle für Ev. Jugendarbeit	In einem IdeenCafé wurden von den Bürgern Impulse für die weitere Entwicklung der Gemeinde gegeben.
15537 Grünheide	Kunsthaus „Elisabeth Voigt"	Kunstverein „Elisabeth Voigt" e.V.	Gründung des Kunstvereins „Elisabeth Voigt" mit dem langfristigen Ziel, ein Kunsthaus mit der Bevölkerung zu gestalten.
15537 Grünheide (Mark)	Eltern-Kind-Zentrum Grünheide (Mark)	Gemeinde Grünheide (Mark)	Eltern-Kind-Zentrum fördert die sozialen Kontakte zwischen Eltern und Kindern, Informationsaustausch und Entlastung der Eltern.

16259 Heckelberg	Nutzungsänderung des Lehmhauses in Beerbaum	gemeinnütziger Verein „Kurmark e.V."	Der Verein Kurmark e.V. hat es sich zur Aufgabe gemacht ein altes, leerstehendes Lehmhaus zu sanieren und der Öffentlichkeit zugänglich zu machen indem ein Museum mit dem Thema „Leben und Wohnen auf dem Lande um 1800" eingerichtet werden soll.
16259 Höhenland	Dorfakademie Höhenland	Verein „Raublüte" e.V.	Die Dorfakademie bietet ein umfangreiches Programm an Vorträgen und Workshops für Kinder und Jugendliche.
16278 Pinnow / 16306 Passow	Erlernen der polnischen Sprache im Kleinkinderbereich und Weiterführung in der Grundschule	Amt Oder-Welse	In den Kindertageseinrichtungen der Gemeinde Pinnow und Passow lernen die Kinder spielerisch die polnische Sprache und Kultur kennen, was in der Grundschule weiterverfolgt werden kann.
16866 Kyritz	Medien raus auf's Land	Hansestadt Kyritz	Versorgung der kleinen Ortsteile mit Literatur. Mobiler Bibliotheksdienst für die Ortsteile der Stadt Kyritz.
17121 Loitz	„Vereinte Vereine"	Loitzer Kulturverein	Mit dem Projekt „Vereinte Vereine" will der Kunstverein Loitz durch die Zusammenarbeit zwischen Künstlern und Vereinen nachhaltig das Zusammenleben revitalisieren und das Engagement fördern.
17179 Altkalen	Dorf Lüchow	Landschule Lüchow e.V.	Ort Lüchow hatte nur noch vier Einwohner, durch deren Engagement konnte jedoch soziale Infrastruktur geschaffen werden, sodass der Ort wieder ein attraktiver Wohnstandort wurde.
17179 Walkendorf	Förderverein der Heimat- und Kulturpflege im nördlichen Lks. Güstrow	Förderverein der Heimat- und Kulturpflege im nördlichen Lks. Güstrow e.V.	Ziel des Vereins ist die Restauration des alten historischen Dorfkerns und die kulturelle Wiederbelebung der Häuser durch neue Nutzungsideen mit unterschiedlichen Angeboten für Einheimische und Touristen.
17217 Penzlin OT Marihn	cittaslow Marihn	Dorfgemeinschaft Marihn e.V.	Ein alter Speicher wurde mit Hilfe von Bürgerinnen und Bürgern zum Dorfgemeinschaftshaus umgebaut. Es stehen nun mehrere Räume für Aktivitäten wie Tanz, Gesang, Theater oder Traditionspflege zur Verfügung.
17237 Carpin	Carpiner Rundblick „Wir für uns"	Sieben e.V. gemeinnütziger Verein	Dorfzeitung, die von den Bürgern selber geschrieben wird, wird kostenlos an die Bürger verteilt.

PLZ / Ort	Thema	Träger	Kurzbeschreibung
17291 Göritz	„Malchower Labyrinthpark" und die Musikkirche Malchow	Ev. Kirchengemeinde Malchow vertreten durch den Gemeindekirchenrat Göritz	Im Rahmen der Sanierung der Malchower Kirche wird angrenzend ein Labyrinthpark geplant, der Spaß, Freizeit, Freude und Kreativität mit Nachsinnen über das Leben verbinden soll.
17291 Nordwestuckermark	Haus Quillo – Neue Musikvermittlung auf dem Land	Kammerphilharmonie Uckermark e.V.	Das Proben- und Konzerthaus Quillo bietet mit Projekten und Kooperationsprojekten mit den Schulen der Region eine „neue Musikvermittlung auf dem Land" und motiviert Kinder, Jugendliche und Erwachsene zum Musizieren.
17291 Schenkenberg	Ev. Seniorenzentrum Gutshaus Ludwigsburg – offene Begegnungsstätte und betreutes Wohnen	Ev. Kirchengemeinde Baumgarten – Schenkenberg und Kleptow	Der Gemeindekirchenrat hat ein historisches Gebäude erworben, um ein Seniorenzentrum mit einer offenen Begegnungsstätte, einer Seniorenakademie, einem Museumscafé und Betreuten Wohnungen zu errichten.
17291 Schönfeld	Bürgerzentrum im ländlichen Raum – Dörphus Klockow	Gemeinde Schönfeld	Das Dörphus Klockow ist das Kommunikations- und Bürgerzentrum der Gemeinde mit einer Bibliothek für Kinder, einem Fitnessraum für Jugendliche und einem Treffpunkt für Ältere.
18236 Kröpelin	Netzwerk Kultur und Wirtschaft in der Regiopole Rostock + Kunstakademie	de DROM e.V.	Die Gesellschaft „de DROM e.V." hat das Ziel Kultur, Bildung und Gemeinwesen in der Regiopole Rostock zu fördern.
18445 Klausdorf	„Vorpommernhus min Hus"	Klausdorfer Verein für Jugend und Kultur e.V.	Im „Vorpommernhus" werden verschiedene kulturelle Veranstaltungen durchgeführt. Das Haus soll nun zum Ländlichen Bürger-, Kultur-, Bildungs-, und Informationszentrum ausgebaut werden.
18586 Göhren	Pflege der Kulturlandschaft Halbinsel Münchsgut	Förderverein zum Schutz, zur Pflege und weiteren Entwicklung der Mönchsguter Museen e.V.	Der Förderverein wurde gegründet, um die Mönchsguter Museen zu schützen, zu pflegen und durch freiwilliges Engagement ein museumspädagogisches Programm wie Führungen, Museums-Märkte oder Aktionstage zu bieten.
19075 Warsow	Einrichtung einer Heimat- und Bücherstube	Gemeinde Warsow, Sozialausschuss	Im Dorfgemeinschaftshaus ist das 1. OG stark sanierungsbedürftig, mit Hilfe der Bürger soll dies saniert werden und als Heimat- und Bücherstube dienen.

19205 Roggendorf	Agrarmuseum Breesen	Verein zur Förderung der Bauernstube und des Agrarmuseums	In einem Agrarmuseum mit Demonstrationsflächen und Grube werden Veranstaltungen und Führungen angeboten und Kulturgüter gepflegt, ebenso soll das Museum um einen Wanderweg erweitert werden.
19217 Thandorf	Kloster Rehna – Sozialer, kultureller und wirtschaftlicher Mittelpunkt der Region, damals wie heute	Klosterverein Rehna e.V.	Das Kloster Rhena wurde mit Unterstützung der Stadt und ehrenamtlicher Hilfe renoviert, sodass dort kulturelle Veranstaltungen durchgeführt werden.
19300 Balow	„Dorfaktiv" – Nachhaltigkeit, aber wie?	Gemeinde Balow	„Dorf aktiv" ist ein ständig fortlaufendes Projekt, in dem sich die Gemeindebürger engagieren um die soziale Infrastruktur aufrechtzuerhalten und weiterzuentwickeln.
19336 Bad Wilsnack	„Wege nach Wilsnack"	Förderverein Wundersblutkirche St. Nikolai Bad Wilsnack e.V.	Entlang des Pilgerweges von Berlin nach Bad Wilsnack wurde ein Netzwerk zwischen den Dörfern aufgebaut und jährlich wird ein Pilgerfest organisiert.
19374 Mestlin	Alles, nicht nur: Theater	Denkmal-Kultur-Mestlin e.V.	Der Verein „Denkmal-Kultur-Mestlin" hat es sich zur Aufgabe gemacht das leerstehende Kulturhaus des ehemaligen sozialistischen Musterdorfes Mestlin zu renovieren und mit kulturellen Veranstaltungen wieder zu nutzen.
19386 Gallin-Kuppentin	Museum für Dorfkirchengeschichte, Ausstellungen, Vorträge, Konzerte	Förderverein Kirche Kuppentin e.V.	Sanierung der mittelalterlichen Kirche durch den Verein als Ort für kulturelle Veranstaltungen.
19406 Rothen	Rothener Hof e.V.	Rothener Hof e.V.	Kursangebot in einem alten, denkmalgeschützten Hof: Dengeln, Sensen, Bogenbauen, Schmieden
20000			
21244 Buchholz	Kulturbahnhof Holm-Seppensen	Kulturbahnhof Holm-Seppensen e.V.	Ein alter Bahnhof wurde saniert und zu einem Dorfgemeinschaftshaus umgebaut. Dieser bietet nun Raum für Veranstaltungen, Kurse oder Ausstellungen, eine Bücherei und dient als Treffpunkt für Bürger.
21514 Witzeeze	Regionales Kulturzentrum Witzeeze	Gemeinde Witzeeze	Das regionale Kulturzentrum in der Gemeinde mit verschiedenen Angeboten wie Sportkurse, Jugendtreff, Handarbeit- und Basteltreffen dient als Begegnungsstätte für Jung und Alt.

PLZ / Ort	Thema	Träger	Kurzbeschreibung
23858 Barnitz	Treffpunkt Lokfelder Brücke	Agentur Travetraum, Melanie Otto	Die ehemalige Gaststätte „Lockfelder Brücke" soll nach erfolgtem Umbau wieder ein regionaler Treffpunkt sein.
23881 Herzogtum Lauenberg	Nahversorgung mit Dorfzentrum – MarktTreff Koberg e.V.	MarktTreff Koberg e.V.	Ein alter Bauernhof wurde saniert und zu einem Dorfladen, welcher regionale Produkte verkauft, und zu einem Dorfzentrum umgebaut. Es werden darin Ausstellungen, Konzerte, Lesungen und Feste organisiert.
23942 Dönkendorf	Kultur-Gut-Dönkendorf	Förderverein „Kultur-Gut-Dönkendorf"	Der Verein unterstützt Musikerehepaar von Westernhagen, die ein denkmalgeschütztes Gutshaus erworben haben und dort kulturelle Aktivitäten durchführen (Konzerte, Liederabende, jährliches Musiktheater).
24866 Busdorf	Busdorf, die Wikinger und wir	Gemeinde Busdorf	In der Gemeinde liegen wesentliche Teile von Wikinger-Wallanlagen, welche in die Ortsentwicklung und das alltägliche Leben in der Gemeinde integriert werden sollen.
24986 Satrup	Nachbarschaftszentrum Satrup	Gemeinde Satrup	Um Satrup als attraktiven Wohnort zu erhalten, will die Gemeinde im Ortskern ein Nachbarschaftszentrum errichten, in welchem die Themen Bildung, Kultur, Familie und Geschichte miteinander vereint werden.
25335 Elmshorn	„Theater ohne Grenzen"	Forum Baltikum – Dittchenbühne e.V. (Gemeinde Elmshorn)	Freilicht-Theaterveranstaltungen mit interkultureller Besetzung an wechselnden Orten.
25436 Neuendeich	Entstehung und Entwicklung der Marsch	Gemeinde Neuendeich	Kulturgeschichtlicher Wanderweg mit Führungen von Gruppen und Schulklassen
25859 Hallig Hooge	Kirche-Heimat für alle	Freundeskreis zur Erhaltung der Halligkirche	Der Freundeskreis zur Erhaltung der Halligkirche hat sich zur Aufgabe gemacht die historische Bausubstanz zu sanieren und für die folgenden Generationen zu erhalten.
25860 Arlewatt	3-Dörfer Gemeinschaftszentrum Arlewatt incl. Freiflächengestaltung	Gemeinde Arlewatt	3-Dörfer-Gemeinschaft bauen Standort Arlewatt als Zentrum und Anlaufpunkt für Jung und Alt aus, so wurde mit ehrenamtlicher Hilfe der Bürger ein Spielplatz, mehrere Ruhebänke, ein Beachvolleyball-Feld und eine Mehrzweckholzhütte gebaut.
25879 Süderstapel	Literatur im Ohlsenhaus	Gemeinde Süderstapel	Literaturreihe in denkmalgeschütztem Fachhallenhaus.

25924 Friedrich-Wilhelm-Lübke-Koog	Kulturzentrum Werner Weckwerth Museum	Gemeinde Friedrich-Wilhelm-Lübke-Koog	Im Kulturzentrum Werner Weckwerth werden verschiedene Veranstaltungen aus den Bereichen Musik und Kunst durchgeführt.
26529 Leezdorf	Leezder Kultur-Forum	Leezder Kultur-Forum e. V.	Kunst und Kultur soll im Dorf gefördert werden, dazu werden Seminare, Workshops, Vorträge und Kurse für Kinder, Jugendliche und Erwachsene angeboten.
26736 Krummhörn	Musik der Welt am tiefsten Punkt	Landkultur Freepsum e. V.	Eigentümer eines alten Gulfhof will diesen zu einem Veranstaltungsgebäude umnutzen, 2004 wurde erstmals ein Adventsmarkt ausgerichtet, inzwischen sind weitere kulturelle Aktivitäten dazugekommen.
26736 Krummhörn	Ländliche Akademie Krummhörn / Kultur auf dem Lande	Ländliche Akademie Krummhörn e. V. / gemeinnütziger Verein	Die Akademie arbeitet dezentral in den 19 Dörfern der Gemeinde und bietet ein Programm rund um Bildung, Kunst und Kultur sowohl für Erwachsene als auch für Jugendliche an.
26892 Heede	Haus des Bürgers / Heede	Gemeinde Heede	Angebote im Bereich Ausbildung, Fortbildung, Theater, Information und Treffpunkt – Bürgerinnen und Bürger gestalten und nutzen das Projekt.
26919 Golzwarden	Des großen Meisters Arp Geburtstag	Arp Schnitger Gesellschaft e. V. / Theodor Dirks Grundschule Golzwarden	Dem im Ort aufgewachsenen Orgelbaumeister Arp Schnitger wurde ein Zentrum gewidmet, in welches Schulklassen eingeladen werden, um auf spielerische und kreative Art die Bauweise und Klangwelt der Orgel nahe zu bringen.
26969 Butjadingen	Vermittlung der Natur und Kultur Butjadingens im Nationalpark-Haus Museum Fedderwardersiel	Förderkreis Museum Butjadingen e. V.	Das Nationalpark-Haus Museum befindet sich in zwei denkmalgeschützten ehemaligen Gebäuden des Zolls und wird u. a. von den Bürgerinnen und Bürger der Gemeinde gepflegt und die Sammlung erweitert.
27356 Rotenburg-Waffensen	Mehrgenerationenhaus Worthmanns Hoff	Mehrgenerationenhaus Worthmanns Hoff e. V.	Offene Treffs und Kursangebote für alle Altersgruppen in einem alten Bauernhaus im Ortszentrum.
27412 Bülstedt	Kultur im Chateau Nöf	Gemeinde Bülstedt	In einem umgebauten Schweinestall finden aufgrund der guten Akustik vorrangig musikalische Veranstaltungen aber auch Tanz- und Gesangsworkshops und Lesungen statt.

PLZ / Ort	Thema	Träger	Kurzbeschreibung
27446 Sandbostel	Aufbau der Gedenkstätte Lager Sandbostel	Stiftung Lager Sandbostel	Aufbau einer Gedenkstätte durch Sanierung von Baracken eines Kriegsgefangenenlagers aus der Zeit des Nationalsozialismus.
27801 Dötlingen	„Der Lehmschuppen" – Ausbau zur Malschule und Galerie	Stiftung bürgerlichen Rechts – Dötlinger Stiftung	Durch Umbau des denkmalgeschützten Gebäudes soll der ursprüngliche, historisch belegte Zustand als Künstlerhaus wiederhergestellt werden.
29221 Celle	Mehr-Generationen-Haus Celle	Verein Frauenräume in Celle e.V.	Mehrgenerationenhaus mit verschiedenen Angeboten aus dem Bereich Bildung, Kunst und Kultur.
29345 Unterlüß	Museumspädagogische Arbeit im Albert-König-Museum	Stiftung Albert-König-Museum, Träger Gemeinde Unterlüß	Im Museum ist über den Maler und Grafiker Albert König sowie eine Dauerausstellung zu „Kieselgur" zu sehen, auch wurde ein pädagogisches Konzept für Schüler entwickelt.
29399 Wahrenholz	Mittendrin – im Dorfleben von Wahrenholz	Gemeinde Wahrenholz	Im Rahmen der Feier des 1 000-jährigen Bestehens der Gemeinde wurde der Heimatverein gegründet, welcher nun einen früheren Bauernhof zu einem Museum umgestalten will.
29410 Tylsen	Unser Dorf hat Zukunft – alle Einwohner gestalten die Dorfentwicklung	Hansestadt Salzwedel für den OT Tylsen	In einem kleiner Ortsteil gestalten die Vereine und engagierte Bürger das Dorfleben durch zahlreiche kulturelle und traditionsreiche Veranstaltungen.
29472 Damnatz	Kulturtenne Damnatz	Verein Kulturtenne Damnatz e.V.	Kulturelle Veranstaltungen in einer renovierten Tenne.
29496 Kröte	Kunst in und um die Kröte	KVAK e.V.	Zwischen Himmelfahrt und Pfingsten findet im gesamten Dorf Kröte eine Kunstausstellung statt, die von den Bürgern in Eigeninitiative organisiert wird.
29496 Waddeweitz	Werkhof Kukate	Inge Seelig und weben+ e.V	Ein Ehepaar übernahm einen denkmalgeschützten Hof und bauten diesen zum Werkhof Kukate mit dem Schwerpunkt „Weben" um und aus.
29525 Uelzen	Der Bücherbus – Das Buch kommt ins Dorf	Bücherbus e.V. im LK Uelzen	Der Bücherbus versorgt am Vormittag Kindergärten und Schulen, am Nachmittag werden kleine Gemeinden angefahren (123 Haltestellen im Landkreis, Bestand: 20 000 Bücher). Der Bus wird von vielen Ehrenamtlichen mitgetragen.

29559 Wrestedt Wieren	Für eine l(i)ebenswerte familienfreundliche Region – Familienzentren	Gemeinden Wrestedt und Wieren	Verbesserung der Lebensbedingungen durch Familienzentren mit Angeboten der Bildung und Begegnung.
30000			
30890 Barsinghausen	Alte Schule Holtensen	Freundeskreis alte Schule Holtensen	Freundeskreis will alte Schule erhalten und als kultureller Treffpunkt des Dorfes nutzen.
30926 Seelze	12xK	Barbara Kirchengemeinde Herenberg / Döteberg	Es wird einmal im Monat ein kulturelles Angebot in der Kirche geboten, welche auch Personen ansprechen, die sonst nicht in die Kirche kommen.
30974 Wennigsen	Altes Zollhaus Wennigsen – Zentrum für kulturelle Bildung	die Kulturmacher e.V.	In einem leerstehenden, ungenutzten Zollhaus wurde eine Bildungseinrichtung mit interaktiven Erfahrungsräumen für Kinder und Jugendliche geschaffen.
31039 Rheden	Kunstwandeln	Kulturkreis Gronau e.V.	An einem Wochenende im Jahr werden Kunstwerke in zwei benachbarten Dörfern ausgestellt und diese somit symbolisch verbunden, fast alle Dorfbewohner beteiligen sich an der Durchführung des Festes.
31628 Estorf	Arbeitskreis Scheunenviertel und mehr	Arbeitskreis ohne Rechtsform	Der Arbeitskreis versteht sich als Dachverband, der die kulturellen, gesellschaftlichen und künstlerischen Angebote in den einzelnen Scheunenvierteln vernetzt.
32469 Petershagen-Windheim	Windheim No. 2	Denkmal No. 2 e.V.	Dreiständer-Fachwerkbau wurde knapp vor dem Abriss bewahrt und wurde zu einem Baudenkmal und Kulturzentrum mit Begegnungscafé und einem Storchenmuseum umgebaut.
33758 Holte-Stukenbrock	Stadt Schloss Holte-Stukenbrock	Ems-Erlebniswelt	Die Ems ist ein Fluss der in Schloss Holte-Stukenbrock entspring. 2010 ist die Ems-Erlebniswelt eröffnet worden mit einem interaktiven Erlebnisparcours, Aquarien mit Lebewesen der Ems, einem Szenentheater, einem Erlebnisgarten und einem Erlebnisweg.
33871 Ilsenburg OT Drübeck	Romantische Nacht im Kloster Drübeck	Ev. Zentrum Kloster Drübeck	Das Evangelische Zentrum Kloster Drübeck veranstaltet jährlich die „Romantische Nacht im Kloster Drübeck" mit musikalischen und literarischen Darbietungen.

PLZ / Ort	Thema	Träger	Kurzbeschreibung
34431 Marsberg	Förderverein Kloster Bredelar e.V.	Förderverein Kloster Bredelar e.V.	Der Förderverein kaufte Teile des vom Verfall bedrohten Klosters und gestaltete ein neues Begegnungs- und Kulturzentrum, in welchem zahlreiche kulturelle Veranstaltungen stattfinden. Eine generationsübergreifende Wohnanlage ist in Planung.
34454 Bad Arolsen-Landau	Modellprojekt Schloss Landau – Wohnen, Urlaub, Pflege am Park	Förderverein für Jung und Alt Landau e.V.	In dem vom Leerstand bedrohten Gebäude soll ein Pflege- und Seminarhotel, Betreutes Wohnen und ein Bürgerhaus errichtet werden.
34537 Bad Wildungen-Odershausen	„Das lebendige Museum" Odershausen	Verein zur Erhaltung historischer Landmaschinen und Traktoren Odershausen 1989 e.V. (VEHLT)	Ausstellung und Demonstration alten örtlichen Brauchtums und alter landwirtschaftlicher Geräte und Maschinen, zudem finden jahreszeitlich angepasste Aktivitäten statt.
34596 Bad Zwesten Niederurff	Alte Pfarrei Niederurff	Dr. Stefan Pollmächer / privat	Alte Pfarrei wurde renoviert und zum Kultur- und Veranstaltungsraum umgebaut, es werden Kleinkunstveranstaltungen, Konzerte Lesungen und Vorträge durchgeführt sowie ein ART GARTEN angelegt.
34596 Bad Zwesten Niederurff	Landrosinen – Kulturnetzwerk Schwalm-Knüll	Loser Zusammenschluss ohne Rechtsform	Die „Landrosinen" sind ein Zusammenschluss Kulturschaffenden aus dem südlichen Schwalm-Eder-Kreis, welche ein Jahresprogramm mit Einzelveranstaltungen aus den Bereichen Kultur und Kunst entwickeln.
34621 Frielendorf	Werkskantine: Einrichtung eines Cafés mit Ausstellungsraum auf dem Kunst- und Werkhof und Gründung eines Skulpturgartens	Kunst- und Werkhof	Der Kunst- und Werkhof will einen neuen Gruppenraum mit Werkskantine bauen, in welcher künstlerische Arbeiten angeboten werden können, dabei soll die historische Bausubstanz erhalten werden.
34621 Frielendorf-Großropperhausen	Dorfplatz mit moderner Kratzputz-Wand	Gemeinde Frielendorf und Kunst- und Werkhof	Die Gemeinde hat ein Grundstück erworben, dass von den Bürgern zu einem Dorfplatz umgestaltet werden soll, dabei beteiligen sich die Kinder der Grundschule sowie der Kunst- und Werkhof.
35091 Cölbe OT Schönstadt	Heimat für Generationen – Unser Dorf hat Zukunft	Ortsbeirat / Initiative „Heimat für Generationen"	Um den sozialen Zusammenhalt des Dorfes zu stärken wurden verschiedene soziale und kulturelle Veranstaltungen entworfen wie das Dorffest mit Dorfolympiade sowie die Organisation von Vorträgen, Lesungen, Konzerte und Filmen.

35094 Lahntal	Generationen-Treffpunkt „Krafts Hof"	Gemeinde Lahntal	Auf Initiative der Gemeinde und in Zusammenarbeit mit den Bürgern wurde eine ehemalige 4-Flügel Hofanlage zu einem Generationen-Treffpunkt umgebaut, in welchen nun Freizeitangebote, Ausstellungen und Bildungsangebote durchgeführt werden.
35108 Allendorf Eder	Musical „Der barmherzige Samariter"	Lokales Bündnis für Familie Allendorf	Der Kinderchor der evangelischen Kirche führt Musical auf.
35274 Kirchhain	Kulturelle Nutzung der Papiermühle	Magistrat der Stadt Kirchhain	Renovierung und Wiederbelebung einer alten Papiermühle, welche zukünftig für kulturelle Veranstaltungen genutzt werden soll.
35285 Gemünden (Wohra)	Bürgertreff mit angeschlossenem Heimatmuseum	Museumsverein Gemünden (Wohra) e.V.	Stadt hat altes Fachwerkhaus erworben, in Zusammenarbeit mit dem Museumsverein wird dies zum Bürgertreff mit Heimatmuseum umgebaut.
35753 Greifenstein OT Beilstein	Visions-Projekt „Beilstein City"	Verein „Apfelstübchen" e.V.	Umbau und Renovierung einer Hofreite zu einer Herberge für Wanderer und Radfahrer und zu einem Saal für kulturelle Veranstaltungen.
36137 Großenlüder	Kunst und Kultur im Ortszentrum	Gemeinde Großenlüder	In Zusammenarbeit mit verschiedenen Gruppen (Musikschule, Eltern, Bücherei, Gewerbe, Künstler) werden Ausstellungen, Vernissagen und andere kulturelle Angebote erarbeitet.
36157 Ebersburg	Netzwerk „Miteinander für Kultur und Bildung in Ebersburg"	Gemeinde Ebersburg in Zusammenarbeit mit „Miteinander – Füreinander Oberes Fuldatal e.V." sowie den beiden katholischen öffentlichen Büchereien (KÖB) Ried und Weyhers / Ebersburg	In dem Ort finden verschiedene Veranstaltungen statt, wie ein Bürgerkino oder der Lesesommer, der alle Zielgruppen ansprechen und die Bevölkerung miteinander vernetzen soll.
36166 Haunetal-Wehrda	Zukunft Haunetal	KulturScheuneLangeWiese e.V., Mehrgenerationenhaus Haunetal	Ein ehemaliges bäuerliches Anwesen wurde zur Kulturscheune mit Café und Tagungsräumen, einer öffentlichen Bibliothek, einer Technikwerkstatt und Veranstaltungsräumen umgebaut.
36448 Schweina	Wachgeküsst und ausgeputzt	Bürgerinitiative „Rettet die Krone"	Denkmalgeschütztes Gebäude der ehemalige Schankwirtschaft „Krone" soll saniert und zu einem Veranstaltungsgebäude umgebaut werden, dazu wurde das Haus für ein Wochenende belebt und eine Zukunftswerkstatt durchgeführt.

PLZ / Ort	Thema	Träger	Kurzbeschreibung
36452 Neidhartshausen	Fledermausdorf Neidhartshausen / Rhön	Gemeinde Neidhartshausen	Die Gemeinde Neidhartshausen möchte sich in den nächsten Jahren zu einem Themendorf „Fledermausdorf" entwickeln.
37242 Bad Sooden-Allendorf	Projektvielfalt des Familienzentrums Bad Sooden-Allendorf	Familienzentrum Bad Sooden-Allendorf e. V.	Im Mittelpunkt der Arbeit des Familienzentrums steht die Arbeit mit Migranten, das Miteinander zwischen Alt- und Neueinheimischen soll gefördert werden.
37351 Dingelstädt	Neue Lernkultur in der Kommune	Stadt Dingelstädt	Das Projekt unterstützt mit ihrem Programm die Beteiligung der Kinder und Jugendlichen und fördert somit die Identifikation mit der Kommune.
37449 Zorge	Förderverein Waldschwimmbad Zorge e. V.	Gemeinde Zorge, Samtgemeinde Waltenried	Renovierung und Unterhaltung des Freibads im Ort.
37581 Bad Gandersheim	Lernen und Leben in der Freien Schule Heckenbeck und im Kindergarten Pusteblume	Aktives Lernen & Leben e. V.	Ziel des Projekts ist es, Einrichtungen für Kinder und Jugendliche zu schaffen, in denen sie selbstbestimmt lernen können und einen sanften Übergang zwischen Kindergarten und Schule zu schaffen.
37696 Marienmünster	Heimat- und Kulturverein Marienmünster	Heimat- und Kulturverein Marienmünster e. V.	Bürger gründen Heimat- und Kulturverein, um ihr natürliches und kulturelles Lebensumfeld zu erhalten.
38165 Lehre	Flechtorfer Kulturfest 2011 – Musik und Kultur in unserem Dorf	Edelgard Hahn, Ortsbürgermeisterin	Bei einem Fest präsentieren die Dorfbewohner ihre Fähigkeiten als Künstler, Schauspieler oder Musiker.
38553 Wasbüttel	Wasbütteler Dorfleben in der „Alten Schule"	Verein „Wasbütteler Dorfleben e. V."	Die alte Schule wurde von der Gemeinde renoviert, es werden dort nun regelmäßige Gruppentreffen und Schulungen durchgeführt, jeden Sonntag Nachmittag findet eine Café mit kulturellen Beitrag statt.
38871 Abbenrode	Heimatmuseum „Zur Linde" Abbenrode	Heimat-, Kultur- und Museumsverein Abbenrode e. V.	2006 entstand ein Heimatmuseum, das auch einen kulturellen Treff- und Mittelpunkt für die Bürger darstellt.
38871 Ilsenburg	Dorfzeitung „Darlingeröder Kurier"	Kulturwerkstatt Darlingerode e. V.	Der Verein „Kulturwerkstatt Darlingerode" veröffentlicht jedes Quartal den „Darlingröder Kurier" mit einer Auflage von 250 Exemplaren, welcher von den Dorfbewohnern selber geschrieben wird.

38871 Veckenstedt	Grundschule am Kirchplatz	Grundschule am Kirchplatz – gemeinnützige GmbH	Durch die Wiedereröffnung einer Grundschule in der Ortsmitte konnte der Ortskern revitalisiert werden.
38871 Veckenstedt	Die Kunstmühle Veckenstedt – ein Ort der Zusammenkunft mit Mensch und Kunst	Edda Grossman / Privat	Mit dem Ziel das Baudenkmal in seiner Ursprünglichkeit zu erhalten, gründete eine Malerin die „Kunstmühle", in welcher nun Mal-Kurse, Konzerte und Tango-Kurse sowie ein Tango-Festival stattfinden.
39179 Barleben	Fest der Vereine in Meitzendorf	Gemeinde Barleben	Jedes Jahr wird in dem Ort Meitzendorf das Fest der Vereine veranstaltet, bei dem sich alle ortsansässigen Vereine mit Aktionen beteiligen.
39264 Deetz	Deetzer Manufaktur	Verein Jugendseeheim Deetz e.V.	Bei der „Anhaltinischen Portraitmanufaktur" werden Kinder und Jugendliche künstlerisch aktiv, die Bilder werden dann der Öffentlichkeit zugänglich gemacht.
39291 Möckern	Sängerfest 50 Jahre Chor Möckern des Gemischten Chores Möckern e.V.	Gemischter Chor Möckern e.V.	Sängerfest zum 50. Jubiläum des „Gemischten Chors Möckern" mit acht Chören aus der Region.
39326 Wolmirstedt	„Sachsen-Anhalt ist ok" – Tour 2011	OK-Live Ensemble und Jugendkunstschule Barleben – Wolmirstedt e.V.	Kinder und Jugendliche werden in Tanz, Artistik, Gesang und Moderation ausgebildet und gehen in Sachsen-Anhalt auf Tour.
39326 Zielitz	Theater vom Dorf für das ganze Land	Holzhaustheater Zielitz e.V.	Der Verein studiert seit 11 Jahren Theaterstücke mit Kindern und Erwachsenen ein und führt diese auf, Höhepunkt sind die jährlich im Sommer stattfindenden Kalimandscharo-Festspiele auf einem weißen Kaliberg.
39524 Klietz	Schullandheim Klietz	Gemeinde Klietz	Schullandheim arbeitet an verschiedenen Projekten zum Erhalt und der Verschönerung des Dorfes mit den ortsansässigen Vereinen zusammen.
39524 Wust-Fischbeck	Sommerschule Wust für englische Sprache, Literatur, Theater und Musik	Sommerschule Wust e.V.	Die Sommerschule bietet in den Sommerferien 4 Wochen vornehmlich englische Sprachkurse für Deutsche und Ausländer an, ergänzend werden Kurse für Theater, Musik und Kunst angeboten.
39606 Gladigau	Dorftheater Gladigau	Altmärkischer Heimatbund	Die lange Tradition des Theaterspielens wurde 2002 in der Gemeinde wieder aufgenommen und von Bürgern die Verantwortung für das Dorftheater übernommen. Es werden plattdeutsche Komödien inszeniert.

PLZ / Ort	Thema	Träger	Kurzbeschreibung
39615 Beuster	Kultur in der Sankt-Nikolaus-Kirche Beuster – der Förderverein als Haltefaktor im ländlichen Raum	Förderverein St.-Nikolaus-Kirche Beuster e.V.	Der Förderverein veranstaltet in Kirche regelmäßig kulturelle Veranstaltungen, die regional und überregional bekannt sind. Mit den Veranstaltungen will der Förderverein die Sanierung der Kirche unterstützen.
40000			
41844 Wegberg-Beeck	„Flachs – Das blaue Wunder der Region"	Heimatverein Wegberg-Beeck e.V.	In einer restaurierten fränkischen Zehntscheune wurde das Flachsmuseum mit einer Sammlung von alten Arbeitsgeräten zur Flachsverarbeitung eingerichtet, künstlerische und kulturelle Veranstaltungen begleiten den Museumsbetrieb.
47638 Straelen OT Herongen	Bürgerhalle Herongen	Gesellige Vereine e.V. Herongen	Planung eines Vereinshauses und Veranstaltungszentrums für Herongen.
47647 Kerken	Kerkener Kunst- und Kultursommer	Gemeinde Kerken	Einbindung aller Ortsteile in Open-Air-Feste und Theaterveranstaltungen.
47929 Grefrath-Oedt	Perspektiven für Oedt, Künstlergruppe „Bunte Gans"	Gemeinde Grefrath	Gruppe von Künstlern präsentieren im Ortsteil Oedt künstlerische Projekte, um diesen als Wohnort attraktiver zu machen.
48301 Nottuln-Darup	Daruper Landpartie	Trägerlose Künstlervereinigung	Am Ende der Sommerferien findet jedes Jahr die Landpartie statt, bei welcher Kunst an wechselnden Orten präsentiert wird und durch den Heimatverein ein geschichtlicher Beitrag geleistet wird.
48369 Saerbeck	Mehrgenerationenhaus, ein Treffpunkt für Jung & Alt	gemeinnütziger Verein „Kolpingsfamilie Saerbeck"	Mehrgenerationenhaus mit Veranstaltungen wie Kochkursen für Männer oder Berufsfindungsbörse und Bildungsangeboten durch Kolping Bildungswerk.
49152 Bad Essen OT Lintorf	Spiel- und Begegnungsraum für alle Generationen	Förderverein Lintorf e.V.	In der Gemeinde wurde ein naturnaher Spiel- und Begegnungsraum für alle Generationen geschaffen, dieser besteht u.a. aus einem Kinderspielplatz, einem Feuchtbiotop, sowie einem Treff-, Seminar- und Laborgebäude.

50000

51399 Burscheid	Zukunftsinitiative Burscheid	Stadt Burscheid	Im Rahmen des Modellprojekts WohnQuartier werden Angebote aus dem Bereich „Bildung, Kunst und Kultur" durchgeführt, um nachbarschaftliche und bürgerschaftliche Potentiale zu stärken.
51580 Reichshof	Von „Engelberts Kneipe" bis „ZUR MITTE"	Kunsthaus zur Mitte	Ein ehemaliges Dorfwirtshaus wurde zum Kunsthaus umgebaut, seitdem finden in dem Haus Werk- und Malkurse, Ausstellungen, Seminare und Vortragsreihen statt.
53797 Lohmar	KennenLernenUmwelt (interkommunale Kooperation)	Städtekooperation Lohmar, Overath, Rösrath und Troisdorf	Die vier Städte entwarfen die Idee einer vernetzten Bildungsinfrastruktur, an vier Lernorten erhalten Schüler Raum für neue Lernerlebnisse in den Bereichen Natur, Umwelt, Technik, Geschichte, Kunst und Musik.
54439 Saarburg	Soziokulturelles Zentrum Glockengießerei Mabilon	Lokales Bündnis für Familie in der VG Saarburg e.V.	Das soziokulturelle Zentrum und Mehrgenerationenhaus in der ehemaligen Glockengießerei bietet neben einem Museum und Veranstaltungen auch Workshops, Seminare sowie eine Ehrenamtsbörse.
54441 Wawern	Kulturelle Tage in Wawern	Förderverein ehemalige Synagoge Wawern e.V.	Ursprüngliche Veranstaltung zum Erhalt der Synagoge hat sich seit vielen Jahren etabliert und wird jährlich durchgeführt.
54451 Irsch	Die Generation 55+ packt an – Bau einer vereinsübergreifenden Lager- und Probehalle	Karnevallsgesellschaft „Närrisches Saarschiff" Irsch e.V.	Die Karnevalsgesellschaft aus Irsch errichtet eine eigene Vereinshalle in Eigenbau mit Hilfe von Ehrenamtlichen.
54497 Morbach-Hinzerath	Projekt I: Kreativhaus	Bruni Kluß und Rüdiger Luckow	Projekt I: Kurse, Seminare, Ausstellungen, Lesungen, Musikalische Frühstücke.
54497 Morbach-Hinzerath	Projekt II: Kreativ im Alter	Bruni Kluß und Rüdiger Luckow	Projekt II: Wohngemeinschaft – Nicht allein – und nicht ins Heim.
54524 Klausen	Multifunktionales Dorfzentrum Eberhardsklause	Ortsgemeinde Klausen	Die Eberhardsklause ist ein neuer Treffpunkt und Ort der Begegnung und Kommunikation mit Angeboten für Pilger und Gäste.
54614 Schönecken	Kunst aufs Land!	Kulturkreis altes Amt Schönecken e.V.	Kleine Gruppe renovierte das Alte Amt in Schönecken, um dies mit Kunstausstellungen zum Leben zu erwecken, daneben finden Führungen, Künstlergespräche und Vorführungen künstlerischer Techniken statt.

PLZ / Ort	Thema	Träger	Kurzbeschreibung
54655 Wilsecker	Ausbau eines Erlebniswanderwegs	Gemeinde Wilsecker	Gemeinsames anlegen und gestalten von Wanderwegen mit geschichtlichen Infotafeln, die generationenübergreifend erarbeitet werden.
55576 Sprendlingen	„Sprendlingen bewegt" Bürgerbeteiligungsprojekte in Sprendlingen	Ortsgemeinde Sprendling und AK „Soziale Gemeinschaft" und „Nutzung ehemalige Sparkasse"	Einrichtung einer Begegnungsstätte in der ehemaligen Sparkasse, die von der Gemeinde gekauft und zur Verfügung gestellt wird, auch wurde ein Bürgerbus auf ehrenamtlicher Basis eingerichtet.
55585 Duchroth	Kunst + Kultur in Duchroth, Projekt Künstlerhaus	Gemeinde Duchroth	Das ungenutzte „Haus Schumacher" soll künftig Kunststudenten, welche Kunstprojekte in der Landschaft rund um das Dorf realisieren, beherbergen und als Atelier und Werkstätte zur Verfügung stehen.
55606 Bärweiler	Projekt Grundversorgung Bärweiler „Mobiler Markt und Dienstleistungen"	Ortsgemeinde Bärweiler	In dem Ort wurde mit mobilen Händlern und Dienstleistern ein Wochenmarkt eingerichtet, auf welchem die Bürger regelmäßig ihre Einkäufe tätigen und Dienstleistungen nutzen können.
56237 Wittgert	Bücherschrank	Ortsgemeinde Wittgert	Beim Bücherschrank im Gemeindehaus kann jeder Bücher hineinstellen und herausnehmen, ohne Leihgebühren oder Fristen.
56332 Hatzenport	Hatzenporter Sommersonnenwende	Fremdenverkehrs- und Heimatverein Hatzenport e.V.	„Kultur auf dem Dorf" – Kulturveranstaltungen in Verbindung mit regionalen kulinarischen Angeboten und Moselwein.
56333 Winningen	Kunsttage Winningen 2012	Kunsttage Winningen e.V.	Ausstellung von nationalen und internationalen Künstlerinnen und Künstlern in der gesamten Gemeinde Winningen.
56368 Berghausen	Bücherei für den Einrich	Förderverein der Gemeindebücherei	Die Bücherei wurde von einer Bürgerin gegründet und verzeichnet, durch eine Kooperation mit Kindergarten, Grundschule und Realschule, eine zunehmende Nachfrage nach Büchern.
56368 Katzenelnbogen	„Haus der Familie" Katzenelnbogen	Stadt Katzenelnbogen	Das „Haus der Familie" bietet eine zentrale Anlaufstelle für Bürgerinnen und Bürger, in der Ansprechpartner für vielfältige Themen rund um Bildung, Alltagshilfen oder Selbsthilfe zur Verfügung stehen.

56427 Siershahn	Jugendtreff Siershahn	Ortsgemeinde Siershahn	Jugendtreff mit zusätzlichen Ferienangeboten und Einzelveranstaltungen mit dem Schwerpunktthema Tonarbeit.
56593 Horhausen	Kultur im KDH (Kaplan-Dasbach-Haus)	Ortsgemeinde Horhausen	Bürgerinnen und Bürger organisieren jährlich rund vier kulturelle Veranstaltungen im Kaplan-Dasbach-Haus.
57271 Hilchenbach	Kultureller Marktplatz	Stadt Hilchenbach	Um einen kulturellen Anziehungspunkt im Ortsteil zu schaffen, wurde das Kultur- und Freizeitzentrum baulich erweitert und ein „Kultureller Marktplatz" eingerichtet.
57319 Bad Berleburg	Ederzentrum Via Adrina	Stadt Bad Berleburg	Auf einem großen leerstehenden Firmenareal im Dorfkern ist eine Kombination von Angeboten vorgesehen u. a. die touristische Nutzung, Vermarktung landwirtschaftlicher Produkte, und eine offene Werkstatt für Künstler und Schulklassen.
57577 Hamm (Sieg)	Kunst und Kultur ins Haus	Ortsgemeinde Hamm / Sieg	Events, Ausstellungen, Musik und Kunst durch Einbeziehung lokaler und regionaler Künstler und Gruppen.
58644 Iserlohn	„Landschaft lesen lernen in Westfalen – Netzwerk Kulturlandschaftsführer/innen"	Verein „Landschaft lesen lernen in Südwestfalen – Netzwerk Kulturlandschaftsführer/innen"	Kulturlandschaft in der Region in ihren Eigenheiten verstehen lernen und lehren.
59514 Welver	Rund um die Uhr der Kultur auf der Spur	Kulturverein Welver e. V.	Kulturverein mit einem breiten Angebot an Theater, Literatur und Musik für alle Altersgruppen.
59590 Geseke-Störmede	Dorfentwicklung in Störmede	Kulturring Störmede e. V.	Durch verschiedene Veranstaltungen und Aktionen wie die Restauration eines Ehrenmals, die Sanierung des Dorfgemeinschaftshauses oder Neugestaltung von Fläche will der Kulturring die soziale und kulturelle Infrastruktur stärken.
59955 Winterberg	Heimatmuseum Borgs Scheune mit Förderverein	Winterberg Touristik und Wirtschaft GmbH	Der Förderverein hat alte Scheune renoviert und Platz für ein Heimatmuseum sowie einen Veranstaltungsort für Ausstellungen, Liederabende oder Lesewettbewerbe geschaffen.
59969 Hallenberg	Informations- und Kommunikationszentrum „Kump"	Stadt Hallenberg	Erhalt und Renovierung eines Gebäudes zu einem Informations- und Kommunikationszentrum mit Hilfe von ehrenamtlichem Einsatz der Bürgerinnen und Bürger.

PLZ / Ort	Thema	Träger	Kurzbeschreibung
60000			
63594 Hasselroth-Niedermittlau	Kunst ohne Schranken	Privatpersonen-Gruppe	Künstlergruppe führt in ihrer Gemeinde verschiedene Aktivitäten durch, um dem Gemeindeleben neue Impulse zu geben.
63607 Wächtersbach	Dorferneuerung „Dreidörfereck"	Stadt Wächtersbach	Hauptthemen bei der Dorferneuerung: Freizeitgestaltung, Heimatgeschichte, Demographie.
63637 Jossgrund	„Die gute Stub" – Ein Ort der Bildung, Kultur & Erinnerung	Gemeinde Jossgrund	„Die gute Stub", untergebracht in der Kulturfabrik des Ortes, als Treffpunkt für Seniorinnen und Senioren mit Angeboten aus dem Bereich Bildung, Erinnerungsarbeit, Brauchtumspflege und einem Erzählcafé.
63667 Bad Salzhausen	Bildhauersymposium „Plastische Perspektiven"	Verein „Kunst-Projekt e.V. Nidda-Bad Salzhausen"	Der Kurort Bad Salzhausen soll mit Hilfe des Kunstvereins wieder ein Alleinstellungsmerkmal bekommen, so wird jährlich beim „Bildhauersymposium" der gesamte Ort als Ausstellungsraum genutzt.
63694 Limeshain	Begegnungshaus mit Kulturscheune und Dorfladen	Gemeinde Limeshain	Gemeinde erwirbt landwirtschaftliches Anwesen, dieses wird zu einem Dorfladen mit Café, einer Kulturscheune und einem Betreuten Wohnen umgebaut.
64832 Babenhausen-Hergershausen	Herigar – ein Verein für alle	Herigar e.V.	Ein historisches Schulgebäude wurde zum Dorfgemeinschaftshaus umgebaut. Hier werden vom Verein Angebote aus den Bereichen Bildung, Kunst und Kultur angeboten.
65520 Bad Camberg – Schwickershausen	Altes bewahren – Neues wagen	Kulturkreis Schwickershausen e.V.	Kulturkreis richtet pro Jahr etwa vier Veranstaltungen mit Programm aus Kunst und Kultur aus.
65527 Niedernhausen	Künstlergruppe Form-Bild-Farbe	Ortsbeirat Königshofen	Die Künstlergruppe stellt ihre Werke alle zwei Jahre im Rathaus Niedernhausen aus.
65527 Niedernhausen	Die Kirche im Dorf lassen!	Förderverein St. Michael Oberjosbach e.V.	Um den Unterhalt für die Kirche zu bezahlen und diese im Ort zu erhalten wurde ein Förderverein gegründet, welcher durch kulturelle Projekte wie Konzerte in der Kirche fehlende Finanzen erwirtschaftet.

65623 Hahnstätten	Heimatsammlung Hahnstätten	Heimatsammlung Hahnstätten	Filmvorführungen, Begleitung der Ferienbetreuung, Teilnahme am Erlebnistag im Aartal, Museumsnacht, heimatliche Ausstellungen und ein Erzähl-Café werden in der Heimatstube durchgeführt.
65623 Netzbach	KuKuNaT ergrünt so Grün – Kunst-Kulturprojekt	KuKuNat e.V.	Sog. „Farbenfeste" werden ausgerichtet, bei welchen Künstler ihre Werke im gesamten Dorf ausstellen, ein literarisches und musikalisches Programm begleitet das Fest, es kann sich jeder aus dem Dorf beteiligen.
65817 Eppstein	Holzbildhauer Symposium „Zeitzeuge Holz"	Kulturkreis Eppstein e.V.	Internationale Künstler werden nach Eppstein geholt, um sich beim Symposium zu beteiligen, eine ausgewählte Skulptur wird dann von der Stadt gekauft und auf einem Skulpturenweg ausgestellt.
65817 Eppstein	Bürger für Bürger – Kulturkreis Eppstein	Kulturkreis Eppstein e.V.	Der Kulturkreis organisiert in allen Stadtteilen Vorträge, Konzerte, Lesungen oder Theateraufführungen, um das Zusammenwachsen der vormals selbstständigen Gemeinden zu einer Gesamtstadt zu fördern
66484 Schmitshausen	„Weiter voran im Zeichen der Rose"	Ortsgemeinde Schmitshausen, in deren Auftrag der Ortsbeauftragte für Dorferneuerung H. E. Henkes	Kulturbegeistertes Dorf mit vielen Veranstaltungen und Aktionen wie die 40 Jahrfeier Europäische Gemeinde oder der Ausbau des Spieltreffs.
66540 Neunkirchen-Hangard	Hangarder Heimatstube	Heimat und Kulturverein Neunkirchen-Hangard	Eine leerstehende, ehemalige Eisbude wurde durch Beteiligung von Bürgerinnen und Bürgern zur Heimatstube umgebaut.
66871 Pfeffelbach	Spielplatzwanderweg	Gemeinde Pfeffelbach	Verknüpfung der vorhandenen thematisch unterschiedlichen Spielplätze durch einen Wanderweg.
67229 Großkarlbach	Großkarlbacher Lange Nacht des Jazz	Interessensgemeinschaft Lange Nacht des Jazz	Einmal pro Jahr findet ein Jazzfestival in privaten Höfen statt.
67734 Katzweiler	Freilichtbühne Katzweiler	Ortsgemeinde Katzweiler / Freilichtbühne Katzweiler e.V.	Auf der Freilichtbühne werden jährlich zwei Stücke im Sommertheater gebracht und ca. 25 Vorstellungen im Winter, vom Märchen bis hin zum Erwachsenenstück.

PLZ / Ort	Thema	Träger	Kurzbeschreibung
70000			
71254 Ditzingen	Bürgertreff „Altes Rathaus Schöckingen"	Stadt Ditzingen	Eine Bürgergruppe bietet Angebote in den Bereichen Bildung, Kunst und Kultur, einen offenen Cafébetrieb, Internet-Café.
72119 Ammerbuch-Entringen	Kultur in der Zehntscheuer Ammerbuch-Entringen	Förderverein Zehntscheuer Ammerbuch-Entringen e.V.	Nach der Sanierung soll der Zehntscheuer das gesamte Jahr über als Kultur- und Bürgerhaus genutzt werden.
72175 Dornhan	KKF – Kunst und Kultur im Farrenstall	Stadtverwaltung Dornhan	Der Verein organisiert in dem historischen Farrenstall kulturelle Veranstaltungen wie Konzerte, Theater oder Komödien und will mit seinem Programm möglichst jeden Geschmack treffen.
72213 Altensteig-Berneck	Galli Theater Bruderhaus, Waldcafé + Pension	Verein wird im Herbst gegründet	Eine Privatperson möchte im Ort einen Theaterstandort mit Vorstellungen für Kinder und Erwachsene sowie Theaterworkshops aufbauen, ergänzen soll das Angebot ein Gasthaus mit Pension.
72221 Haiterbach	Werkstatt für Kinder und Jugendliche im Mehrgenerationenhaus Haiterbach	Evangelischer Diakonieverband im Landkreis Calw	Mehrgenerationenhaus möchte eine Werkstatt für Kinder und Jugendliche aufbauen, unter der Anleitung von Rentnern sollen sie den Zugang zum Handwerk finden und sich künstlerisch ausdrücken.
72290 Lossburg / Schömberg	Kulturwelten e.V.	Liza Heinzel, Kulturwelten e.V.	Seit 2009 werden von dem Verein die „Filmwelten" veranstaltet, hier werden die Zuschauer durch ein kulturelles Rahmenprogramm rund um einen ausgewählten Film geführt.
72336 Balingen-Dürrwangen	26. Volkstanzfestival Balingen	Volkstanzgruppe Frommern Schwäbischer Albverein	Jedes Jahr lädt die Volkstanzgruppe Frommern internationale Gäste zum „Volkstanzfestival Balingen" ein, die von der Gruppe ehrenamtlich betreut und versorgt wird.
73061 Ebersbach / Fils-Roßwälden	Roßwälden aktiv	Aus den Reihen des Ortschaftsrates Roßwälden initiiertes und begleitetes, privates, ehrenamtliches Projekt	Die Gruppe „Roßwälden aktiv" fördert durch die Organisation gemeinsamer Veranstaltungen und die Gestaltung von Freizeitanlagen das Zusammenwirken der Bürger im Ort.
73441 Bopfingen	Musikprojekt Bandsland	Stadt Bopfingen / Kommune	Junge Musiker werden unter Anleitung professioneller Coaches zu Bands zusammengeführt und begleitet.

73441 Bopfingen	Haus am Fluß beim Teilort Itzlingen	Stadt Bopfingen / Kommune	Eine Gruppe Jugendlicher beschäftigen sich mit den Renaturierungsmaßnahmen des Flusses Sechta, hierzu soll ein „flusspädagogisches" Zentrum entstehen.
73494 Rosenberg	Sieger Köder Zentrum – Werk und Bibelgarten	Gemeinde Rosenberg	Ausstellung des Gesamtwerks von Sieger Köder mit Wechselausstellungen.
74245 Löwenstein	Integrative Erwachsenenbildung in Löwenstein-Lichtenstern	Zweckverband VHS Unterland im Landkreis Heilbronn, Ev. Stiftung Lichtenstern	Von verschiedenen Vereinen wurden über 100 Veranstaltungen zu den Bereichen Gesundheit, Bewegung, Kunst und Kreatives, Musik und Tanz durchgeführt. Schwerpunkt dabei ist, dass die Angebote für nicht behinderte und behinderte Menschen gleichermaßen attraktiv sind.
74592 Kirchberg / Jagst	Kichberger Büchermarkt	Stadtverwaltung Kirchberg	Seit dem Jahr 1999 wird jährlich ein Büchermarkt organisiert, bei welchem Literatur für alle Altersklassen angeboten wird, auch werden Lesungen durchgeführt und literarische Filme gezeigt.
74677 Dörzbach	Bläserklasse Dörzbach	Gemeinde Dörzbach	Förderung der Gemeinschaft und spätere Eingliederung in die bestehenden Musikvereine.
76307 Karlsbad-Langensteinbach	Haus Conrath	Förderverein Haus Conrath	Das Haus Conrath wurde renoviert und ist zu einer Begegnungsstätte für die Einwohner des Ortes geworden, neben Kleinkunst finden hier auch Lesungen, Ausstellungen und Konzerte statt.
76332 Bad Herrenalb	Sommernachtstheater	Stadt Bad Herrenalb	Das Theater wird von Bürgern des Ortes initiiert, organisiert und jährlich an wechselnden Orten aufgeführt.
76448 Durmersheim OT Würmersheim	Singspiel über Hildegard von Bingen	Kleinkunstbühne „Klamotte Würmersheim" e.V. / gemeinnütziger Verein	Singspiel über Hildegard von Bingen mit bis zu neun Aufführungen, Unterstützung des Projekts von Gesangvereinen aus der Umgebung.
76872 Minfeld	Kultursommer – Kunst auf öffentlichen Flächen	Gemeinde Minfeld	Das Projekt „Kunst auf öffentlichen Flächen" ist eine ganzjährige Ausstellung, die Themen variieren jedoch.
77740 Bad Peterstal-Griesbach	ehrenamtliche Instandsetzung und Innenrenovierung des Gemeindewahrzeichens Brunnentempel „Sophienquelle"	Gemeinde Bad Peterstal-Griesbach	Engagierte Bürger renovieren ehrenamtlich das Wahrzeichen der Gemeinde, den Brunnen „Sophienquelle".

PLZ / Ort	Thema	Träger	Kurzbeschreibung
77767 Appenweier	ARTAppenweier	Gemeinde Appenweier	Kleinkunstbühne mit Kabarett und Kunstausstellungen als Ergänzung des kulturellen Angebots der Vereine.
77948 Friesenheim	Ausgrabungen und Informationszentrum ehemaliges Reichskloster Schuttern	Historischer Verein Schuttern 603 e.V.	Historischer Verein Schuttern wurde zur 1400-Jahr Feier in Schuttern gegründet und hat sich die Sicherung des ehemaligen Reichsklosters Schuttern sowie die Aufarbeitung von Kulturgut zur Aufgabe gemacht.
78078 Niedereschach-Fischbach / Sinkingen	Münzerfest, Münzer von Sickingen	Geschichts- und Heimatverein Niedereschach	Münzerfest mit historischen Zug, Nachstellung des mittelalterlichen Dorflebens und Ausstellung im Museum.
78343 Gaienhofen	Museum Villa Dix	Gemeinde Gaienhofen	Erwerb und Erhalt des Wohnhauses von Otto Dix sowie Museumsbetrieb.
79219 Staufen-Grunern	Dorfladen	Bürgerverein Grunern e.V.	Um die Versorgungsinfrastruktur in der Gemeinde zu verbessern wird vom Bürgerverein Grunern ein Dorfladen mit regionalen Produkten, einem Bringdienst und einem Stehcafé errichtet.
79359 Riegel	Riegel am Kaiserstuhl – Stärkung des Heimatgefühls durch die Förderung des Bewusstseins für Geschichte, Kunst und Kultur	Gemeinde Riegel	Die bereits große Anzahl an kulturellen Angeboten in der Gemeinde soll stärker vernetzt und gefördert werden, um den Wegfall der identitätsstiftenden Brautätigkeit zu kompensieren.
79541 Lörrach-Hauingen	Schüler und Elterntreffpunkt Hauingen	Schüler und Elterntreffpunkt Hauingen	Schüler- und Elterntreffpunkt in der Ortsteilbibliothek im Rathaus, welcher als Kultur- und Kommunikationszentrum dienen soll.
79787 Lauchringen	Mehrgenerationenhaus Familienzentrum Hochrhein	Diakonisches Werk	Mehrgenerationenhaus als Plattform für ehrenamtliches Engagement und als Bürgertreff.
79872 Bernau im Schwarzwald	Heimatmuseum Resenhof / FORUM erlebnis:holz	Gemeinde Bernau	Örtliches Brauchtum und Tradition soll Touristen und auch Einheimischen durch Ausstellungen, Seminare und Workshops näher gebracht werden.

80000

PLZ/Ort	Projekt	Träger	Beschreibung
82131 Gauting	Dorfgemeinschaft Unterbrunn – gemeinsam für Bildung, Kunst und Kultur	Gemeinde Gauting	Die Gemeinde Unterbrunn hat ein aktives Dorfleben. So arbeiten die Vereine eng zusammen, um für die Bürger, auch der umliegenden Gemeinden, einen umfangreichen Veranstaltungskalender zusammenzustellen.
83358 Seeon-Seebruck	Sicherung des Kirchner-Erbes	Gemeinde Seeon-Seebruck	Die Gemeinde sicherte sich das Erbe des international renommierten Bildhauers Professor Heinrich Kirchner durch eine Dokumentation des Schaffens des Künstlers in einem Museum und die Errichtung eines Skulpturenweges.
83624 Otterfing	Lesepaten in der Grundschule Otterfing	Gemeinde Otterfing	Im Rahmen des Schulunterrichts lesen die Kinder mit Lesepaten zusammen selbstausgesuchte Bücher.
84562 Mettenheim	Cooltour in Mettenheim	Gemeinde Mettenheim	Ein alter Vierseitenhof wurde im Rahmen der Dorferneuerung von der Gemeinde gekauft und zum „Kulturhof Mettenheim" umgebaut in welchem nun Theateraufführungen, Ausstellungen und Vorträge stattfinden.
85653 Aying	Ayinger – Gmoa – Kultur e.V.	Gemeinde Aying	Verein organisiert und stellt Theateraufführungen auf die Beine, Hauptthema ist dabei die Geschichte der Gemeinde. Im „Talentschuppen" werden Nachwuchskünstler gewonnen.
86875 Waal	Passionsspielgemeinschaft Waal e.V.	Eingetragener Verein	Alle vier bis fünf Jahre werden in der Gemeinde Waal Passionsspiele durchgeführt und somit die fast 400-jährige Tradition erhalten und weiterentwickelt.
86972 Schwab-niederhofen	Young Artists Förderpreiswettbewerb im Kulturzentrum Schwabniederhofen	Young Artists Förderpreiswettbewerb im Kulturzentrum Schwabniederhofen	Ausrichtung des „Young artists Förderpreiswettbewerbs" für 14–18-Jährige, die im Umkreis von 40 km von Schwabniederhofen wohnen.
86989 Steingaden	Bücherei im Fohlenhof	Bücherei im Fohlenhof, Träger: Gemeinde	Bücherei bildet seit 2006 generationsübergreifenden Treffpunkt für Literaturinteressierte Kinder, Jugendliche, Erwachsene und Senioren mit Veranstaltungen, Lesungen und Vorträgen.

PLZ / Ort	Thema	Träger	Kurzbeschreibung
87452 Altusried	Altusrieder Sommer-Akademie	Theaterfreunde Altusried e.V.	Jährlich veranstaltet die Altusrieder Sommer-Akademie Theater-Workshops für Bürgerinnen und Bürger des Dorfes und auch für Auswärtige. Die Stücke werden dann aufgeführt.
87488 Betzigau	Kunstwerkstatt Allgäu	Gemeinde Betzigau	Die Kunstwerkstatt hat den Schwerpunkt Kursangebote für Malerei, Drucktechnik, Bildhauerei, Fotografie und Musik und bietet Kurse mit Akademieniveau an.
87660 Irsee	Kunst- und Kulturpfad Irsee	Marktgemeinde Irsee	Kunst- und Kulturpfad mit Erläuterungen zu verschiedenen Baudenkmälern und modernen Kunstwerken die sich mit der Geschichte Irsees auseinandersetzen.
88048 Friedrichshafen	Ortsrundweg Kluftern	Ortsverwaltung Kluftern	Die Kunstgruppe „KiK" (Kunst in Kluftern) will das Lebensumfeld im lokalen Bereich aufwerten. So wurde ein Ortsrundweg mit Plastiken geschaffen.
88085 Langenargen	Dorfgemeinschaftshaus Langenargen-Oberdorf	Dorfgemeinschaftshaus-verein Oberdorf e.V.	Durch das Engagement der Bürgerinnen und Bürger wurde ein Dorfgemeinschaftshaus erbaut, in welchem nun kulturelle Veranstaltungen und Veranstaltungen der Vereine stattfinden.
88437 Maselheim	Kultur im Rathaus	Gemeinde Maselheim	Kunst- und Kulturprojekte werden im Rathaus vorgestellt. Das Rathaus öffnet sich als „Bürgerhaus" den Bürgerinnen und Bürgern der Gemeinde.
88512 Mengen, Rulfingen	Alte Kirche Rulfingen	Arbeitskreis Alte Kirche Rulfingen	Sanierung der alten Kirche in Rulfingen zu einem Kultur- und Veranstaltungsort.
89185 Hüttisheim	Kulturstadel Gemeinde Hüttisheim	Gemeinde Hüttisheim	Ein ehemaliges Ökonomiegebäude wurde von der Gemeinde zum Kulturstadel mit Feuerwehrräumen, Mehrzweck- bzw. Vereinsräumen und einem großen Saal umgebaut. Es soll die Ortsmitte neu beleben.
89423 Gundelfingen	Bürgersaal	Peterswörther Sprachrohr e.V.	2003 wurde der Bürgersaal fertig gestellt, nun werden dort kulturelle (Sofagespräche) und musikalische Veranstaltungen ausgerichtet, von zentraler Bedeutung ist, dass die Bürgerinnen und Bürger des Dorfes auch Gestalter der Veranstaltungen sind.

89423 Gundelfingen	Dorf mit Zukunft – Bürger gestalten ihre Heimat	Dorfentwicklung Petersswörth	Um ihr Dorf zu gestalten und eine Identität herzustellen wurden Arbeitsgruppen gegründet, die eine Bestandsaufnahme machen sowie Maßnahmen und Umsetzungsvorschläge entwickeln.
89547 Gerstetten	Kulturelle Alb Partie (KAP)	Gemeinde Gerstetten	Die kulturelle Alb Partie ist eine 14-tägige Veranstaltung mit kulturellen Angeboten für die ganze Familie zum Beginn der Sommerferien.
89613 Oberstadion	Krippenmuseum Oberstadion	Gemeinde Oberstadion	Gemeinderat und Bürgermeister entwickelten zusammen die Idee eines Krippenmuseums, welches in einer vom Abriss bedrohten Pfarrscheuer untergebracht wurde und inzwischen über 180 Krippen beheimatet.

90000

90587 Obermichelbach	Fränkische Lebensart (Saustall)	Bürger- und Förderverein Michelbach	Bürger schaffen, bauen und feiern gemeinsam.
90587 Obermichelbach	Kultur in der Kirche	Freundeskreis der evangelischen Kirche	In der Kirche werden pro Jahr vier Kulturveranstaltungen durchgeführt werden, die Kultur soll „auf's Land gebracht" werden.
90602 Pyrbaum	Kunst im Dorf	Dorfgemeinschaft Oberhembach	Jährliche Veranstaltung präsentiert Kunst „made in Oberhembach", dazu steht ein Kunststadel zur Verfügung, welches in Eigenleistung und durch Unterstützung ehrenamtlicher Helfer renoviert wurde.
90614 Ammerndorf	MehrGenerationenHaus Markt Ammerndorf	Eigenbetrieb der Gemeinde Markt Ammerndorf	Das Mehrgenerationenhaus ist in einer sanierten Turnhalle untergebracht und vereint Angebote aus den Bereichen Bildung, Kunst, Kultur, Sport und soziale Angebote unter einem Dach.
90617 Puschendorf	Ein Laden für faire Produkte im Puschendorfer Waaghäuschen	Solentiname Eine-Welt-Gruppe Puschendorf	Ein altes Waagenhäuschen wird von der Gruppe renoviert und zu einem kleinen Laden für faire Produkte umgestaltet.
91189 Rohr	7. Kulinarische Künstlermeile (KKM) 2011	Gemeinde Rohr	Kulinarisches Angebot in den Gaststätten und auf der „Meile", Kunst / Kultur / Völkerverständigung, ausländischer Tanz und Folklore.

PLZ / Ort	Thema	Träger	Kurzbeschreibung
91247 Vorra	Die Pegnitzinsel – Ein Ort der Begegnung, Kunst und Kultur	Gemeinde Vorra	Nachdem die Gemeinde eine Insel in der Pegnitz erworben hat, wurde diese zu einem Erholungs- und Veranstaltungsort mit Pavillon umgebaut und kann für kulturelle Veranstaltungen genutzt werden.
91327 Markt Gößweinstein	Kreativzentrum Morschreuth	Fränk. Schweiz-Verein e. V.	Im Kreativzentrum werden traditionsreiche Kunsthandwerkskurse und moderne Maltechniken angeboten.
91719 Heidenheim	Kloster Heidenheim – neues Leben in alten Mauern	Zweckverband Kloster Heidenheim	Angebote der Begegnung, Bildung, Dokumentation und mittelalterlicher Klosterkultur; Anlaufstelle für Gäste aus der Region, Pilgerbüro und Klosterladen.
91788 Pappenheim	Europäisches Haus Pappenheim, Haus der Bürger	Stadt Pappenheim	In Pappenheim werden derzeit zwei Häuser saniert und zu Bildungs- und Kultureinrichtungen weiterentwickelt. Die Vernetzung der Häuser sollen zu Synergieeffekten in der Gemeinde führen und der Abwanderung Jüngerer entgegenwirken.
92271 Freihung	Kulturscheune Elbart	Markt Freihung	In einer umgebauten Scheune, jetzt Kulturscheune, werden musikalische und literarische Veranstaltungen durchgeführt, ebenso ist dort Gastronomie und eine Schnapsbrennerei angesiedelt.
92507 Nabburg	Schmidt-Haus	Stadt Nabburg	Künstler Karl Schmidt hinterließ der Gemeinde ein kunstvoll ausgestaltetes Haus, welches nun als Raumkunstmuseum, Kulturcafé und Kleinkunstbühne genutzt wird.
92709 Markt Mossbach	Endlich wieder Bildung, Kunst und Kultur im barrierefreien Schloss Burgtreswitz	Förderverein Schloss Burgtreswitz	Förderverein hat Schloss saniert und wieder nutzbar gemacht und durch Führungen und Veranstaltungen wie Konzerte, Theater und Open-Air-Feste ist das Schloss kultureller Mittelpunkt der Gemeinde geworden.
93179 Brennberg	Sanierung und Revitalisierung des historischen Armenspitals in Brennberg	Gemeinde Brennberg, Spital eG Brennberg	Sanierung eines ehemaligen Armenspitals durch einen Genossenschaftsverein, welcher das Haus nun bewirtschaftet und Veranstaltungen organisiert.
93449 Waldmünchen	Familienprojekt: Deutsch-tschechische Familien im Grenzgebiet	MGH Waldmünchen	Kennlernen der Kultur, von Land und Leuten, Bewusstwerden des Mehrwerts durch Grenznähe, zweisprachige Erziehung durch Bildungsangebote und kulturelle Angebote.

94209 Regen	Inwertsetzung historischer Bier- und Eiskeller in Regen	Gemeinnütziger Verein Postkellerfreunde Regen e.V.	Feldsteingewölbe, die früher zur Kühlung von Vorräten und Bier dienten werden restauriert, um den Bürgern Heimatgeschichte zu vermitteln.
94259 Kirchberg im Wald	Dorfkulturhaus Untermitterdorf	Gemeinde Kirchberg im Wald	Neubau von Räumlichkeiten für Bildungsangebote, künstlerische Aktivitäten und kulturelle Angebote in Zusammenarbeit mit Ortskirche und BRK.
94333 Geiselhöring	Eiskeller Haindling e.V.	Eiskeller Haindling e.V. / Stadt Geiselhöring	Ehemaliger Eiskeller wurde von Stadt renoviert und dem gemeinnützigen Verein zur Verfügung gestellt. Es entstand ein kleines Café, ein Dorfladen und die neue Mitte des Dorfes.
94518 Spiegelau	Bücherei Spiegelau „Nebelreiß'n" – eine literarische Veranstaltung	Bücherei Spiegelau	Leseförderung, Bildung, Vermittlung von Spaß an Literatur.
95326 Mainleus	Mehrgenerationenhaus Mainleus mit Hauptschule „Alt für Jung, Jung für Alt"	AWO-Kreisverband Kulmbach	Mehrgenerationenhaus mit vielen Angeboten wie Berufspraktika für Schüler der Hauptschule, Übungsnachmittage für Rollator und Scooter, Coachings für Vorstellungsgespräche, Kinderbetreuung uvm.
95349 Thurnau	„Schwantastisch" – Thurnauer Kunst- und Kulturwochen	Markt Thurnau / Körperschaft des öffentlichen Rechts	Im Jahr 2011 wurden erstmals Kunst- und Kulturwochen mit über 40 Einzelveranstaltungen und 20 Ausstellungen in der Gemeinde durchgeführt, um auf das Potential des Ortes aufmerksam zu machen.
95502 Himmelkron	Kulturgemeinde Himmelkron	Gemeinde Himmelkron	Entwicklung einer Kulturgemeinde als neuer Standortvorteil mit Bildungsangeboten.
96158 Reundorf (Frensdorf)	AWO Kinderhaus Frensdorf in Kooperation mit Gemeindebücherei Frensdorf	AWO Kreisverband Bamberg Stadt und Land	Kulturwerkstatt für Kinder mit verschiedenen Projekten aus Film, Kunst, Kultur oder Forschen in Kooperation mit dem Kindergarten, der Gemeindebücherei und dem Bauernmuseum.
96173 Oberhaid	Sanierung der am besten erhaltenen denkmalgeschützten Kelleranlage in Franken	Gemeinde Oberhaid	Historische Kelleranlage soll durch Sanierung wieder nutzbar gemacht werden, die Bierkellernutzung mit Ausschank unter Einbeziehung einer Naturkegelbahn soll wiederbelebt werden.

PLZ / Ort	Thema	Träger	Kurzbeschreibung
96523 Steinach (Thüringen)	Schwarzwurzel	Kollektiv mai. / Kulturelle Initiative	Jugendliche und Erwachsene studieren einmal im Jahr mit professionellen Schauspielern Theaterstücke rund um das Thema Heimat und Verwurzelung ein und führen diese im Ort auf.
97262 Hausen bei Würzburg	Dorfkern am Kirchberg: Historisches Rathaus, Haus der Vereine und Nahwärmenetz	Gemeinde Hausen	Das historisches Rathaus und Haus der Vereine wurde im Zuge der Dorferneuerung saniert und steht für alle Gruppierungen und Vereine des Ortes und somit der Erhaltung der Dorfkultur und des Brauchtums offen.
97320 Sulzfeld	Vergangenheit hat Zukunft	Gemeinde Sulzfeld am Main	Schaffung von Voraussetzungen (durch die Gemeinde) zu Unterhalt und Modernisierung privater Anwesen und deren Integration in das Gesamtensemble Altort Sulzfeld sowie die Sanierung des öffentlichen Raumes.
97342 Obernbreit	Kulturraum ehemalige Synagoge	Träger- und Förderverein ehemalige Synagoge Obernbreit e. V.	Eine ehemalige Synagoge aus dem Jahr 1748 wird von Bürgern renoviert und zu einem Kulturraum umgebaut.
97348 Rödelsee	Elfleinshäusla – Leben, Wohnen, Arbeiten (19./20. Jahrhundert)	Gemeinde Rödelsee	Renovierung des alten Gebäudes „Elfleinhäusle" mit Museum und Aktivitäten aus dem Bereich Leben, Wohnen, Arbeiten im 19./20. Jahrhundert.
97348 Willanzheim	Markt Willanzheim	Markt Willanzheim	Sanierung einer ortsprägenden Kirchenburg mit Beteiligung der Eigentümer.
97353 Wiesentheid	Kulturelle Veranstaltungen im Markt Wiesentheid	Markt Wiesentheid	Markt Wiesentheid bietet für Bürger aller Altersgruppen ein umfangreiches Programm kultureller Veranstaltungen.
97450 Binsfeld	Von Mehrgenerationenhaus zum Mehrgenerationendorf	Johannesverein e. V.	Das Mehrgenerationenhaus ist eine Begegnungsstätte für Jung und Alt mit Angeboten für alle Generationen.
97461 Hofheim	Kultur e. V. Rügheim	Kultur e. V.	Ziel des Vereins ist es, Kultur in den ländlichen Raum zu bringen. Hauptangebot sind musikalische Vorführungen wie Kammermusik, Volksmusik oder Jazz.
97494 Bundorf	Umbau und Sanierung des ehem. Pfarrhauses im Gemeindeteil Neuses zu einem Bürgerzentrum	Gemeinde Bundorf	Bildungsangebote (Vorträge, Seminare, Veranstaltungen) für die Bürgerinnen und Bürger der Gemeinde.

97529 Sulzheim	Das Gipsinformationszentrum	Gemeinde Sulzheim	Ehemalige Zehntscheune wurde renoviert und umgestaltet und dient als Gipsinformationszentrum mit Veranstaltungen, Ferienprogramme für Kinder, Vorträge, Seminaren und Ausstellungen.
97631 Bad Königshofen	JuKunet – regionales Netzwerk für Jugendkultur	Stadt Bad Königshofen	Das Netzwerk für Jugendkultur ist ein organisatorischer Zusammenschluss mehrerer Institutionen und Kulturschaffender und will Kindern und Jugendlichen Kultur näher bringen.
97794 Rieneck	Wassererlebnispark Rieneck	Naturpark Spessart e.V.	Bau eines Wassererlebnishauses, in dem Kinder, Jugendliche und Erwachsene alles rund um das Thema Wasser erkunden und kennen lernen können.
98617 Bauerbach	Tradition, Kultur und Freizeitspaß – Brücken schlagen	Gemeinde Bauerbach	Die Gemeinde war für einige Zeit Heimat von Friedrich Schiller, was sich das Naturtheater mit seinen Inszenierungen zum Thema gemacht hat.
98634 Kaltenwestheim	„Erlebniswelt Rhönwald" Kaltenwestheim / Bau einer Natur- und Nachtbühne	Gemeinde Kaltenwestheim über Vgem. „Höhe Rhön"	Bau einer Natur- und Nachtbühne in der „Erlebniswelt Rhönwald".
98704 Langewiesen	„KulturFabrik" Langewiesen	Helmut Arenz Kulturstiftung	Die KulturFabrik befindet sich in einer alten Porzellanmanufaktur. Hier wurde ein Museum und ein Kulturcafé errichtet; auch finden in den Räumen zahlreiche Veranstaltungen wie Workshops oder Theateraufführungen statt.
99189 Erfurt	10. Kunstfest Tiefthal	Kulturprojekt „Kunstgriff" e.V.	Der Verein führt jedes Jahr ein Kunstfest durch, welches Anfangs von örtlichen professionellen Künstlern durchgeführt wurde, heute beteiligen sich auch Laien und die Vereine aus dem Dorf.
99310 Gemeinde Wipfratal	Tradition und Brauchtumspflege gepaart mit integrativen und generationsübergreifenden Aktivitäten in der dörflichen Gemeinschaft	Kulturverein Reinsfeld	Der Kulturverein führt Veranstaltungen zur Wiederbelebung und Pflege kultureller Traditionen durch, aber will auch neue Veranstaltungen wie ein Indianerfest etablieren, um den Gemeinschaftssinn des Dorfes zu stärken.

PLZ / Ort	Thema	Träger	Kurzbeschreibung
99439 Weiden bei Buttelstedt	Kunstprojekt Kirchberg Weiden	Verein zur Erhaltung von Kirche und Kirchberg in Weiden	Jedes Jahr findet in der Gemeinde das Kunstprojekt Kirchberg Weiden statt, bei welchem in der Kirche und auf dem Berg Kunstwerke ausgestellt und mit einem musikalischen oder tänzerischen Beitrag unterstützt werden.
99713 Ebeleben	Seniorenbegegnungsstätte „Alte Schule"	Seniorenbegegnungsstätte „Alte Schule"	Ehrenamtlich geführte Seniorenbegegnungsstätte in einer alten Schule mit vielfältigen Angeboten wie jahreszeitliche Feste, Dia-Vorträge oder Gedächtnistraining.
99842 Ruhla	Lux Festspiele	Lux Festspielverein e.V.	Die Gemeinde Ruhla möchte zur Festspielstadt werden. Deshalb wurde ein umfangreiches kulturelles Programm erstellt. Namensgeber ist der in der Gemeinde aufgewachsene Musiker Friedrich Lux.
99869 Drei Gleichen	MENANTES-Projekt / Kultur baut Brücken	Gemeinde Drei Gleichen, OT Wandersleben	Der Förderkreis würdigt den Barockdichter C. F. Hunold Menantes durch Vorträge, wissenschaftliche Tagungen, internationaler Menantes-Literaturpreis, kulturelle Veranstaltungen.
99891 Tabarz	Puppen aus Thüringen	Verein „Tabarz kreativ" e.V.	Die Puppenherstellung ist in Tabarz Tradition, der Verein versucht dies aufrecht zu erhalten indem er verschiedene Märchen- und Sagenszenen mit Puppen in Schaufenstern nachstellt.
99891 Tabarz	Schreiben für die Zukunft	Verein „Tabarz kreativ" e.V.	Der Verein bietet Schreibkurse, besonders für lernschwache Kinder aber auch generationsübergreifend, an.

Autoren, Abbildungshinweise

STEFAN KRÄMER

Dr. phil., Diplom-Soziologe, Mitglied im Berufsverband Deutscher Soziologinnen und Soziologen (BDS), in der Deutschen Akademie für Städtebau und Landesplanung (DASL) und im Deutschen Werkbund Baden-Württemberg (DWB-BW).

Studium, mehrjährige Lehr- und Forschungstätigkeit sowie Promotion an der Universität Mannheim im Bereich der Methoden empirischer Sozialforschung und der Stadtsoziologie. Heute Ressortleiter für Wissenschaft und Forschung in der Wüstenrot Stiftung mit Arbeitsschwerpunkten zu folgenden Themen: Demografischer Wandel, Wohnen im Alter, Wohnen in der Stadt, Baugemeinschaften und gemeinschaftliche Wohnformen, Jugend und gebaute Umwelt, Zukunftsperspektiven kleiner Gemeinden, Wohnungsmarktentwicklungen.

DIETER KREUZ

Diplom-Soziologe. Seit 1984 zusammen mit Sabine Wenng Leitung der Arbeitsgruppe für Sozialplanung und Altersforschung GbR in München, ab 2001 Leitung der Fachberatung für kommunal geführte Alten- und Pflegeheime in Bayern im Auftrag des Bayerischen Städte- und Gemeindetags. Untersuchungen und Planungen für Bund, Länder und Gemeinden und für private Auftraggeber im Bereich Ältere und behinderte Menschen. Untersuchungen zu Auswirkungen demografischer Entwicklungen in Landkreisen und Gemeinden. Konzipierung und Entwicklung Betreuter Wohnanlagen und Pflegeeinrichtungen sowie ambulant betreuter Wohngemeinschaften für Demenzbetroffene.

SABINE WENNG

Diplom-Geographin, Diplom-Psychogerontologin. Seit 1984 zusammen mit Dieter Kreuz Leitung der Arbeitsgruppe für Sozialplanung und Altersforschung GbR in München mit den Arbeitsschwerpunkten: Versorgung älterer Menschen und von Menschen mit Behinderungen, Entwicklung von Seniorenpolitischen Gesamtkonzepten, Konzeptentwicklungen zum Betreuten Wohnen und zum Betreuten Wohnen zu Hause und Begleitforschung von innovativen Projekten in der Altenhilfe. Seit 2006 Leitung der Koordinationsstelle Wohnen im Alter im Auftrag des Bayerischen Staatsministeriums für Arbeit und Sozialordnung, Familie und Frauen.

ANJA WENNINGER

Geographin, Bachelor of Science. Arbeitet seit 2010 als wissenschaftliche Mitarbeiterin bei der Arbeitsgruppe für Sozialplanung und Altersforschung GbR in München. Arbeitsschwerpunkt ist die Entwicklung von seniorenpolitischen Gesamtkonzepten.

Die vorliegende Publikation wurde von den vier Autorinnen und Autoren gemeinsam erarbeitet und verfasst.

Die Begründungen der Jury für die Vergabe von Preis, Auszeichnungen und Anerkennungen wurden von den Mitgliedern des Preisgerichts gemeinsam formuliert und verabschiedet.

ABBILDUNGSHINWEISE

Die Abbildungen in dieser Publikation stammen überwiegend aus den zum Wettbewerb eingereichten Unterlagen oder wurden der Wüstenrot Stiftung von den Vertretern der dokumentierten Initiativen und Projekten für diesen Zweck zur Verfügung gestellt. Ein Teil der Abbildungen entstand bei den Besuchen vor Ort durch Stefan Krämer, Dieter Kreuz, Sabine Wenng und Anja Wenninger.

Alle Abbildungen erscheinen mit freundlicher Zustimmung der Rechteinhaber. Eine andere Verwendung als zum unmittelbaren Zweck der Dokumentation der Wettbewerbsergebnisse durch die Wüstenrot Stiftung ist nicht gestattet, sondern bedarf der gesonderten Zustimmung der Urheber.